關於

next

這個系列，希望提醒兩點：

1. 當我們埋首一角，汲汲於清理過去的包袱之際，
不要忽略世界正在如何變形，如何遠離我們而去。
2. 當我們自行其是，卻慌亂於前所未見的難題和變動
之際，不要忘記別人已經發展出的規則與答案。

我們希望這個系列有助於面對未來。
我們也希望這個系列有助於整理過去。

FOCUS

THE HIDDEN DRIVER OF EXCELLENCE

專注的力量

不再分心的自我鍛鍊
讓你掌握APP世代的卓越關鍵

丹尼爾·高曼 DANIEL GOLEMAN｜著　周曉琪｜譯

CONTENTS

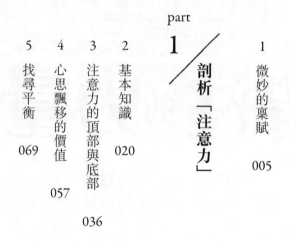

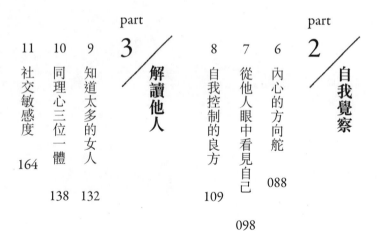

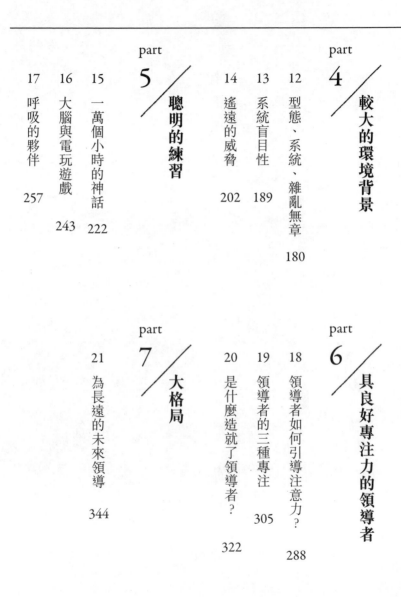

chapter 1 微妙的稟賦

柏格（John Berger）是曼哈頓上東區某家百貨公司一樓的便衣偵探。觀察柏格監視購物人群的行為，就是「注意力」（attention）的鮮活寫照。柏格身著一套十分普通的黑色西裝、白襯衫與紅領帶，手持對講機，他不斷地走動，他的專注力永遠落在熙熙攘攘的購物者身上。你也可以說，他是這個賣場的眼睛。

這簡直是不可能的任務。因為在任何一個時點，一樓的賣場都有五十位以上的購物者，他們流連在各個珠寶與名牌服飾專櫃之間，從范倫鐵諾（Valentino）的圍巾乃至於普拉達（Prada）皮包等各種商品。在他們瀏覽商品的同時，柏格也在瀏覽他們。

柏格在購物人群中來回走動，有如布朗運動（Brownian motion）*描述的隨機前進。幾

* 譯註：物理學中有關物體隨機移動的學說。

秒鐘前他還站在一個皮包專櫃後方，眼睛盯著一位可疑的購物者；轉眼間他就移動到門邊的一個有利位置，讓他可以仔細觀察令他起疑的三人幫。

當顧客的眼中只有商品時，柏格銳利的眼中卻沒有那些商品，他緊盯著所有顧客。印度有句諺語：「當扒手遇見聖人時，扒手眼中還是只有口袋。」在任何一批人潮中，柏格眼中只有扒手。他的目光就像一只探照燈來回掃射。我可以想像他的臉孔似乎扭曲變化，成為一個大型的聚光燈，活像是獨眼巨人賽克洛普斯（Cyclops）。柏格成了專注力的化身。

他在掃描什麼？「他們目光移動的方式或身體動作的樣子」，會將偷竊的意圖洩露給他；這是柏格告訴我的。不論是擠在一起的一群顧客，或獨自一人偷偷摸摸地四處張望：「我在這行幹太久了，訊號一看就知道。」

當柏格聚焦於五十位購物者中的某一人時，他會設法忽視其他四十九人，以及其他任何事物。這是一種心無旁騖的本領，對令人分心的花花世界視而不見。

這種縱觀全局的察覺能力，與持續機警地等待有效訊號的交替運作，需要數種變化繁多的「注意力」——持續的注意力（sustained attention）、機警、方向感——每一種都以迥然不同的大腦網路為基礎，同時也都是不可或缺的心智工具。[1]

柏格持續地搜尋罕見的狀況，這是第一個被科學研究的注意力層面。在二次大戰期間，由於軍方需要雷達觀測人員長時間維持高度警覺性，因而進行一項加強維持警覺性的研究分析。

在冷戰達到高峰時，我記得曾拜訪由五角大廈指派的一位研究員，他的任務是研究在剝奪長達三到五天（這是他們估計第三次世界大戰爆發後，軍官在地下碉堡必須保持清醒的時間）的睡眠後，警覺性水準的變化情形。所幸他的實驗無須經歷殘酷現實的試煉，但他的研究仍有令人鼓舞的發現——只要動機夠強，人們即使三、五天缺乏睡眠，還是能保持敏銳的注意力（可一旦他們漠不關心，就會立刻倒頭睡著）。

直到近幾年，研究注意力的科學才有如百家爭鳴，其範圍已遠超過對警覺性的研究。這門科學告訴我們，注意力的技巧高低足以決定我們從事任何工作的優劣。如果不能發揮這項技巧，我們的表現就會十分差勁；但若能充分發揮，就會出類拔萃。人類的敏捷機智所仰賴的，就是這種微妙的稟賦。雖然注意力與人類完美表現之間的關聯，歷年來鮮為人知；但其間的關聯如今已延伸到幾乎每一個我們想完成的研究領域。

1 例如位於脊椎上方的腦幹就裝有神經測量器，可以感知我們與環境的關係，同時根據我們需要警戒的程度，提高或降低我們的警覺與專注力。但每種不同面向的專注力，都有其獨特的神經迴路。更多的詳細基本知識，請見 Michael Posner and Steven Petersen, "The Attention System of the Human Brain," *Annual Review of Neuroscience* 13 (1990): 25-42。

有多到數不清的心智活動是由這項靈活的工具構成。舉出幾個基本項目，包括理解、記憶、學習、感知我們如何感覺，又為何有此感覺、察覺他人的情緒，並圓融地與之互動。有效地將這項肉眼看不見的因素浮出檯面，能讓我們更容易看到改善此種微妙稟賦的效益，同時也更容易了解該如何改善。

由於注意力的多樣化特性，代表這是一種很少被注意到且被低估的心智資產，但對於我們如何掌控人生的方向卻至關重大。透過心中幻想出來的畫面，我們經常會將注意力的最終產品——我們的主意是好是壞、刻意的眨眼或邀請式的笑容、晨間咖啡散發的清香——自動地記錄下來，但我們卻沒有注意察覺本身發出的光芒。

與其著重於技術性的細節，我們將探討的是在我們的生命中，「注意力」如何居於關鍵性的地位。此處我的目標是將一種難以捉摸與未獲賞識的心智能力，躍居成大腦活動與實現抱負的人生中的關鍵角色。

我們的旅程將從探討注意力的一些基本性質開始；柏格高度的警覺性僅是其中之一。認知科學（cognitive science）研究的範圍相當廣泛，包括集中（concentration）、選擇性注意力（selective attention）、開放意識（open awareness），以及如何指引注意力向內監督與管理心智活動。

研究注意力的領域聚焦於我們心智生命的這些運作機制，以及建立這些基本機制的主要能力。其中一項是自我覺察（self-awareness），這種能力可以培養自我管理（self-management）。接著是同理心（empathy），也就是人際關係技巧的基礎。這些都是情緒智商（emotional intelligence，簡稱EQ）的根本。同時我們將會看到，缺乏這類能力足以破壞一個人的一生或事業；但若有強大的這類能力，可以大幅提高一個人的成就與成功的機會。

除了這些領域之外，系統科學（systems science）將引領我們走向層面更廣的專注力，也就是關心我們周遭的世界。由於這個複雜的系統將我們的世界設定了範圍與種種限制，這些專注力可以調整我們的腳步，讓我們更能適應。[2]此種外部的專注讓我們對這個重要的系統進行調適時，面臨一種看不到的挑戰：我們的大腦並不是為了這項任務而設計的，我們亂了陣腳而頻頻出錯。但系統意識（systems awareness）的能力可以幫我們了解整個企業、經濟的運作方式，也能了解這個星球如何透過全球化的處理過程支持人類的生活。

這一切可歸納為三大類：對內（inner）、對他人（other）與對外（outer）的專注力。關於注意力的好消息來自神經科學的實驗室與學校的教室，他們發現強化這種心智「肌肉」的方法。注意力的運作方式很像肌肉——不加以鍛鍊就會萎縮，好好鍛鍊就會成長茁壯。我們將看到一些聰明的做法，如何進一步開發與鍛鍊注意力的「肌肉」，甚至修復欠缺專

2 這些系統包括生物學與生態學、經濟學與社會、化學與物理——牛頓學說與量子皆是。

注力的大腦。

領導者若想成功，他們需要這三種專注力，缺一不可。對內的專注力可以適當地協調我們的直覺、引領的價值觀，以及較佳的決策；對他人的專注力可以平順我們的人際關係；對外的專注力可以帶領我們在更廣的世界中走向正確的方向。領導者與其內心世界失調，將使他失去方向感；領導者與世上其他人交惡，將使他愚笨無能；領導者漠不關心外部世界的運作，很容易遭到外界的打擊而失敗。

同時，不只領導人能從這三種專注力的平衡中獲益。我們所有人都居處在這個令人害怕的環境中，充斥著現代生活的緊張、相互競爭的目標與誘惑。這三種專注力的每一種，都能幫我們找到平衡，讓我們快樂並且有生產力。

注意力（attention）的字源來自拉丁文的「attendere」，原意是向外延伸，將我們與世界相連接，進而創造與規劃我們的經驗。認知神經學家麥可・波斯納（Michael Posner）與瑪麗・羅斯柏（Mary Rothbart）寫道：「注意力，是我們察覺這個世界與自願管理我們的思想及感覺之基礎。」[3]

安妮・崔思曼（Anne Treisman）是這個研究領域的大學系主任。她指出，我們如何展開我們的注意力，決定了我們所見。[4]或如尤達大師（Yoda）*所說：「你的專注，決定了你的存在。」

瀕危的人性時刻

小女孩與母親擁抱時，她的頭只搆得著母親的腰，母女一同搭乘渡輪前往某個渡假小島，一路上小女孩緊緊摟著母親，但這位母親似乎從頭到尾都沒有什麼反應，甚至壓根沒有注意女兒——因為她一直全神貫注於手中的iPad。

幾分鐘後，同樣的情景再度上演。我與九位姐妹會的女生共乘一輛小巴士，她們週末也一起去渡假，幾分鐘內她們在昏暗的巴士分別坐定，每個人馬上拿出iPhone或平板電腦敲敲打打，微弱的螢幕餘光在車廂裡閃爍，當她們透過臉書發送文字或翻頁時，偶爾也會有人忽然蹦出一、兩句話，但巴士裡絕大多數時間都寂靜無聲。

小女孩母親的漠不關心與九位姐妹會成員的寂靜無聲，都是因為科技吸引了我們的注

---

3 M. I. Posner and M. K. Rothbart, "Research on Attention Networks as a Model for the Integration of Psychological Science," *Annual Review of Psychology* 58 (2007): 1-27, at 6.

4 Anne Treisman, "How the Deployment of Attention Determines What We See," *Visual Search and Attention* 14 (2006): 4-8.

* 譯註：尤達是電影《星際大戰》（*Star Wars*）系列的重要角色，是一位具有強大原力與高尚品德的絕地大師。

意力，也擾亂了我們與他人的關係。二〇〇六年間，一個新字「既困惑又生氣」（pizzled）進入了我們的字典；這個字是「困惑」（puzzled）與「生氣」（pissed）的組合。當人們透過黑莓機發送訊息的同時，也開始與另一人談話。這個新字形容的是，當你與某人談話時，對方卻同時用黑莓機不斷地傳送訊息給別人。回到當初，人們在這種時候會感覺被傷害與生氣。現在這種現象反倒成了司空見慣。

我們未來的領導者——青少年——目前正位於震央。二〇一〇年代初期，他們平均每月發送的文字訊息飛增至三千四百一十七則，比數年前的水準足足增加一倍。同一時期內，他們講電話的時間大幅減少。[5]目前美國青少年平均每天送出超過一百則文字訊息，相當於他們清醒時平均每小時發送十則訊息。我還親眼見過有個小孩竟然能一邊騎單車，一邊打字發訊息。

一位朋友描述：「最近我拜訪紐澤西州的表親與他們的孩子。這些孩子擁有人類已知的所有電子工具。我只能看見他們的頭頂。他們不斷檢查iPhone，看是否有人發訊息給他們。渾然不知周遭發生了什麼事，也完全不知道要如何與人互動。」

現在的孩子在一個全新的現實環境中成長，他們貼近機器的程度遠超過與人互動，這是人類歷史上從未出現的情況。讓人感到困擾的原因之一是，孩子大腦的社會與情緒神經迴路，是透過每天與他人的接觸與對話中學習。這些互動會塑造大腦神經迴路；與人們接觸的時間愈短——同時眼睛盯著數位化螢幕的時間愈長——意味著他們愈欠缺學習。

所有數位化的活動，都是以減少與真人面對面——這是我們不以語言學習「閱人」（read nonverbal）的媒介——的時間為代價。數位世界的新人類可能十分嫻熟鍵盤操作，但當他們要觀察面對面的行為時，卻可能笨拙無比——特別是在他們與人交談時，停下來解讀話語中的訊息、感知他人的憂慮這方面。[6]

一位大學生觀察到生活在推特、狀況更新、「發布晚餐的照片」的虛擬世界裡，產生了孤單與隔離感。他發現同學們喪失了談話能力，更別說是能豐富大學生活的探索靈魂的討論。並且他說，「不管是生日、音樂會、與朋友一同出遊或派對，如果你沒有撥些時間，從正在從事的活動中抽離」，好讓那些數位世界的朋友可以立刻知道你玩得有多開心的話，「就很難真正從這些活動中得到樂趣」。

一位八年級的中學老師告訴我，多年來她每年都持續教導學生閱讀艾迪絲・漢米爾頓（Edith Hamilton）的《希臘羅馬神話》（*Mythology*）。過去她的學生都很喜愛這本書——直到

---

5 見 Nielsen Wire, December 15, 2011, http://blog.nielsen.com/nielsenwire/online_mobile/new-mobile-obsession-u-s-teens-triple-data-usage。

6 Mark Bauerlein, "Why Gen-Y Johnny Can't Read Nonverbal Cues," *Wall Street Journal, August* 28, 2009.

五年前左右。她告訴我：「我開始看到孩子們不再那麼興奮，甚至連成績最好的學生都沒辦法讀這本書。他們說閱讀太難了，句子也太複雜，要花好長的時間才能讀完一頁。」

她懷疑或許學生在經常發送簡短、倉促的簡訊文字習慣下，閱讀能力已經大打折扣。有位學生向她坦誠，說他過去一年來花了兩千個小時在電玩遊戲上。她補充道：「當你與「魔獸世界」（World of War Craft）競爭時，教學生文法規則是很困難的。」

就極端的案例而言，在台灣、南韓以及其他亞洲國家所見的青年網路成癮——電玩遊戲、社群媒體、虛擬現實——已經成為全國性的健康危機，使年輕人陷於孤立。美國八歲至十八歲的電玩遊戲玩家中，有八%似乎符合精神病學對上癮的診斷標準。大腦研究顯示，當他們玩遊戲時，他們的神經獎勵體系（neural reward system）出現的改變，與酗酒者和藥物濫用者十分類似。[7]偶爾出現的恐怖個案，則是成癮的電玩遊戲玩家白天睡覺，徹夜玩電玩遊戲，很少停下來用餐或洗澡。當家人嘗試阻止時，他們甚至會暴力相向。

和諧需要的是人們共同的專注——相互的專注。由於我們每天都航行在充斥各種分心事物的汪洋大海中，致力於擁有此種人與人間的寶貴片刻，已成為我們前所未有的使命。

注意力的匱乏

接著是成年人注意力下降的代價。墨西哥一位為大型電台工作的廣告業務抱怨：「幾年前你還能為廣告商製作五分鐘的展示影片，如今必須縮短至一分半鐘——如果屆時還無法抓住他們的注意力，每個人都會開始檢查手機訊息。」

一位教電影的大學教授告訴我，他正在閱讀他心目中的英雄——法國傳奇導演楚浮（François Truffaut）的自傳。但他發現：「我不能一口氣讀完兩頁以上。我被迫上線去看是否收到新郵件。我認為自己正在喪失持續注意任何正經事的能力。」

由於無法抗拒檢查電子郵件或臉書，因而不能專注於與我們談話的人們，導致社會學家厄文．高曼（Erving Goffman）——一位大師級的社會互動觀察家——所稱的「飄離」（away）：這是告訴他人，對於此處正在進行之事「我不感興趣」的一種姿態。

7「上癮」的標準並非具體說明要玩多少小時的遊戲（或喝了多少酒），而是專注於這種習慣會為生活的其他部分（學校、社會）或家庭帶來問題。過分沉溺遊戲所致的嚴重破壞並不亞於毒品或酗酒。Daphne Bavelier et al., "Brains on Video Games," *Nature Reviews Neuroscience* 12 (December 2011): 763-68.

回到二〇〇五年的第三屆「全數位」（All Things Digital）會議，主辦單位將大廳的 WiFi 拔除，因為觀眾沒有注意台上的活動。觀眾飄離了，陷入某位與會人士所形容的「持續性的局部關注」（continuous partial attention）——來自講者、房間內其他人以及他們正在自己的筆記型電腦進行之事的過量訊息載入，所導致的心智模糊（mental blurriness）狀態。[8] 為了對抗現今的這種局部關注，部分矽谷的公司已經禁止在會議中使用筆記型電腦、行動電話與其他電子工具。

一位出版公司的主管承認，要是一陣子沒檢查手機，她會有「煩躁感。你會想念觸擊手機時發現有一條訊息的感覺。你知道在你與某人談話時不該檢視手機，但這會上癮」。因此她與丈夫約法三章：「當我們下班回家後，手機必須擺進抽屜裡。如果手機就在眼前，我會坐立難安，我就是必須檢查。但現在我們試著更融入彼此的當下，我們會交談。」

我們的專注力會持續地對抗分心，包括對內與對外。問題在於，讓我們分心的事物使我們付出了什麼代價？一位金融業的主管告訴我：「當我注意到我的心思在會議中已不知跑到何方時，我當下就會懷疑我在這裡究竟錯失了哪些機會。」

曾有病患對我認識的某位醫生說，他們用藥物「自我醫療」注意力缺失症（Attention Deficit Disorder，簡稱 ADD）或猝睡症（narcolepsy），以跟上工作進度。有位律師告訴他：「如果不這麼做，我就無法閱讀合約。」過去病人需要醫師診斷才能取得這種處方，但現在這些藥物已成為一般的提升表現用藥。有愈來愈多青少年偽裝注意力缺失的症狀，以獲得興奮劑的處方——這是通往注意力的化學途徑。

專門指導領導者如何管理其精力的顧問東尼．史瓦茲（Tony Schwartz）告訴我：「我們讓人們更了解應該如何使用注意力——目前他們的注意力多半很糟。注意力如今已成為客戶心中的頭號課題。」

接收太多資訊的壓力會導致人們敷衍了事，像是以標題將電子郵件分類、跳過多數的語音留言、只瀏覽訊息與備忘錄的小部分重點。我們發展出來的注意力習慣不只讓我們更有效率，訊息量也已經多到讓我們沒時間看出其真正含義。

所有這類問題其實早有人預見。時間回到一九七七年，諾貝爾經濟學獎得主赫伯特．賽門（Herbert Simon）撰寫即將來臨的資訊世界時，他在當時就已經提出警告，資訊消耗的是「接收資訊者的注意力，因此資訊的富足會導致注意力的貧乏」。[9]

---

8 Wade Roush, "Social Machines," *Technology Review*, August 2005.

9 Herbert Simon, "Designing Organizations for an Information-Rich World," in Donald M. Lamberton, ed., *The Economics of Communication and Information* (Cheltenham, UK: Edward Elgar, 1997), quoted in Thomas H. Davenport and John C. Back, *The Attention Economy* (Boston: Harvard Business School Press, 2001), p. 11.

part 1

剖析「注意力」

chapter 2 基本知識

在我還是青少年時，我會一邊聽貝拉・巴托克（Béla Bartók）的四重奏一邊做功課。雖然有點不太和諧，但我仍樂在其中。不知道為什麼，忽略那些不太和諧的曲調，可以幫助我專注。例如，專注在氫氧化銨的化學方程式上。

多年後，當我發現自己正在為《紐約時報》（*New York Times*）截稿期限趕稿時，我想到早期忽略巴托克音樂的經驗。我是《紐約時報》科學新聞組的一員，當年這個單位占據了一個教室大小的房間，裡頭塞滿了供十多位科學記者與半打編輯使用的辦公桌。

那裡永遠都有巴托克式不太和諧的嗡嗡聲，附近或許有三、四個人在聊天；當記者採訪新聞來源時，你也可以在無意間聽到一些電話的交談聲；編輯們會在房間另一頭大喊，什麼時候可以交稿！很少有安靜的時刻——可能從來沒有。

但我們科學組的記者（我也是其中之一），會日復一日、很可靠地準時交稿給編輯。從來沒人懇求著說「拜託各位請安靜」，好讓我們可以集中精神。我們就只是加倍的專注，無視那些吼聲。

在喧囂環境裡的專注力，顯示了人們有選擇性的注意，這種神經能力能讓人只對準單一目標，同時忽略掉其他大量湧入的刺激（每一種刺激都可能形成對該刺激本身的專注）。因此現代心理學的締造者之一——威廉·詹姆士（William James）——將注意力定義為「數個同時存在的目標或一連串想法之一，以清楚與鮮明的方式，突然徹底占據一個人的頭腦」。[1]

會讓人分散注意力的事物主要分為兩大類：感覺和情緒。因為感覺而讓人分散注意力的事物很容易了解：當你閱讀這篇文章的同時，你會忽略文章四周的空白處；或暫時將你的舌尖抵住上顎——你的大腦會消除各種背景聲音、形狀與顏色、味道、氣味、知覺等持

---

1 William James, *Principles of Psychology*, 1890, cited in Jonathan Schooler et al., "Meta-Awareness, Perceptual Decoupling and the Wandering Mind," *Trends in Cognitive Science* 15, no. 7 (July 2011): 319-26.

續不斷的外界刺激——舌尖的感覺只是其中之一。

比較讓人害怕的是第二類的各種誘餌，充滿情緒的信號。你可能會發現在嗡嗡作響的咖啡廳裡，集中精神回覆電子郵件是輕而易舉；但當你偷聽到有人提及你的名字時（有力的情緒誘餌），幾乎不可能忽略這種聲音——你的注意力會提高警覺，聽別人怎麼說你。忘掉你的電子郵件吧！

然而即使是專注力最強的人，面臨的最大挑戰是生活中情緒的混亂，例如親密關係破裂帶來的打擊，會持續入侵你的思路。闖入我們的思路是為了一個很好的原因：讓我們想清楚，該如何處理令我們煩惱的事。無用的默想與具正面效益的反省之間，其分界線在於我們是否能產生某種試驗性的解決方案或洞察能力，可以讓我們遠離煩惱——否則我們會持續受困於相同的煩惱。

我們的專注力受到愈嚴重的干擾，表現就會愈糟糕。例如曾有一次實驗顯示，大學運動員的專注力被焦慮干擾的程度，與他們在下一季比賽表現的好壞呈現高度正相關。[2]

針對一個目標維持穩定與忽略所有其他事物的能力，是由大腦的前額葉區域負責運作。這個區域的特定神經迴路，在我們希望注意（那封電子郵件）時，會刺激進來的訊號強度，同時減弱那些我們選擇忽略的訊號（像是鄰桌聊天的人們）。

注意力會要求我們忽略情緒性的分心事物，選擇性注意力的神經線路包括抑制情緒的功能。這意味著，專注力最佳的人能相當程度免於情緒起伏的困擾，在遭遇危機時更能穩如泰山。即使面對情緒的起落，內心仍然能保持冷靜，如履平地。[3]

無法放下某種關注或釋懷，可能導致精神迷失於慢性焦慮的反覆迴圈之中。在臨床的極端案例中，這種情況可能是迷失在無助、沒有希望與自憐的憂鬱症；或恐慌與災難化的焦慮症；或不斷地重複儀式性念頭或動作（例如在離開前觸摸大門五十次）的強迫症。將我們的注意力從某樣事物放下，並能轉移至其他事物，是健康不可或缺的能力之一。

我們的選擇性注意力愈強，愈能全神貫注於我們正在做的事：在看一部電影的畫面時，讓人的情緒可以完全投入；或發現一首好詩，優美的詩句讓人如痴如醉。強烈的專注力可以讓人們在上YouTube或做家庭作業時達到忘我的境界，完全忘卻四周的喧囂——甚至聽不到父母呼喚他們吃晚飯的聲音。

---

2 Ronald E. Smith et al., "Measurement and Correlates of Sport-Specific Cognitive and Somatic Trait Anxiety: The Sport Anxiety Scale," *Anxiety, Stress & Coping: An International Journal* 2, no. 4 (1990): 263-80.

3 嘗試專注於一件事與忽略其他所有的事，代表大腦的各種衝突。調停這種心理衝突的是前扣帶皮質（anterior cingulate cortex），它發現這些問題並動員大腦的其他部分來解決。為了全神貫注於注意力的中心，前扣帶皮質召集前額葉區域進行認知控制，它們會壓制讓人分心的神經迴路，並放大那些讓人完全專注的迴路。

在派對中，你可以發現哪些是專注的人們：他們能沉浸於談話中，眼睛會鎖定與他們談話的人——即使與他們談話的人大聲唱著「野獸男孩」（Beastie Boys）的作品，他們還是十分投入。對照之下，那些不專注的人則持續地玩耍，他們的眼睛跟隨任何吸引他們的事物，注意力四處飄移。

威斯康辛大學神經科學家理查・戴維森（Richard Davidson）指出，專注力是人們幾種不可缺少的生命能力之一，而且每種能力都是以不同的神經系統為基礎，而能引領我們度過起伏不定的精神生活、人際關係，以及生命中出現的任何挑戰。[4]

戴維森發現，在敏銳的專注力狀態中，前額葉皮質（prefrontal cortex）的關鍵神經迴路會與向目標發出知覺的電波同步，他稱此種現象為「鎖相」（phase-locking）。[5]如果人們聽到一個特定的聲調就按下一個按鈕，他們前額葉區域的電子訊號就會對標的聲音準確地同步發射訊號。

你愈是專注，你的神經鎖相就愈強。但若無法集中注意力、思想陷入混亂，同步性就會消失。[6]只要這種同步性下降，就代表人們患有注意力缺失症。[7]

在我們專注時的學習力最強。當我們專注於正在學習的事物時，大腦會按圖索驥，找到我們先前已知的資訊，然後製造新的神經連結。如果你和初學走路的小孩一起關注某樣事物，當你叫出那樣事物的名稱時，這孩子就能學會這個名詞；但若孩子的注意力分散了，就無法學會。

當我們的心思飄移，我們的大腦就會啟動一群神經迴路喃喃自語，做一些與我們嘗試的學習無關的工作。注意力無法集中，我們學習的東西也就不會儲存在新的記憶中了。

---

4 這些基本的要素中的每一項，都反映出我們的探討中所描述的注意力觀點。Richard J. Davidson and Sharon Begley, *The Emotional Life of Your Brain* (New York: Hudson Street Press, 2012).

5 Heleen A. Slagter et al., "Theta Phase Synchrony and Conscious Target Perception: Impact of Intensive Mental Training," *Journal of Cognitive Neuroscience* 21, no. 8 (2009): 1536-49.

6 當前額葉皮質附近的頂葉皮質指向某個特定目標時，是前額葉皮質維繫著我們的注意力。當我們的注意力開始分散，這些區域會沉靜下來，而我們的注意力將變得毫無方向，掠過一個又一個吸引我們的事物。

7 在這些研究中，注意力不足過動症（ADHD）者的大腦，其前額葉區域顯示遠比一般人更少的活動，鎖相同步性也較低：A. M. Kelly et al., "Recent Advances in Structural and Functional Brain Imaging Studies of Attention-Deficit/Hyperactivity Disorder," *Behavioral and Brain Functions* 4 (2008): 8。

分心

做小測驗的時間到了：

1聲音與腦波同步的技術性名詞是什麼？

2會分散注意力的事物分為哪兩大類？

3什麼可以預測大學運動員的表現會有多好？

如果你不用想就能回答這些問題，代表你在閱讀時能持續集中注意力——答案就在本書的前幾頁（或在註釋中也可以找到）。*

如果你想不到這些答案，在閱讀時你可能偶爾會分心。你不是唯一的一位。

當讀者仔細閱讀一篇文章時，通常會有二〇％至四〇％的時間心不在焉。如人所料，學生愈心不在焉，他們付出的代價就是理解愈差。[8]

即使我們沒有心不在焉，但如果文字內容出現胡言亂語——例如「我們必須為馬戲團賺一點錢」寫成「我們必須為錢賺一點馬戲團」——約有三〇％的讀者會繼續往下閱讀一段（平均十七個字）之後才會發現。

當我們讀一本書、部落格或任何敘述性的文字時，我們的頭腦會建立一個心中的模型，這個模型可以讓我們看懂閱讀的內容，同時這個模型會與我們腦中其他已知的相同主題模型相互連結。這個理解的擴張網路位於學習的中心。當我們建立這個網路時，我們愈是分心，在開始閱讀後就會愈快偏離內容，途中也會留下愈多的「空洞」。

當我們閱讀一本書時，我們的大腦會建構一個許多路徑的網路，其中包含整套的想法與過去的經驗。將深入理解與干擾、分心（典型的例子是深具誘惑力的網際網路）相互對照，當我們上線後，來自文字、影片、圖像與混雜的訊息等各式各樣的轟炸，似乎成為「完全理解」的敵人。完全理解被尼可拉斯・卡爾（Nicholas Carr）稱為「深度閱讀」（deep reading），這需要在一個主題持續的集中與沉浸，而不是像小孩子的「跳房子」遊戲，從一處跳到另一處，只捉住一些彼此無法相互連接的片斷文字。[9]

當教育移往以網路為基礎的形式時，會讓大眾分心，多媒體產生的危險逐漸逼近，因

＊解答：1鎖相。2感覺和情緒。3運動員的注意力與克服憂慮的能力。

8 Jonathan Smallwood et al., "Counting the Cost of an Absent Mind: Mind Wandering as an Underrecognized Influence on Educational Performance," *Psychonomic Bulletin & Review* 14, no. 12 (2007): 230-36.

9 Nicholas Carr, *The Shallows* (New York: Norton, 2011).

為網際網路將妨礙學習。回到一九五〇年代，哲學家馬丁・海德格（Martin Heidegger）曾經警告：「科技革命的浪潮可能會非常令人迷惑、陶醉、目眩，同時會誘騙人以為精於算計的思考（calculated thinking）可能有朝一日成為……唯一的思考方式。」[10]結果會以損失「冥想的思考」（meditative thinking）為代價，他視此種思考模式為人性的本質。

我聽得懂海德格的警告，他指的是基本的思考能力（將注意力維持於進行中敘述文字的能力）將因此下降。深度思考需要的是持續專注的頭腦。我們愈分心，我們的思考愈膚淺；同樣地，我們的思考愈短，這些思考就可能愈微不足道。海德格如果還活著，要求他寫「推文」，必然會使他受到驚嚇。

注意力已經縮水了嗎？

從上海來的搖滾樂隊正在擁擠的瑞士會議廳演奏沙發音樂，數以百計的人們也跟著音樂搖擺。在這個吵雜不堪的人群中，有一張小小的圓形酒吧桌，克雷・薛基（Clay Shirky）正完全投入他的筆記型電腦，飛快地打字。

幾年前，我見過薛基，他是紐約大學的社會媒體專家，但我們很少有機會碰面。有好幾分鐘我就站在離他三英尺遠的地方，在他的右手邊，看著他——位置在他視覺的周圍，如果他能騰出任何注意力的話。但直到我叫他的名字為止，薛基都沒有注意到我。接著他吃了一驚，頭抬起來看著我，我們開始聊天。

注意力是一種有限的能力；薛基全神貫注做他的無聊事，直到他將注意力轉移到我身上為止。

「7±2」的資訊組塊（chunk）——自一九五〇年代喬治．米勒（George Miller）在心理學最具影響力的論文之一，提出這個他所謂的「神奇數字」後——已經被視為注意力的上限。[11]

最近雖然有些認知科學家主張，四個組塊才是上限。[12]但這沒有引起大眾太多注意（反正也是很短暫的片刻），隨著新瀰因（meme）的蔓延，這種心理能力已經從七位元資訊萎縮至四位元資訊。一個科學新聞網站宣稱：「心靈的上限已經被發現了——四位元的資

---

10 Martin Heidegger, *Discourse on Thinking* (New York: Harper & Row, 1966), p. 56. 卡爾在《淺薄》（*The Shallow*）一書中警告「網際網路對我們的大腦做了什麼？」時，引用了海德格的話。

11 George A. Miller, "The Magical Number Seven, Plus or Minus Two: Some Limits on Our Capacity for Processing Information," *Psychological Review* 63 (1956): 81-97.

12 Steven J. Luck and Edward K. Vogel, "The Capacity for Visual Working Memory for Features and Conjunctions," *Nature* 390 (1997): 279-81.

訊。」[13]

有些人認為，我們心中能持有資料數量的縮減，是來自二十一世紀日常生活的分心，導致這種關鍵性心智能力的萎縮。但他們誤解了這份資料。

約翰霍普金斯大學認知科學家賈斯汀．霍伯達（Justin Halberda）說：「工作記憶（working memory）並沒有縮水，電視並沒有使我們的工作記憶變小。」——在五〇年代中，我們都有一個七位元加減兩位元為上限的資訊，而現在我們只有四個。

「大腦嘗試將其有限的資源發揮到最大，」霍伯達解釋。「因此我們使用記憶策略來協助」——例如將不同的分子4、1、5組合成一個組塊，像是區域號碼415。「當我們執行一個記憶任務時，結果可能是7±2位元。但這是區分為修改後的上限四位元，以及由記憶策略添加的三或四個以上位元。因此四或七位元都是正確的，端視你如何測量。」

接著是在同時執行多項任務時，許多人以為可以「分割」（splitting）專注，認知科學告訴我們這也是一種想像杜撰。與其說是有許多氣球可以同時分派去做不同任務，實際上我們使用的是一條狹窄固定的管道進行分派。與其用分割形容，實際上是迅速地轉換。持續地轉換會使專注力從完全集中的運作狀態中逐漸削弱。

「電腦系統中最寶貴的資源不再是處理器、記憶體、磁碟或網路，而是人類的注意力，」卡內基梅隆大學的一個研究小組指出。[14]對於這個人類的瓶頸，他們建議的解決方案是盡量減少分心：Aura專案計畫建議除去系統的小毛病，使我們不要浪費時間在干擾上。

這種讓電腦系統免於干擾的目標是很值得讚美的，但這種解決方案可能無法讓我們達成想要的目標：我們需要的不是科技解決方案，而是一個認知的解決方案。分心的來源不在於我們使用的科技，而是排山倒海而來的分心事物對我們專注能力的正面進攻。

這讓我們回到薛基身上，特別是他對社群媒體的研究成果。[15]由於任何人都不能同時對所有事物專注，但將我們聚集起來，創造一種供注意力使用的集合性頻寬（collective bandwidth），讓我們每個人都能取得想要的東西。最好的見證就是維基百科。

如薛基在他的《鄉民都來了》（*Here Comes Everybody*）一書中宣稱，注意力可被視為分散於許多人之間的一種能力，如同記憶或任何認知性的專業能力。「什麼是現在最流行的趨勢」指出我們如何分配集體性的注意。雖然有些人主張各種科技輔助的學習與記憶讓我們變笨，但科技也創造了一種心理彌補，也就是擴大了個人專注的力量。

---

13 Clara Moskowitz, "Mind's Limit Found: 4 Things at Once," *LiveScience*, April 27, 2008, http://www.livescience.com/2493-mind-limit-4.html.

14 David Garlan et al., "Toward Distraction-Free Pervasive Computing," *Pervasive Computing* 1, no. 2 (2002): 22-31.

15 Clay Shirky, *Here Comes Everybody* (New York: Penguin, 2009).

當我們的社會關係數目上升，我們的社會資本——與注意力的範圍——也會增加，因為我們可藉此獲得重要的資訊，像是「這裡的事情是怎麼運作的」之類的潛知識，無論是公司或新的住家社區都適用。邂逅一個人可能為你在這世界增加一個耳目，這是在複雜的社會與資訊生態體系下，我們所需之運作指南的重要來源。大多數人都有少數幾個強聯繫（strong ties）——緊密、可以信任的朋友——但我們也有數百個所謂的弱聯繫（weak ties）（例如我們的臉書「朋友」）。當我們的注意力、良好購物資訊的消息來源、工作機會、約會對象等資訊交互相乘後，弱聯繫也會擁有極高的價值。[16]

當我們協調所見與所知，我們共同的努力將增加我們的認知財產。雖然在任何特定時刻，我們工作記憶的配額仍然很小，但我們可以通過狹窄寬度拉出的全部資料，會變得十分龐大。這個集體的智慧（每一個個體在一個分散的團體中做出的貢獻），會保證最大的專注力，這是多雙眼睛能注意到的總和。

透過注意力在網際網路上的共享，使麻省理工學院集體智慧研究中心發現了這個新興的能力。經典的案例：數以百萬計的網站聚焦於狹窄的利基上——而網路搜尋篩選並指引了我們的焦點，使我們能有效率地獲得所有認知的成果。[17]

麻省理工學院研究小組的基本問題：「我們要如何連結人類與電腦，使集體的智慧能超越任何個人或團體的智慧？」

或正如日本人所說的：「我們所有的人，比我們當中的任何一人更聰明。」

你熱愛你的工作嗎？

最重要的問題：當你早上起床時，是不是快樂地去上班、上學，或去做你該做的事？在哈佛大學的加德納（Howard Gardner）、史丹佛大學的達蒙（William Damon）與克雷蒙特大學的契克森米哈（Mihaly Csikszentmihalyi）共同進行的研究中，瞄準他們所謂的「好工作」，這是人們表現最傑出的領域為何、是什麼吸引人們投入，及其工作倫理的有力結合——他們的信念很重要。[18]這更像是高度投入的召喚：人們喜愛他們所做的工作。完全

---

16 在組織的政治中，弱聯繫可能是一種隱性優勢。在矩陣式組織裡，與其透過指揮線的方式運作，人們通常必須影響沒有隸屬關係的某人才行得通。弱聯繫累積成為社會資本，這種關係能幫助你或提供建議。如果你和其他必須影響的部門沒有任何自然的人際關係，成功的機會將十分渺茫。

17 See Thomas Malone's interview at Edge.org, http://edge.org/conversation/collective-intelligence.

18 Howard Gardner, William Damon, and Mihalyi Csikszentmihalyi, *Good Work: When Excellence and Ethics Meet* (New York: Basic Books, 2001); Mihaly Csikszentmihalyi, *Good Business* (New York: Viking, 2003).

投入於工作中讓人感覺良好，而樂趣是「心流」（flow）的情緒記號。

在日常生活中心流是相當罕見的。[19]隨機抽樣人們的心情顯示：大部分時間，人們都覺得壓力很大或厭煩，心流的時段只偶爾出現；只有約二〇%的人一天至少出現過一次心流。大約一五%的人在任何一個典型的日子中從未進入心流狀態。

當我們將工作與我們喜歡做的事相結合，是人生中獲得更多心流的關鍵之一。在任何領域表現傑出者——無論如何，也是幸運的一群人——就是這種結合的贏家。

除了變換職業，有幾個方式可以產生心流。其中一種，是工作可以讓我們挑戰極限——我們的工作能力「剛好足以應付」要求。另一種方式，是透過我們熱愛做的事；動機會驅動我們進入心流。但不論是這兩種方式的任何一種，最終的共同道路是全然的專注。不論你如何抵達目的地，充滿熱忱的專注會啟動心流。

這種能將工作做好的最佳大腦狀態，可標示為更大的神經和諧（neural harmony）——大腦各個不同區域，豐富、適時的相互連接。[20]在此種狀態下，需要完成任務的神經迴路呈現高度活躍，而那些無關的神經迴路則靜止不動。當我們的大腦處於這種最佳狀態時，就會出現心流。不論我們追求的是什麼，都能表現出個人的最佳能力。

然而工作場所的調查報告卻發現，為數眾多的人處於非常不同的大腦狀態：他們做白日夢、浪費時間在逛網路或YouTube上，而且只做必須做的最低工作量。他們的注意力分散各處。此種不願意投入與漠不關心的情況十分猖獗，尤其是那些重複、要求不高的工作。要使不願投入的勞工接近心流的範圍，必須提升他們的原動力與工作熱情，喚起他們人生的目標，還要加上不小的壓力。

另一方面，另外一大群人被困在神經生物學家所謂的「疲憊不堪」（frazzle）狀態，持續過重的壓力使他們的神經系統充滿皮質醇（cortisol）與腎上腺素。他們的注意力集中於他們的焦慮，而非工作。這種情緒的消耗，可能導致他們最後精疲力竭。

完全的專注會為我們開啟走進心流的大門。但當我們選擇專注於一件事並忽略其他事情，我們面對的一種持續的緊張會浮現——通常是肉眼看不見的——在大量的神經分隔之間，大腦頂部與底部的相互對抗。

---

19 Mihaly Csikszentmihalyi and Reed Larson, *Being Adolescent: Conflict and Growth in the Teenage Years* (New York: Basic Books, 1984).

20 當我們處於這樣的狀態時，或許甚至有適中的預設網路啟動水準。Michael Esterman et al., "In the Zone or Zoning Out? Tracking Behavioral and Neural Fluctuations During Sustained Attention," *Cerebral Cortex*, http://cercor.oxfordjournals.org/content/early/2012/08/31/cercor.bhs261.full, August 31, 2012.

chapter

3

注意力的頂部與底部

十九世紀的法國數學家昂利．龐加萊（Henri Poincaré）寫道：「我將我的注意力轉去研究一些算術問題，顯然不太成功。失敗讓我感到厭惡，於是去海邊消磨幾天。」[1]一天早晨，當龐加萊走在海邊的懸崖上時，一個深具洞察力的念頭突然向他襲來：「不確定的三元二次方程式的算術轉換式，與非歐幾里德（non-Euclidian）幾何學是一樣的。」

證明的細節在此並不重要（幸好如此，我自己也無法了解數學）。耐人尋味的是這個啟發「如何」來到龐加萊的腦中：是如此「短暫、突然與直接確定」，讓他十分意外。

傳說中的創造力總是充斥著這類原因。十八世紀數學家卡爾．高斯（Carl Gauss）花了四年都沒有辦法證明一個定理。然後有一天，答案以「靈光一閃」的方式向他襲來。雖然靈光一閃讓他多年的辛苦大功告成，其中原因卻讓他摸不著頭緒。

為什麼會有這種疑惑？我們的大腦有兩個半獨立（大抵是分開）的心理系統。其中一個具有龐大的運算能力，持續運作、默默無聲地解決我們的問題，突然令人驚訝地提供解決複雜問題的方案。由於它是在我們有意識的知覺以外運作，因此我們看不見它的運作。這個系統會將其龐大的努力成果，以不知從何而來的方式展現給我們，而且是以各種不同形式提供，從引領一個句子的語法，乃至於構建複雜無比的數學證明。

這種「裡意識」（back-of-the-mind）的注意力通常是在出乎意料之時，來到專注的中心。就好像你一邊開車（開車的部分是裡意識），一邊在手機上說話，突然一個喇叭聲讓你意識到燈號已經變成綠燈。

大部分的神經線路位於我們大腦較低層的皮質下（subcortical）神經迴路中，但它透過通知大腦最頂端的新皮質（neocortex），努力由下而上進入知覺。龐加萊與高斯是從大腦的較低層獲得他們的突破。

「由下而上」（bottom-up）已成為認知科學中大腦較底層神經機制運作的術語。[2] 同樣地，「由上而下」（top-down）是指心理活動，主要在新皮質的內部，這種活動能監督與設定皮質下運作的目標。就好像有兩個頭腦同時在工作。

1 引自 Arthur Koestler, *The Act of Creation* (London: Hutchinson, 1964), pp. 115-16。

由下而上的頭腦是：

- 大腦運作的速度更快，以毫秒為單位運作
- 非自願與自發性的：永遠啟動中
- 直覺的，透過網路合作的方式運作
- 衝動的，被情緒驅動
- 我們習慣的日常活動與引領我們行動的執行者
- 我們對世界的心智模型管理者

對照之下，由上而下的頭腦是：

- 速度較慢
- 自願的
- 費力的
- 負責自我控制，有時可越權控制自發性的日常活動，並減輕情緒驅動的衝動
- 能學習新模式、制定新計畫，在一定程度上負責我們自發性的技能

自願性的注意力、意志力和刻意的選擇是由上而下；反射性的注意力、衝動、死記硬背的習慣是由下而上（被時尚服飾或俏皮的廣告抓取的注意力也屬這類）。當我們選擇欣賞美麗的日落，專心於閱讀或專心與人交談時，它是一種由上而下的轉變。我們的心之眼會在由刺激驅動的注意力與自願性導向的專注之間，持續地來回舞動。

由下而上系統的多重任務運作方式，是以平行方式掃描大量的投入，其中包括我們周圍的環境中具有特色，但尚未進入完全專注的事物；它會先分析我們認知的區域中有什麼，然後才會讓我們知道它為我們選擇的，對我們有意義的事物。我們由上而下的系統會花更多時間，仔細考慮之後才會展示它的成果，它會一次針對一樣事物，進行深思熟慮的分析。

---

2 有些認知科學家稱呼這些系統為分開的「心」（mind）。在我的《社會智能》（*Social Intelligence*）一書裡，我將這種「由上而下」的系統稱為「高路」（high road），將「由下而上」稱為「低路」（low road）。丹尼爾·康納曼（Daniel Kahneman）在《快思慢想》（*Thinking Fast and Slow*）中的用語是「系統一」（system 1）與「系統二」（system 2），他稱之為「闡述的虛構」（expository fictions）。這很難一直用下去，就像《戴帽子的貓》（*The Cat in the Hat*）裡的「Thing One」與「Thing Two」一樣。所以人們愈是深入探究神經線路，「上」與「下」的稱呼就愈無法讓人滿意；但這兩個用語還算堪用。

透過腦中相當於一種光學的幻覺，我們以為我們的意識範圍就等於整體的頭腦運作。但實際上絕大多數的心智運作發生在腦的幕後，也就是在由下而上系統的低鳴聲中。

由上而下的系統認為大部分（有些人認為是全部）是由它選擇專注在何種事物上、想些什麼、做些什麼，但實際上這些計畫都是由下而上的系統主宰。心理學家丹尼爾·康納曼挖苦說：「如果這是一部電影，由上而下的頭腦會是配角，但卻認為自己是電影裡的大英雄。」[3]

時間回到數百萬年以來的進化過程。反射性、快速行動的由下而上神經迴路，偏好的是短線思考、衝動、迅速的決定。在大腦前方與頂部的由上而下神經迴路，是後來才加入的，它們完全成熟的時間只能追溯至數十萬年前。

由上而下的系統增加的才能，如自我覺察、反省、深思熟慮以及規劃我們的所有技能。策劃性的、由上而下的專注力，成為管理我們大腦的一個槓桿。當我們將注意力從一件任務、計畫、感覺轉向另一項事物時，相關神經迴路的燈光亮起，讓人想起跳舞的快樂記憶和對生命之喜悅的神經元又活蹦亂跳起來。當你回想心愛之人的喪禮時，就會啟動悲傷的神經迴路。憶起一記漂亮的高爾夫揮桿時，協調這個揮桿動作的軸突與樹突就會更強烈地連接在一起。

人類的大腦在演化中算是夠好（但不完美）的設計。[4]大腦中較古老的由下而上系統，在大部分的人類史前時代顯然運作良好——但它們的設計在今天造成了一些麻煩。較古老的系統在我們的生活居於掌控地位，通常對我們有好處，但有時會對我們不利：入不敷出、沉迷上癮、肆無忌憚的超速駕駛人，都是這個系統導致的亂象。

早期進化時期的生存要求，將我們的大腦設定由下而上的指令，包括生兒育女、什麼令人愉悅、什麼令人噁心、逃離威脅、跑向食物。快速前進到現今這個非常不同的世界裡：雖然我們腳底下不斷傳來一些由下而上的怪念頭與驅動力，但我們經常需要由上而下的系統來引領人生的方向。

有個讓人意外的原因，使兩者間的平衡持續傾向由下而上的系統：大腦要節省精力。例如學習提升最新科技能力的認知努力，需要主動的注意力（active attention），代價是耗費精力。但我們學習愈多生手必經的例行程序，這些例行程序愈會投射成牢牢記住的習慣，然後由下而上系統的神經迴路就會接手，特別是在基底核（basal ganglia）中的神經網路，

3 Kahneman, *Thinking Fast and Slow*, p. 31.

4 人類的脊椎是另一個在演化中夠好，但不完美的設計之一：建立在較古老的系統上，單排的骨頭堆疊充分運作——雖然三排的三腳架設計會強壯得多。任何患有椎間盤突出或頸椎關節炎的人都能為這種不完美作證。

這個組織的體積約如高爾夫球大小，坐落在大腦底部，就在脊髓的上方。我們練習一個例行程序的次數愈多，基底核愈能從大腦的其他部分接手。

這兩個大腦的底部與頂部系統，會在兩者間分配心理任務，使我們以最小的努力得到最佳的成果。當熟悉度使一個例行程序變得較簡單之後，就會從頂部交棒給底部。我們這種神經轉換的經驗愈是豐富，付出的注意力就愈來愈少——直到最後不必付出任何注意力，變成自動運作的。

在心流狀態下可以看到這種自動運作的高峰，專業化能力得到應有的回報，可以毫不費力地專注於高水準的要求，不論是大師級的西洋棋大賽、全美汽車大賽（NASCAR），或繪製油畫。若我們練習不足，這些都需要經過深思熟慮的專注。但如果我們已將必要的技巧熟練到足以應付要求的水準，將無需耗費多餘的認知努力——只有那些最頂級的表演者，才能釋放多餘的注意力。

許多世界級冠軍證明，在最高層的水準，你的對手和你同樣練習了數以千計的時數，任何競爭都成為一種心理遊戲：你的心理狀態決定你有多專注，也因此決定你能有多棒的表現。你愈是放輕鬆、愈信任由下而上的動作，就愈能釋放你的心智，讓你更靈活。

例如足球四分衛明星擁有運動分析家所稱的「觀察全場的偉大能力」：他們可以觀察另一隊的防禦編隊，感覺到他們移動的意圖；一旦開打，他們會根據那些移動立即調整，爭取價值連城的一秒或兩秒鐘，選出一個接球員傳球。這種觀察力需要大量的練習，因此初期要非常專注——躲開那位衝球手（rusher）——逐漸變成自發性的動作。

從心算的觀點來看，在數個二百五十磅的身體從不同角度向你飛奔的壓力下，要發現一位適當的接球員是一樁不小的壯舉：這位四分衛要記住幾個潛在接球員的傳球路線，同時他還要處理與因應對方全部十一位球員的移動——這種挑戰最好由訓練有素的由下而上神經迴路負責處理（如果他必須有意識地想清楚每個動作該怎麼做，那是辦不到的）。

搞砸的祕訣

露露．鍾斯（Lolo Jones）正贏得女子的一百公尺跨欄賽，接著就是邁向二〇〇八年北京奧運會第一枚金牌的路上。帶頭領先的她，正以輕鬆的節奏跳過前方的跨欄——直到出錯為止。

起初非常微妙：她感覺迎面而來的跨欄來得太快了。當時鍾斯有個想法：「確保妳不會在技巧上顯得馬虎草率……確保妳的雙腿都快速踏出。」

由於這些想法，她努力過頭了，雙腿收得太緊——接著她就撞上了十個跨欄中的第九個。最後鍾斯得到第七名，然後她在淚水中癱軟在跑道上。[5]

當她在二〇一二年倫敦奧運會再度嘗試時（最後她獲得一百公尺跨欄賽的第四名），鍾斯還可以十分清楚地記得當年失敗的那一刻。如果你問神經學家，他們能一致地診斷出她的錯誤：當她開始想到技巧的細節，而不是將這份工作交給負責運動的神經迴路——那些將她的動作練習到臻於完美之境界的神經迴路。鍾斯已經從仰賴由下而上的系統，轉而受到由上而下系統的干擾。

大腦的多項研究發現，當冠軍運動員在比賽時開始思考運動技術時，就肯定是搞砸的祕訣。當頂尖足球運動員在比賽時運球通過由三角錐標示的邊界時，還要注意他是用哪隻腳來控球的話，會犯下更多錯誤。[6] 同樣的情況發生在棒球員面對來球揮棒時，試圖追蹤他們的球棒究竟是往上還是往下移動。

千錘百鍊的運動員們，在經過數以千計的練習時數以後，運動皮質（motor cortex）的神經迴路上就會深深刻上他們的動作；而運動皮質不被干涉時運作得最好。當前額葉皮質啟動而我們開始思考表現是好或壞，該如何做我們正在做的事時，大腦會給予神經迴路一些控制，讓人知道如何思考與擔心，但無法提供動作本身該如何運作。不論百米賽、足球、棒球，這是放諸四海皆準的犯錯祕訣。

這就是為什麼明尼蘇達雙城棒球隊導引高峰表現的瑞克．艾伯曼（Rick Aberman）告訴我：「教練檢討比賽只專注於下次『不要』做的事，這就是讓球員在心理壓力下失敗的祕訣。」

不只是運動而已。當人們將做愛這事放進心裡作為另一項活動時，就有了過多的分析與自我批判。一篇期刊文章的標題是〈在壓力下試圖放鬆的諷刺性效果〉，則指出了另一種錯誤。[7]

放鬆與做愛的最佳方式是順其自然地發生，不要試著強迫做這些事。在這些活動發生時會自動介入的是副交感神經系統，其通常的運作方式獨立於大腦的執行功能（負責思考相關問題）。

美國小說家愛德格・愛倫坡（Edgar Allen Poe）將這種不幸的心理傾向稱為「反常之魔」（**the imp of the perverse**），也就是你會提起一些你原本決定不提的敏感議題。哈佛大學心理學家丹尼爾・韋納（Daniel Wegner）在一篇名為〈如何在各種情況下思考、說出、做出最糟糕

---

5 Lolo Jones in Sean Gregory, "Lolo's No Choke," *Time*, July 30, 2012, pp. 32-38.

6 Sian Beilock et al., "When Paying Attention Becomes Counter-productive," *Journal of Experimental Psychology* 18, no. 1 (2002): 6-16.

7 努力放鬆很可能會出差錯，特別是在我們正緊張地表現的時刻。見 Daniel Wegner, "Ironic Effects of Trying to Relax Under Stress," *Behaviour Research and Therapy* 35, no. 1 (1997): 11-21。

的事〉的論文中，解釋引發此種心魔的認知機制。[8]

韋納發現，當我們分神、壓力過大或其他心理負擔的程度愈重，我們出錯的機會將大幅升高。在這些情況下，一種平常偵測我們可能會犯錯（例如不要提及某議題）的認知控制（cognitive control）系統，在無意中反而會使之成為心中主要的議題，因而提高犯下該種錯誤的可能性（例如提及某議題）。

當韋納要求實驗的自願者試著「不要」想起一個特定的單字時，當他們被迫必須快速回應與該單字相關的任務時，往往就會說出那個被禁止說出的單字。

負載過重的注意力會降低心理控制的能力。當我們想不起我們熟悉之人的名字時，感受到的壓力最大；更甭提他們的生日、我們的週年紀念日，與其他社交的重要資料。[9]

另一個例子：肥胖症。研究人員發現過去三十年美國的肥胖症盛行，可追溯至同時期電腦和高科技產品在人們的生活中呈現爆炸性成長——因而懷疑這種相關性並非意外。沉浸在數位產品等令人分心的事物，創造一種幾乎恆久性的認知超載（cognitive overload）。同時此種超載會耗盡我們的自我控制。

忘掉減肥的決心吧。一旦迷失在數位世界裡，我們就是會不自覺地伸手去拿品客洋芋片。

由下而上產生的偏差

一項針對心理學家的調查，問他們是否有「某種令人困擾的東西」，讓他們覺得不了解自己。[10]

其中一位說，二十年來他一直研究陰暗的天氣如何使一個人的整個人生都陰暗下來，直到你能覺察到陰暗的天氣如何讓你的心情惡化——但雖然他了解其中所有道理，陰暗的天氣仍讓他心情惡劣。

另一位則是經常基於衝動而撰寫論文，指稱某些研究是如何嚴重的誤導。雖然從未獲得相關研究者的關注，但他仍持續這麼做。他對自己的行為感到困惑。

第三位說，雖然他長期研究「男性的性認知過度偏差」（male sexual overperception bias）——將女人的友善，誤解為羅曼蒂克的情挑——但他本人仍然無法克服這種偏見。

---

8 Daniel Wegner, "How to Think, Say, or Do Precisely the Worst Thing for Any Occasion," *Science*, July 3, 2009, pp. 48-50.

9 Christian Merz et al., "Stress Impairs Retrieval of Socially Relevant Information," *Behavioral Neuroscience* 124, no. 2 (2010): 288-93.

10 "Unshrinkable," *Harper's Magazine*, December 2009, pp. 26-27.

當我們度過每一天，由下而上的神經迴路貪婪地——但安靜地——持續不斷學習。這種隱性的學習永遠無需進入我們的認知，但它卻成為我們人生的方向舵，不論我們的表現是好是壞，永遠不離不棄。

自發性的系統在大部分的時間裡運作良好：我們知道發生了什麼事、要做什麼，同時在想其他事情的時候，仍能應付日常的各種外來需求。但這個系統也有弱點：我們通常不會注意到我們的情緒和動機，會在我們的注意力中產生各種偏差與偏見，且不會注意到那些我們不注意的事物。

以社交焦慮症為例，一般有焦慮症的人會鎖定任何即使只稍有威脅性的事物；那些有焦慮症的人會強迫性地找出一絲絲被排斥的信號，例如某人臉上瞬間即逝的厭惡表情——反映了他們自己是社交失敗者的習慣性假設。大多數這類情緒互動都不在覺察範圍內進行，目的是帶領人們避免焦慮。

醫治這種由下而上的偏差行為，用的是一種幽微的方法。這方法幽微到令人渾然不覺他們的注意模式正重新接線（就像他們當初根本不知接線正在進行，而使他們患上這種病）。「認知偏差修正法」（cognitive bias modification，簡稱ＣＢＭ）是一種肉眼看不見的療法，是請患有嚴重社交焦慮症的人觀看一批群眾的照片——他們被要求當閃光燈出現閃光模式時，要盡快按下一個按鈕。[11]

閃光燈在帶有威脅的照片（像是一些眉頭深鎖的臉孔）出現時絕不會亮燈。這種保持祕密進行的干預，目的在於不進入他們的知覺。然而經過幾次診療後，由下而上的神經迴路從這種模式中學會將注意力引導至不具威脅性的事物。雖然曾接受CBM的人完全不了解注意力的微妙模式，但他們的社交焦慮已逐漸減少。[12]

這就是此種神經迴路的良性運用之一。接著是廣告。研究大腦的一個迷你行業對行銷提供的服務，已發展出以操縱人們潛意識為基礎的戰術。例如其中一項研究發現，如果你向人們展示奢侈品或只是讓他們認為這與奢侈品有關，在他們的決定中，他們會變得更以自我為中心。[13]

---

11 Yuko Hakamata et al., "Attention Bias Modification Treatment," *Biological Psychiatry* 68, no. 11 (2010): 982-90.

12 當心理學家治療社交焦慮症的人們時，心理學家會鼓勵人們將目光投向群眾裡那些表情中性或友善的臉孔，不要注視那些面帶輕蔑的臉孔。結果有三分之二的人，其焦慮煙消雲散。Norman B. Schmidt et al., "Attention Training for Generalized Social Anxiety Disorder," *Journal of Abnormal Psychology* 118, no. 1 (2009): 5-14.

13 Roy Y. J. Chua and Xi Zou (Canny), "The Devil Wears Prada? Effects of Exposure to Luxury Goods on Cognition and Decision Making," Harvard Business School Organizational Behavior Unit Working Paper No. 10-034, November 2, 2009, http://ssrn.com/abstract=1498525 or http://dx.doi.org/10.2139/ssrn.1498525.

研究潛意識之選擇最活躍的領域，集中於當我們購物時，是什麼讓我們看上某些商品。市場行銷人員想知道如何動員我們由下而上的大腦。

例如市場行銷的研究發現，當人們喝酒時，如果快樂的臉孔在螢幕上迅速閃過，其速度快到意識無法感受到——但由下而上的系統卻注意到了——那他們喝下的酒，就會多於在螢幕上閃過的是憤怒的臉孔時喝下的酒。

回顧這類研究得出的結論是，雖然它們塑造了我們購物的方式，但人們「大規模地未能察覺」這些微妙的行銷力量。[14] 透過以潛意識為主的外來影響，由下而上的知覺使我們變成笨蛋。

如今人們的生活似乎是由衝動主宰，而且已經到達令人擔憂的程度；洪水般的廣告掌控了我們，由下而上地，帶動人們今日對巨量商品的花費慾望，卻不管明天要怎麼支付。對許多人而言，由衝動支配造成過度開支、過度借款、過度飲食，以及其他上癮的習慣，從沉溺於冰刀轉圈的表演，乃至於緊盯數位螢幕上各式各樣的內容無數個小時。

神經的劫持事件

走進別人的辦公室，你注意到的第一件事是什麼？這暗示著那一刻，是何者驅動你由下而上的專注。如果你設定的是財務目標，你可能會立刻參觀電腦螢幕上的盈餘圖表。如果你有蜘蛛恐懼症（arachnophobia），你就會密切注意窗角那滿是灰塵的蜘蛛網。

這些都是注意力的潛意識選擇。當杏仁核（Amygdala）神經迴路發現一些它認為重要的事物：蜘蛛、憤怒的臉孔和可愛的寶寶，這種注意力就會出現，給你一個概念，這是大腦為本能興趣的設定。[15]這種位於大腦中間地帶的由下而上系統，以神經的時間相比，其反應速度較由上而下的前額葉區域迅速許多，也會向上發送訊號，啟動較高的皮質通路，叫醒（相對）緩慢的執行中心進入警戒，同時專心注意。

我們大腦的注意力機制是經過數以十萬年計的進化，才能在需要拚命的叢林中生存，各種威脅以特定的視覺範圍與速度——約略相當於蛇的衝刺與老虎的跳躍——接近我們的祖先。我們祖先的杏仁核快得足以躲過蛇吻與虎口，他們的神經設計如今傳遞到我們身上。

人類的大腦似乎很在意蛇和蜘蛛這兩種動物，並且會發出警報。雖然牠們的影像閃動得太快，讓我們的意識知覺沒能看見，但還是會引起我們的注意。由下而上的神經迴路發現牠們的速度快過一般中性物體，同時發出警報（將蛇與蜘蛛的圖像在蛇或蜘蛛的專家眼

---

14 Gavan J. Fitzsimmons et al., "Non-Conscious Influences on Consumer Choice," *Marketing Letters* 13, no. 3 (2002): 269-79.

15 Patrik Vuilleumier and Yang-Ming Huang, "Emotional Attention: Uncovering the Mechanisms of Affective Biases in Perception," *Current Directions in Psychological Science* 18, no. 3 (2009): 148-52.

前閃動，仍然可以引發注意力——但沒有警告信號）。[16]

大腦不可能會忽略帶有情緒的臉孔，特別是那些面帶憤怒的。[17]憤怒的臉孔十分顯著：掃描人群，憤怒的臉孔就會從中蹦出來。大腦底部發現卡通中有V形眉毛（像《南方公園》〔*South Park*〕的孩子們）的速度，甚至比發現一張快樂的臉孔更迅速。

我們身體的接線方式會注意反射性的「超級正常的刺激」，不論是安全、營養或性——就像一隻貓無法不追逐一隻綁在線上的假老鼠一樣。在現今的世界中，廣告用同樣的接線方式帶動我們由下而上的反射性的注意力。只要將性或威望與一種產品相聯繫，就會啟動相同的神經迴路，讓我們做好準備去買一些產品，而我們甚至沒注意到為什麼要買。

我們特別的一些癖好讓我們更容易受到傷害。這就是為什麼酗酒者會對伏特加廣告目不轉睛，當好色的人遇上性感的對象，就會立刻成為渡假的好理由。

這是一種由下而上的，預選的注意力；這種從我們神經迴路下方抓住的注意力是自發性的，一種自然而然的選擇。當我們心不在焉、當我們分心，或當我們被資訊淹沒——或三者兼具時，我們最容易讓情緒帶動這種注意力。

接著是情緒狂奔。昨天我正好在寫這個章節，坐在我的電腦前面時，突然我的腰痛嚴重發作。也許不是突然之間：它已悄悄地從早晨起就開始累積。但當我坐在桌前，它突然撕裂我的身體，從我的脊椎下方直接傳到我大腦的痛苦中心。

當我試著站立時，痛苦是如此劇烈，我又摔回椅子上。更糟的是，我的心理與可能發生的最糟糕情況開始競賽：「我會跛一輩子，還得定期注射類固醇……」如火車般的思潮也使我恐慌的內心想起，一家經營不善的製藥廠曾因為受到一種黴菌的汙染，而使二十七位病人感染腦膜炎而死。

當它發生時，我才剛刪除一段有關聯的文字區塊，我打算把它移動到這本書的這個地方。但在我的注意力陷於痛苦和憂慮中時，我完全忘了這段文字——所以現在它已經消失在黑洞裡。

這些情緒的劫持事件（emotional hijacks）是由杏仁核發動，這個大腦的雷達是為了威脅而設，它會不斷地掃描我們周遭的危險威脅，當這些神經迴路發現一種威脅（或以為是威脅，它們經常誤認）時，神經迴路的高速公路會向上運行到前額葉區域，並且送出一批阻隔信號，讓大腦的較低部分驅動較高部分：我們的注意力窄化，只注意讓我們苦惱的事物；我們的記憶被重組，使它更容易回想起任何與手中威脅有關的事物；當壓力荷爾蒙正

---

16 Arne Ohman et al., "Emotion Drives Attention: Detecting the Snake in the Grass," *Journal of Experimental Psychology: General* 130, no. 3 (2001): 466-78.

17 Elizabeth Blagrove and Derrick Watson, "Visual Marking and Facial Affect: Can an Emotional Face Be Ignored?" *Emotion* 10, no. 2 (2010): 147- 68.

準備我們的四肢進行戰鬥或逃跑時，我們的身體進入全面備戰的狀態。我們注視著是什麼令人不安，而忘了歇息。

情緒愈強，專注的力量愈大。劫持事件是注意力的超級三秒膠。但問題是，我們的注意力被抓住的時間能維持多久？結果是視情況而定，這取決於左側前額葉區使激動的杏仁核冷靜下來的力量。

那條從杏仁核到前額葉區的神經元高速公路設有分支；其中一條跑到前額左側，另一條向右。當我們被劫持的杏仁核神經迴路抓住右側並且接管時，左側可以向下發送信號，以平息這場劫持。

情緒復原力（emotional resilience）歸結到我們如何從不舒服中迅速恢復。誰有高度復原力，誰就會立即彈回去——那些左側前額葉區域較有彈性的人，可以比那些缺乏彈性的人高出三十倍。[18]好消息：我們將在本書第五個部分看到，我們可以增加左側前額葉神經迴路（安撫杏仁核）的強度。

自發性的人生

我和朋友在一家繁忙的餐廳，午餐時間快結束時，我們全神貫注地談話。他沉浸在他的敘述中，告訴我他最近的緊張時刻。

他已經完全迷失於把故事告訴我，因此還沒吃完他的餐點。不久前我的盤子已經全被收掉了。

此時，餐廳的服務生來到桌邊，並問他：「你喜歡你的餐點嗎？」

他幾乎完全沒注意到服務生，不屑一顧地嘟囔著：「不，還沒有。」然後繼續講他的故事，沒有錯過任何一個小細節。

當然，這位朋友的答案並沒有回答服務生的問題，而是回答服務生通常在用餐的某個時點會問的：「你的餐點用完了嗎？」

這個小錯誤是活在由下而上系統（自發性）生活中的典型負面例子，當某件事來到我們面前，我們錯過了那個時刻，根據我們假定會發生的狀況反應，接著我們錯過了那一刻的幽默：

服務生：「你喜歡你的餐點嗎？」

顧客：「不，還沒有。」

---

18 A. J. Schackman et al., "Reduced Capacity to Sustain Positive Emotion in Major Depression Reflects Diminished Maintenance of Fronto- Striatal Brain Activation," *Proceedings of the National Academy of Sciences* 106 (2009): 22445-50.

從前在許多辦公室經常有很多人大排長龍等著使用影印機，哈佛大學心理學家埃倫・蘭格（Ellen Langer）派人走到排隊隊伍的最前方，然後就說：「我必須影印一些東西。」

當然，隊伍中的每一個人也都要影印。但通常隊伍最前方的人會讓這些人先影印。蘭格表示，這就是不留心（mindlessness），也就是自發性注意力的最好例子。對照之下，主動的注意力可能會使隊伍最前方的人質疑這些人是不是真的需要立刻影印。

主動參與的注意力，象徵由上而下的活動，這是避免人們像殭屍般自發性度日的解毒劑。我們可以反抗廣告、對發生在我們周圍的事保持警覺，質問自發性的例行程序或加以改善。通常專注的、以目標為導向的注意力，可以抑制不留心的心理習慣。[19]

因此情緒雖然可以驅動我們的注意力，但我們也可以積極主動地努力管理由上而下的情緒。接著是前額葉區域負責管理杏仁核，將其潛在能力適當地調降。當由上而下的神經迴路所控制的注意力，接管了大腦要注意或忽略哪些事物的選擇時，一張憤怒的臉孔或甚至是可愛的寶寶，可能都無法吸引我們的注意力。

19 Ellen Langer, *Mindfulness* (Reading, MA: Addison-Wesley, 1989).

chapter 4

心思飄移的價值

讓我們暫且退一步，再想想關於思考的問題。在我已經寫好的部分有一種隱含的偏差：專注的、以目標為導向的注意力，比開放、自發性的覺察更有價值。但這種簡單的假設認為，需要專注才能解決問題或達成目標，而不重視心思會自動飄移的好處。

每種專注都有其用途。我們的思想中，很明顯約有一半是自發性的白日夢，顯示這在提供想像力方面可能會有些優勢。[1]我們也許該修正自己對「飄移的心思」（wandering mind）的看法，這不見得是我們的心思從重要的事物飄離，反而可能是藉此飄向有價值的

1 Eric Klinger, "Daydreaming and Fantasizing: Thought Flow and Motivation," in K. D. Markman et al., eds., *Handbook of Imagination and Mental Stimulation* (New York: Psychology Press, 2009), pp. 225-40.

事物。[2]

心思飄移的大腦研究面臨的是一種獨特的矛盾：由上而下的意圖並不會產生效果卓著的由下而上例行程序。要指導一個人產生自發性的念頭是不可能的——也就是使一個人的心思飄移。[3]如果你想在荒野捕捉飄移的念頭，每當它們出現時你就必須抓住。經研究後的較佳策略是：當人們的大腦在接受掃描時，在隨機的時刻詢問他們的經歷。這會產生混雜的心思內容，其中包括大量的飄移。

由於人的內心急於從費力的專注中飄離，認知科學家認為飄移的心思是大腦的預設模式——只要大腦沒有在執行一些心理的任務，心思就會飄離。一系列的腦成像研究發現，執行這種預設網路的神經線路集中在前額葉皮質內側（medial prefrontal cortex）或中間區域。

近來更進一步的大腦掃描顯示一項令人意外的結果：在心思飄移的時候，大腦似乎有兩個區域變得很活躍，而不只是長期以來被認為與心思飄移相關的大腦中間帶狀區域。[4]另一個區域——前額葉皮質的執行系統——一直被視為讓我們保持專注於任務的關鍵。然而新的掃描顯示，當心思蜿蜒飄移時，這兩個區域都會啟動。

這不禁讓人有點疑惑。畢竟，心思飄移原本的性質是將專注力從手邊的事移走，因而會妨礙我們的工作績效，特別是一些認知性的事務。研究人員初步認為，心思飄移雖然會傷害工作績效，但可能是為了其他事情而借用執行系統。

這讓我們回歸到心思所飄向的事物：在大多數情況下，目前我們個人最關心與尚未解決的事，也就是我們必須想出解決方案的東西（這點在下一章會有更多討論）。雖然心思飄移可能會傷害我們當前所專注的任務，但心思飄移占用一些時間，是為了解決攸關我們一生的問題。

此外，心思飄移會讓我們的創造力出現心流。當我們的心思飄移時，我們會在任何根據靈光一閃的洞察力上有較好的表現，從需要想像力的單字遊戲，乃至於發明的原創思考。事實上，那些擅長需要認知控制與大量工作記憶之心智工作的人——像是解決複雜的數學問題——如果他們很難從完全集中的專注脫離，創造性的洞察恐怕會陷入困境。[5]

---

2 Kalina Christoff, "Undirected Thought: Neural Determinants and Correlates," ***Brain Research*** 1428 (January 2012): 51-59.

3 Ibid., p. 57.

4 Kalina Christoff et al., "Experience Sampling During fMRI Reveals Default Network and Executive System Contributions to Mind Wandering," Proceedings of the National Academy of Sciences 106, no. 21 (May 26, 2009): 8719-24. 關鍵的執行區域是前扣帶皮質與背外側前額葉皮質（dorsolateral prefrontal cortex）。預設的區域是前額葉皮質內側與有關的神經迴路。

5 J. Wiley and A. F. Jarosz, "Working Memory Capacity, Attentional Focus, and Problem Solving," ***Current Directions in Psychological Science*** 21 (August 2012): 258-62.

心思飄移的其他正面功能是產生未來的情境、自我反省、航行在複雜的社交世界、創意的構思、默想我們正在學習的事物、組織我們的記憶，或只是思索我們的生活——同時給我們負責更深度專注的神經迴路一個清爽的小憩。[6]

片刻的思考，引領我爲心思飄移再加上兩個好處：提醒我必須做的事，使它們不至於在我重新整理思緒時被遺忘；另一個則是讓我愉快。我確信如果你讓心思飄移一會兒，你也可以提出其他益處。

偶然力的結構

波斯神話故事〈錫蘭三王子歷險記〉（Three Princes of Serendip），是他們「憑藉著機遇與睿智探索他們並未刻意追尋的事物」。[7]在荒野中的創造力大多是以這種方式運作。

Salesforce的執行長馬克・貝尼奧夫（Marc Benioff）告訴我：「當我還是甲骨文（Oracle）的副總裁時，我抽空到夏威夷一整個月就為了放鬆。當我這麼做了之後，新的想法、觀點與方向就開啟了我的事業。」

在夏威夷那個開放的空間裡，貝尼奧夫領悟到雲端計算的潛在效益，所以他離開甲骨文，在租來的公寓裡開創Salesforce公司。Salesforce當時是業界的先鋒，如今這一行已成為營業額以十億美元計的產業。

相較之下，一位過分肯定自己假設的科學家，所冒的風險是忽略不符自身預期的事物——將之視為雜音或錯誤，而非通往新發現的大門——也因此錯失可能帶來豐碩成果的理論。同時在腦力激盪課程中老愛唱反調的人，往往會擊落新的想法，扼殺剛剛誕生的創新洞見。

開放意識為創造性的突破與意料之外的洞見，提供了一種心理平台。在開放意識裡，沒有唱反調的人、沒有冷嘲熱諷的犬儒主義、沒有判決，只有對任何流進腦海之事物的感受性。

但一旦我們偶然發現一個極具創造力的洞見，我們必須切換到極度專注於如何應用此洞見的狀態，才能抓住它。偶然力（serendipity）帶有開放的可能性，接下來就是往實際應用的目標前進。

人生的創造力挑戰，很少來自於規劃好的難題。相反地，我們通常會認知到首要之

---

6 Jonathan Schooler et al., "Meta-Awareness, Perceptual Decoupling, and the Wandering Mind," *Trends in Cognitive Science* 15, no. 7 (July 2011): 319-26.

7 Quoted in Steven Johnson, *Where Good Ideas Come From* (New York: Riverhead, 2010).

務為尋找具創造性的解決方案。正如巴斯德（Louis Pasteur）所說的：機會是留給有準備的人。做白日夢能培養創造性的發現。

創造力階段的經典模型，可粗略分為三種專注的模式：定位，我們向外搜尋，並將自身沉浸於各種輸入信息中；選擇性的注意力，用於特定的創造性挑戰；以及開放意識，我們自由聯想，以便讓解決方案浮現——接著往解決方案邁進。

就在創造性的洞見產生前，與心思飄移相關的大腦系統被發現有活躍的現象——同時更讓人感興趣的是，患有注意力缺失症者出現不尋常的活躍現象。患有注意力缺失症的成人，與沒有此病症的人相比，亦呈現更高的原創思考能力及更多實際的創造性成就。[8] 理察·布蘭森（Richard Branson）是維京航空與其他企業的創始人，他是患有注意力缺失症而十分成功的典型代表。

疾病管制局表示，將近一〇%的兒童有注意力缺失症，並以混合過動的形式出現。成年後，過動會衰減，剩下注意力缺失症；約四%的成人有此問題。[9] 當挑戰一個創造性的任務，例如為積木尋找新奇的使用方式，注意力缺失症患者的表現優於其他人，儘管他們漫不經心——也許正是因為如此。

我們或許在此都能學點東西。在一項實驗中，自願參加者接受全新用途任務的挑戰，那些心思飄移的人——與注意力完全集中的人相比——多出四〇%的原創性答案。同時，一些擁有小說、專利、藝術展等創作成就的人們，在接受篩選出無關的資訊以專注於某任務的測驗時，他們心思飄移的情況遠比一般人頻繁——顯示開放意識可能對他們的創作有正面幫助。[10]

在我們較平和的創作時刻——洞見出現之前——大腦通常在放鬆、開放專注的狀態下歇息，以α波標示。這顯示一種做白日夢的幻想狀態。由於大腦在廣泛而深遠的神經迴路中儲存各種不同訊息，自由漫步的意識提高了偶然的結合與新鮮組合的機會。

饒舌歌手專注於即興饒舌，當場即興創作歌詞；他們心思飄移的神經迴路（與大腦其他部分）顯現高度的活動——使相距遙遠的神經網路得以重新連接。[11]在這個寬廣的精神

8 Holly White and Priti Singh, "Creative Style and Achievement in Adults with ADHD," *Personality and Individual Differences* 50, no. 5 (2011): 673-77.

9 Kirsten Weir, "Pay Attention to Me," *Monitor on Psychology*, March 2012, pp. 70-72.

10 Shelley Carson et al., "Decreased Latent Inhibition Is Associated with Increased Creative Achievement in High-Functioning Individuals," *Journal of Personality and Social Psychology* 85, no. 3 (September 2003): 499-506.

11 Siyuan Liu et al., "Neural Correlates of Lyrical Improvisation: An fMRI Study of Freestyle Rap," *Scientific Reports* 2, no. 834 (November 2012).

生態環境中，我們更可能有新鮮的組合，「啊哈」（aha）的感覺標誌著一個具創造力的洞見——或是好的押韻。

在這個複雜的世界裡，幾乎每個人都能使用相同的資訊，新的價值來自原創的綜合、來自聚集概念的新方法，也來自開啟未開發潛力的睿智問題。具創造性的洞見必須將各種要素以有用、新鮮的方式結合。

想像你咬下一口脆嫩的蘋果；果皮表面上的顏色、當你咬下時發出的咬碎聲、味道、香味、質地。花點時間體驗這顆虛擬的蘋果。

當你所想像的片刻在心中活躍起來，你的大腦幾乎肯定會產生 γ 波。γ 波對認知神經科學家而言十分熟悉，它會在咬虛擬蘋果這類心智運作中例行性地出現；在創造性洞見即將產生前也會出現。

若因此把 γ 波視為某些創造力的祕密就太過頭了。但是在創造性的洞見出現時，γ 波的定位看來就很有力了：一個和夢、隱喻、藝術的邏輯、神話與詩有關的區域。這些是以無意識的語言運作，在那個範疇裡，任何事都有可能發生。佛洛依德的自由聯想法——即毫不壓抑地說出任何進入你心中的事——爲這種開放意識的模式開啟了一道門。

我們的大腦有數不清的想法、記憶、潛在的聯想等著被完成。但當我們過度專注（hyperfocused）或被太多分心事物抓住，導致無法察覺洞見時，要在正確的脈絡下連結對的概念與對的記憶——以及所有進入人們關注焦點的事物——之可能性就會急遽降低。

接著是儲存在別人大腦裡的東西。阿諾・彭齊亞斯（Arno Penzias）與羅伯特・威爾遜（Robert Wilson）兩位天文學家花了一整年的時間，以新設備探索宇宙；新設備的威力要比過去的設備大上許多倍。他們被大量全新的資料震驚，同時嘗試忽略他們假定是機器故障而沒有意義的靜電，以簡化工作。

有天他們碰到一位核子物理學家，讓他們因而得出一項洞見（而且最後得了諾貝爾獎）。這項洞見使他們了解過去所認為的「雜訊」，實際上是宇宙大爆炸持續反射所導致的微弱訊號。

創造力的「繭」

愛因斯坦曾說：「直覺是人類莊嚴的天賦，理性只是忠誠的僕役；我們卻造就了一個歌頌僕役、遺忘天賦的社會。」[12]

12 The Einstein quote was cited by Robert L. Oldershaw in a comment posted to *Nature* on May 21, 2012.

對我們之中的許多人而言，能在一天當中獲得一段不受打擾的私人時間，斜靠著椅背自我反省，簡直是種奢求。然而這樣的片刻，有時卻成為我們日常工作中最有價值的時段，特別是談到創造力時。

但這些相關事物若要成為具實用價值的創新，我們還需要更多東西：適當的環境與氣氛。我們需要自由的時間，使我們能維持開放意識。

來自電子郵件、各種文字訊息、該付的帳單等無止境的猛烈攻擊，將我們的大腦狀態與開放專注對立；而開放專注正是偶然的新發現能成長茁壯的前提。在日常的分心事物與待辦事項、行程計畫所導致的心理混亂之下，創新走進了死胡同；然而在開放的時間裡，創新蓬勃發展。這就是為什麼發明史上充滿各種過人的洞察力的故事，多半都來自散步、洗澡，或是在一段長途跋涉、渡假期間。開放的時間讓創造精神茂盛茁壯；密密麻麻的行程表反而會扼殺創新。

以創立估算密碼學此領域的奠基者彼得．史威哲（Peter Schweitzer）為例，加密的密碼對未受訓練的人來說簡直是胡言亂語，但卻保護了從政府紀錄乃至於你的信用卡資訊等各種機密。[13]史威哲的專長是：以友善的測試密碼來破解，讓你知道像是無賴駭客之類的敵手，能強行進入你的系統並偷取你的祕密。

這個難如登天的挑戰，要求你爲一個極度複雜的問題想出一系列新奇的潛在解決方案，然後以有條不紊的數個步驟逐一測試。

擔當這項緊張任務的史威哲的實驗室，並非是隔音與無窗的辦公室。通常他是在走上一大段路或是簡單地曬曬太陽、閉上眼睛的時候，深思該如何破解密碼。「看來好像在睡午覺，但他正在腦中進行高深的數學運算，」一位同事曾這麼說。「他會躺著做日光浴，同時腦中卻每小時穿梭千萬里。」

從以下這項研究可以看出產生這種「繭」需要時間和空間。哈佛商學院曾研究某創造力專案團隊裡二百三十八位成員的內心運作。這些成員的任務是具創新的挑戰，從解決複雜的資訊科技問題乃至於發明廚房用的小器具。[14]此類工作的進展，需要的是一連串小而穩定的創造性洞見。

洞見的吉日與驚人的突破或偉大的勝利無關。關鍵是在朝向較大目標的具體步驟上獲

---

13 Jaime Lutz, "Peter Schweitzer, Code Breaker, Photographer; Loved Music; at 80," ***Boston Globe***, November 17, 2011, p. B14.

14 使用的資料來自二百三十八位具知識性的工作者，超過一萬二千條的每日日記。見 Teresa Amabile and Steven Kramer, "The Power of Small Wins," ***Harvard Business Review***, May 2011, pp. 72-80。

得小勝利（小型的創新與解決令人困擾的問題）。在人們有了清楚的目標，且在如何達成目標這方面也享有自由時，就會有最好的創造性洞見。同時，最重要的是他們保有一段不被打擾的時間，可以真正自由地思考——這是創造力的「繭」。

chapter 5 找尋平衡

「自發地將飄離的注意力再三帶回的稟賦，是判斷力、人格特質與意志力的根源。」美國心理學之父威廉・詹姆士（William James）在觀察後評論道。

但如果你問人們，「你是否正在想一些與你現在所做的事無關的東西？」他們心思飄移的機會將是一半一半。[1]

1 有一種iPhone的應用程式，透過在白天隨機響起鈴聲，已問了數千人這個問題。人們的心思幾乎有半數時間會從他們正從事的活動中飄移。哈佛心理學家吉林斯沃茲（Matthew Killingsworth）與吉伯特（Daniel Gilbert）開發出這種軟體，分析來自兩千兩百五十名美國男性與女性的報告，看他們的心思有多常飄移到別處，以及他們的心情如何。見Matthew Killingsworth and Daniel Gilbert, "A Wandering Mind Is an Unhappy Mind," *Science*, November 12, 2010, p. 932。

此種機率的高低，大多根據他們當下從事的活動而定。隨機調查數千人的結果顯示，專注於當下的比例，最高的是做愛（即使人們是在那樣不湊巧的時機接到手機APP的詢問）。差距甚遠的第二名是正在運動，再來是與人交談，然後是玩樂。對照之下，心思飄移最頻繁的是工作時（老闆們，注意了）、使用家庭電腦或通勤。

一般來說，心思飄移時，人們的心情通常會轉向不快樂的部分；即使想法本身是中性的，但經常會被負面情緒覆蓋。在一部分或大半時間裡，心思飄移本身似乎就是導致不快樂的原因。

當我們沒在想特別的事情時，我們的心思飄移到哪去了？絕大多數時候，全都和「我」（me）有關。詹姆士認為，內心的「我」是透過講述我們的故事——由人生的隨機片段組合成——交織出我們對自身的感受。在我們時時刻刻都在改變的經歷背後，這個「全部關於我」的故事情節，製造出一種恆久的感覺。

這個內心的「我」反映了預設區域——永無休止之心靈的發電機——的活動，迷失在連續蜿蜒的想法中，與現狀幾乎無關，完全與「我」有關。當我們從專注的活動轉向讓心思休息時，這種心理的習慣就會接管。

除了有關創造力的部分，心思飄移傾向以「我」和我們關心的事物為中心——今天我必須做的所有事、我對那人說錯的話、我當初應該怎麼說。雖然心思有時飄移至愉快的想法或幻想，但通常有更多時候會被吸引到默想與憂心。

當我們的自我對話與默想產生一種低度焦慮的背景時，內側前額葉皮質會讓我們連珠砲似的質問自己。但當我們完全集中注意力，鄰近的側前額葉皮質（lateral prefrontal cortex）就會抑制內側區域。我們選擇性的注意力將不再選擇這些情緒性占用的神經迴路（最容易使我們分心的典型）。對外界發生的事有所反應，或任何形式的主動專注，會關閉內心的「我」；被動的專注則會將我們帶回這個默想的舒適泥沼中。[2]

我們四周喋喋不休的人並不是最容易使我們分心的事物。最容易讓我們分心的，是我們心中的喋喋不休。要完全集中注意力，就得讓這種內心的聲音靜止。開始從一百連續地減去七，如果你能持續專注於這個任務，心中喋喋不休的聲音就會平靜下來。

---

2 將內側前額葉皮質視為「我」有些過度簡化，但許多認知神經科學家認為這樣很方便。較複雜的「我」版本，是基於許多神經迴路活動的湧現現象（emergent phenomenon），內側前額葉是這些神經迴路之一。見J. Smallwood and J. W. Schooler, "The Restless Mind," *Psychological Bulletin* 132 (2006): 946-58。

律師與葡萄乾

身為訴訟律師，他的事業動力來自眼見客戶遭遇不公不義而引發的滿腔怒火。由憤怒引發的動力，讓他在追查案件時變得冷酷無情，他的辯論充滿火力，經常深夜還在研究案情與準備開庭。當他再三審視客戶的困境與策劃打官司的策略時，經常無法成眠並怒火中燒。

接著，當他渡假時，遇到了一位傳授冥想的女士，並請教她。出乎意料地，她從交給他一些葡萄乾開始，然後引領他透過幾個步驟全神貫注地慢慢吃一顆葡萄乾，在那個過程中的每一刻享受豐富的滋味：當他拿起一顆葡萄乾放進嘴裡咀嚼時的感覺、當他咬下去時蹦出來的味道、吃的聲音。他將自己沉浸在豐富的感官裡。

接著，這位女士指導他對呼吸的自然流動帶著完全相同的專注，讓所有流經心裡的想法通通放下。在她的引導下，他持續在自己的呼吸中冥想了十五分鐘。

當他這麼做了之後，心裡的聲音安靜下來了。「那就像打開一個開關就進入了禪似的狀態，」他說。他十分喜歡這麼做，變成了每天的習慣：「在我冥想完後，我真的感到平靜——我非常喜歡。」

當我們全神貫注於自身的感官時，大腦會將其預設的喋喋不休安靜下來。大腦會在

「正念」（mindfulness）——律師所嘗試的冥想形式——時掃描，讓以「我」為中心的喋喋不休神經迴路安靜下來。[3]

這麼做的本身可能就是一種極大的解脫。「在一定的程度上，專心代表終止這種心思飄移的狀態，然後完全專注於一種活動。我們可能是關閉預設的神經迴路，」神經科學家理查·戴維森（Richard Davidson）說。「當你專心於一件有挑戰性的任務時，你不能反覆思索自己。」

「這就是為什麼人們喜歡登山之類的危險運動，在那種情況下你必須絕對地專注，」戴維森補充道。強而有力的專注會帶來寧靜感，隨之而來的是快樂。「但等到你下了山，以自我為中心的神經網路，會將你的憂慮與掛念一股腦兒全部襲上心頭。」

在赫胥黎（Aldous L. Huxley）烏托邦式的小說《島》（*Island*）中，訓練有素的鸚鵡會任意地飛過人們頭上開口打招呼：「此時此地，各位，此時此地！」這項提醒幫助了這個田園詩般小島的居民從白日夢中回神，重新專注於當下正在發生的事。

---

3 Norman A. S. Farb et al., "Attending to the Present: Mindfulness Meditation Reveals Distinct Neural Modes of Self-Reference," *Social Cognitive and Affective Neuroscience* 2 (2007): 313-22.

鸚鵡似乎是信差的適當人選：動物只活在當下。[4]貓兒跳到人的膝上等著被撫摸，狗兒在門邊企盼你的歸來，一匹馬在你向牠接近時昂頭解讀你的意向：這些動物全都專注於當下。

能思考與眼前刺激的事物無關的能力——關於過去已經發生的事，與未來所有可能發生的事——讓人類的大腦與幾乎與其他所有動物不同。雖然許多崇高的傳統，就像赫胥黎的鸚鵡，認為心思飄移是悲哀的來源，但演化心理學家認為這是一種偉大的認知躍進。這兩種觀點都各有正確之處。

在赫胥黎的願景中，永恆的現在能滿足我們的所有需求。但人類的思考能力超越了永恆的現在，這是需要規劃、想像或邏輯技巧方能達成之人類成就的先決條件。同時這也是人類之成就獨一無二的原因。

要深思熟慮非當下的事物——認知科學家稱為「獨立情境的思考」（situation-independent thought）——我們必須減低內心在當下感知到的內容。目前已知沒有其他物種能像人類的心靈一樣，能如此迅速地從外部的專注轉為內部的專注，或如此頻繁地這麼做。

我們的心思飄移愈多，就愈無法惦記當下發生的事。以理解我們正在閱讀的東西為例，自願的受試者閱讀珍．奧斯汀（Jane Austen）的《理性與感性》（*Sense and Sensibility*），當他們的目光凝視書本時，不穩定的眼球移動顯示有許多心不在焉的閱讀正在進行。[5]

飄移的眼球顯示理解和以視覺接觸文字之間的連結中斷了，因為心思飄移到其他地方去了（如果讓自願者選擇他們想看的書——例如《決斷兩秒間》〔*Blink*〕或《格雷的五十道陰影》〔*Fifty Shades of Grey*〕，取決於他們的品味——心思飄移的情況就會少很多）。

當人們的大腦被掃描時，使用眼睛凝視中的波動或「隨機經驗抽樣」（換句話說，只問某人發生了什麼事）這些方法，神經科學家觀察主要神經的動態：當心思飄移時，我們的感覺系統會關閉；相反地，當我們專注於當下時，供心思飄移的神經迴路會轉為黯淡。

在神經的層次，心思飄移與感知的覺察（perceptual awareness）傾向於互相抑制——內心專注於我們的思路，會關閉感官的知覺；全神貫注於夕陽西斜的美景時，則讓心思靜止。[6]這種關閉可能是全面性的，正如我們徹底迷失於我們正在做的事之中。

---

4 或許是我們人類投射到動物身上。

5 E. D. Reichle et al., "Eye Movements During Mindless Reading," *Psychological Science* 21 (July 2010): 1300-1310.

6 J. Smallwood et al., "Going AWOL in the Brain—Mind Wandering Reduces Cortical Analysis of the Task Environment," *Journal of Cognitive Neuroscience* 20, no. 3 (March 2008): 458-69; J. W. Y. Kam et al., "Slow Fluctuations in Attentional Control of Sensory Cortex," *Journal of Cognitive Neuroscience* 23 (2011): 460-70.

我們的神經設定通常只允許我們與外在世界連結時有少量飄移——或當我們飄移時只允許適度的連結，像是在開車時做白日夢。當然，這種部分的心思關閉必須承擔風險：一項針對一千名在車禍中受傷的駕駛人的研究發現，約有一半的人表示在車禍發生之前，他們的心思飄移了；當他們心裡的念頭愈強烈、干擾愈劇烈時，就愈可能釀成車禍。[7]

那些不要求持續專注某項任務的情況——特別是無聊的或例行公事般的任務——讓心思自由地飄移。當心思飄移出去及預設的神經網路更強烈地啟動後，我們用以專注於某項任務的神經迴路會安靜下來——這是另一種神經關閉的形式，類似感覺與白日夢之間。因為做白日夢會與專注某項任務、感官知覺相互競爭神經所需的能量，也難怪當我們做白日夢時，如果去做任何需要集中注意力的事會出現更多錯誤。

飄移的心思

冥想的基本指令建議：「任何時候當你發現心思飄移了，將你的心思帶回專注的點。」此處的重點在於「任何時候當你發現」。我們幾乎永遠不會發現我們的心思已經自行進入其他軌道，從冥想的專注蜿蜒遠離。在我們發現之前——如果我們能發現的話——可能會延續幾秒鐘、幾分鐘，甚至整個冥想期間。

這個挑戰非常困難，因為要將飄移的心思重新召回神經網路的大腦神經迴路，正是一開始將心思飄移的神經迴路。[8]它們在做什麼呢？很明顯地，管理將飄移的心思填入縝密思路中的隨機片段，像是我要怎麼付我的帳單？這些想法需要飄移的神經迴路（drifting circuitry）與執行的神經迴路（executive circuits）之組織能力的合作。[9]

在行動中抓住飄移的心思是很難的；往往是我們沒發現心思一開始就已經飄移，因而迷失在思緒中。注意到心思已經飄移，標示大腦活動的轉變；這種後設覺察（meta-awareness）愈強，心思飄移就愈弱。[10]大腦的影像揭露，當我們抓住心思飄移的那一刻，後

7 Cedric Galera, "Mind Wandering and Driving: Responsibility Case-Control Study," *British Medical Journal*, published online December 13, 2012, doi: 10.1136/bmj.e8105.

8 這表示這些大腦神經迴路並非永遠以對立的方式運作。

9 K. D. Gerlach et al., "Solving Future Problems: Default Network and Executive Activity Associated with Goal-Directed Mental Simulations," *Neuroimage* 55 (2011): 1816-24.

10 相反地，我們愈是沒注意到自己的心思已經飄移，潛在神經區域的活動就愈活躍，而且它們對於進行中的任務也愈有破壞力。至少有兩個前額葉的大腦區域參與，也是它們最能讓我們發現自己已經偏離正軌：背外側前額葉和背側前扣帶迴（dorsal anterior cingulate）。

設覺察的行動會減少執行與內側神經迴路的活動，但並不完全抑制其活動。[11]

現代生活重視的是坐在教室或辦公室裡，一次專注做一件事——不過在人類歷史初期，單一的專注姿勢可能不會讓人受益。部分神經科學家主張，在荒野生存仰賴的可能是在關鍵時刻迅速轉移注意力並快速行動，毫不猶豫於思考該怎麼做。我們現在診斷出的注意力缺失，可能反映出這種具演化上優勢的專注力的自然變化——同時也繼續在我們的基因庫裡傳播。

當面臨需要專注的心理任務時，像是艱深的數學問題，如前所述，注意力缺失症的患者會顯示更多的心思飄移，大腦內側神經迴路的活動也會增加。[12]不過在適當的時候，注意力缺失症的患者一樣能有敏銳的專注力，全神貫注於手邊的活動。此種情況通常比較容易出現在藝術工作室、籃球場、證券交易所內——就是不會出現在教室裡。

平衡

二〇一二年十二月十二日，馬雅人預言世界末日的那一天，我和內人正好帶著孫女去紐約現代藝術博物館。身為剛剛萌芽的藝術家，她熱衷於見識紐約著名博物館提供的展覽品。

我們一進入現代藝術博物館的第一個畫廊，迎面而來的是兩個工業用真空吸塵器，純白無瑕的三輪圓筒貼上整潔的條紋，它們堆疊在一起，裝在樹脂玻璃的立方體內，下方的霓虹燈使它們閃爍著。但我們的孫女對這沒興趣；她急著想看幾層樓上梵谷的《星夜》（*Starry Night*）。

---

11 Christoff et al., "Experience Sampling During fMRI Reveals Default Network and Executive System Contributions to Mind Wandering." 技術性的附註：此研究在調查心思飄移時是以十秒鐘為單位；就心理活動而言，十秒是一段長時間。因此結論是，執行神經迴路與內側神經迴路兩者都有可議之處。此外作者指出，這項結論是以反向推論（reverse inference），假定如果大腦的某個區域在一項心理任務中啟動後，這是該任務的神經基礎。以較高層次的認知能力來說，這項假定可能站不住腳，因為同樣的區域能被多個非常不同的心理歷程啟動。若此為真，這項發現挑戰了執行與預設神經網路永遠相互反向運作的假設——也就是一個活躍時，另一個則靜默。的確，這可能是非常特定的心智運作，像是強烈專注於手邊的任務。但是在大部分的精神生活中，這種方式可能有助於混合高度的專注力與開放性的白日夢。當然也有助於在長途開車時打發時間。亦見於M. D. Fox et al., "The Human Brain Is Intrinsically Organized into Dynamic, Anticorrelated Functional Networks," *Proceedings of the National Academy of Sciences* 102 (July 5, 2005): 9673-78。

12 Catherine Fassbender, "A Lack of Default Network Suppression Is Linked to Increased Distractibility in ADHD," *Brain Research* 1273 (2009): 114-28.

就在前一天晚上，現代藝術博物館館長曾經召開一項以「專注與分心」為主題的晚會。注意力的焦點是博物館展示的關鍵：藝術品的框架宣告了我們該觀賞的地方。那些玻璃立方體與霓虹燈標示出我們應該注意此處，朝向閃亮的真空吸塵器，然後離開那裡，到畫廊裡其他地方。

當我們要離去時，重點來了。在博物館巨大的大廳接近出口的牆壁，我注意到一些椅子雜亂地堆放在一起，準備為一些特別的活動布置。潛伏在陰影中接近那些椅子的地方，我幾乎看不出來的是另一具真空吸塵器。完全沒有人注意到它。

但我們的注意力不需要被周遭的框架所局限；我們能選擇觀察黑影下的真空吸塵器，一如觀賞置於聚光燈下的真空吸塵器。注意力的平衡反映出一種心理模式，我們會注意任何進入我們意識的事物，不會被任何事物抓住或消滅。所有事物都川流而過。

這種開放性可見於日常生活，例如，當你發現排隊購物時，前一位顧客似乎沒完沒了，但你沒有把焦點放在厭惡或這會讓你遲到，而是單純地享受店裡播放的音樂。

情緒的反應會讓我們翻轉至不同的注意模式，其中之一是讓我們的世界限縮於讓我們生氣的事物上。無法維持開放意識的人，通常會被枝微末節觸怒，例如在機場安檢時，若前方的乘客似乎永遠無法完成安全掃描的程序就會發怒。即使已經到了登機門，還是忿忿不已。但維持開放意識沒有任何情緒的劫持事件——就只有當下那一刻的豐富感。

有個大腦的測試是評估這種開放的注意力，看人們在一連串無規則的英文字中穿插數字後的追蹤能力：S、K、O、E、4、R、T、2、H、P……

結果是許多人把他們的注意力鎖定在第一個數字4，但錯過了第二個數字2；這些人的注意力會閃爍。但擁有強大的開放專注力的人，就會注意到第二個數字。

能將注意力維持在這種開放模式的人，更能觀察周遭的各種情況。即使是在喧囂的機場，他們還是能對周遭發生的事保持覺察，而不會迷失在一個又一個的細節裡。在大腦的測驗中，能在開放意識獲得最高分的人，會比大多數人更能在片刻間讓細節一閃而過。他們的注意力不會閃爍。[13]

這種高度的注意力也適用於我們的內心生活——在開放模式中，我們接收的感覺、知覺、想法、記憶，會比按行程表出發或參與連續幾場不間斷的會議時多上許多。

「這種能讓你在全景意識（panoramic awareness）中保持注意力開放的能力，」戴維森表示，「讓你能泰然處之，不會被由下而上的感覺俘虜，那會使你的內心在判斷和反應能力方面掉進圈套；無論是負面或正面的。」

---

13 開放意識的測試被稱為「注意力暫失」（attentional blink）。見H. A. Slagter et al., "Mental Training Affects Distribution of Limited Brain Resources," *PLoS Biology* 5 (2007): e138。

這也會降低心思飄移。他補充道，目標是當你想讓心思飄移時，你有更好的掌控能力，而不會被牽著鼻子走。

注意力的恢復

與家人一起到熱帶旅館渡假時，雜誌編輯威廉·伏爾克（William Falk）惋惜地說，他發現當女兒等他一起去海灘時，他正盯著工作看。

「不久前，」伏爾克反省道，「一邊渡假一邊工作，對我而言簡直是無法想像的事；我還記得過去轟轟烈烈的外出渡假兩週，與老闆、員工甚至朋友沒有任何聯絡。但這是在我帶著智慧手機、iPad、筆記型電腦一起旅行之前，並學著如何在源源不絕的資訊與聯繫下喜愛生活。」[14]

想想資訊超載——爆炸性的連續新聞、電子郵件、電話、推特、部落格、聊天、相關的意見反映，我們的認知處理器每天要面對的疲勞轟炸。

那種對神經的持續干擾，增加了我們必須做完一些事情的壓力。選擇一項敏銳的專注，必須抑制許許多多其他的東西。我們的心思必須擺脫所有其他事物，從一堆雜七雜八的事情中挑出對我們最重要的。這麼做需要認知的努力。

當我們的認知耗竭時，就像運動過度的肌肉，緊繃的專注將導致我們的心智過度疲勞。這種過度疲勞的徵兆，像是工作效率下降、容易分心與發怒，顯示需要持續專注的心智努力，已經耗盡神經能量所需的葡萄糖。

注意力疲勞的解藥與身體疲勞相同──休息。但什麼可以讓心智肌肉休息？

嘗試從由上而下控制的費力活動，轉變成較被動的由下而上活動，在一個能讓人安靜的環境裡放鬆休息。密西根大學的史提芬．凱普蘭（Stephen Kaplan）主張，最能讓人休息的環境是大自然，他建議採用他所謂的「注意力恢復理論」（attention restoration theory）。[15]此種恢復出現在我們從費力的專注（也就是心智必須壓抑分心）中完全解放，允許我們的注意力被任何出現的事物捕獲。但只有特定的由下而上專注行為能恢復注意力。上網、打電動或回覆電子郵件都不行。

定期放鬆自己讓我們有好的表現；寧靜的時光會恢復我們的注意力與沉著冷靜。但自由的解脫只是第一步，下一步也很重要。凱普蘭指出，到市區街道上散步仍然需要注意

14 William Falk, writing in the *The Week*, August 10, 2012, p. 3.

15 Stephen Kaplan, "Meditation, Restoration, and the Management of Mental Fatigue," *Environment and Behavior* 33, no. 4 (July 2001): 480-505, http://eab.sagepub.com/content/33/4/480.

力——我們必須在人群裡找出步行方向、閃躲汽車，還要忽略喇叭聲與街上的各種噪音。

相較之下，穿過公園或在森林中步行就不需要太多注意力。我們能以在大自然中待上一段時間的方式恢復——即使是在公園裡散步幾分鐘，或任何很有魅力的景色，例如觀賞夕陽西沉時逐漸淡去的紅色雲彩、一群擺動翅膀的蝴蝶。這會「溫和地」（凱普蘭的研究小組這麼形容）觸發由下而上的注意力，讓費力地由上而下神經迴路重新補充能量、恢復注意力與記憶力，同時改善認知。[16]

比起在市中心閒逛，在滿是植物的公園散步，會讓你在回到必須集中精神的任務時更能專注。[17]即使只是坐在自然風景的壁畫旁——特別是畫著水景的壁畫——也比街角的咖啡店更好。[18]

將高度專注關閉的時光看來很好，但也開啟了預設神經迴路中忙碌依舊的飄移心態。但我們還有另一個步驟可以關閉忙碌的心思：完全專注於令人放鬆的事物。

關鍵在於沉浸式體驗（immersive experience）。在此種體驗中，注意力可能是全面的，但大部分是被動的。當我們溫和地喚醒感官系統，此系統會平息那些費力的專注。任何我們樂於拋開的事物都被拋開之後，就可以得到我們想要的。還記得嗎？在有關人們心情的調查中，在任何一天之中最讓人專注、也是最讓人愉快的活動，是做愛。

全面性與正面的專注會關閉我們內心的聲音——即使在寧靜的時刻，這種與自己的對話仍然滔滔不絕。幾乎每一種冥想的練習都是將心思專注於某種中性的目標，像是你的呼吸或是禱告文，其主要目的正是關閉我們內心的聲音。

有關設置「靜修」（retreat）理想環境的傳統建議，看來包括恢復認知能力所需的一切要素。設計給冥想用的修道院，通常都是在可以讓人充分休息、安靜的大自然裡。

我們並不需要如此極端。對伏爾克而言，治療的方法很簡單：他停止工作，和女兒在海浪裡玩耍。「在拍打的海浪中，我和女兒一起翻滾逐浪，我全程在場，徹底活在當下。」

---

16 Marc Berman, Jon Jonides, and Stephen Kaplan, "The Cognitive Benefits of Interacting with Nature," *Psychological Science* 19, no. 12 (2008): 1207-12.

17 Ibid.

18 Gary Felsten, "Where to Take a Study Break on the College Campus: An Attention Restoration Theory Perspective," *Journal of Environmental Psychology* 29, no. 1 (March 2009): 160-67.

part 2 自我覺察

chapter

6 內心的方向舵

我就讀的中學位於加州中央谷地，沿著九十九號高速公路的下一個城鎮也有一間中學，橄欖球、籃球、辯論，只要你能想到的，那所中學一向是我們最大的敵人。多年來，我與那所學校的某位學生成為莫逆之交。

在中學期間他對念書沒有太大興趣——事實上，他還幾乎不及格被當。他在鎮外一個牧場長大，大多數時間都是獨處，他最熱愛的是讀科幻小說，以及把舊車改裝成大馬力的高速賽車。在他畢業前一週，當他要左轉回到家門前的車道時，一輛超速的車子從後方超車，將他的小車撞得七零八落，他幾乎死於這場車禍。

復原後，這位朋友去唸當地的社區大學，他發現一個能吸引他的注意力與推動他創造才能的職業——拍電影。在轉學到電影學院後，他為學校作業拍了一部電影，吸引了一位好萊塢導演的目光，並雇用他擔任助理。這位導演要求我的朋友拍一部低預算的電影。

那部電影使我的朋友獲得一家製片廠的邀請，要他爲自己寫的劇本擔任導演與製作人——這部電影在發行前幾乎遭到製片廠的封殺，但最後票房卻遠超過任何人的預期。

但製片廠老闆在發行這部電影前任意的刪改剪接，爲我的朋友帶來了痛苦的教訓，因為他將作品的創意掌控奉為至高無上的原則。當他準備製作另一部自撰劇本的電影時，一家身為業界標準的好萊塢大型製片廠給他拍片的機會，條件是製片廠提供資金並保留發行前刪改的權利。他拒絕了——他認為藝術的完整性更重要。

相反地，我的朋友是以自己出資的方式「買下」創作的控制權，他將第一部電影賺的每一分錢都投下去。當他快拍完時，資金已經耗光。於是他向銀行尋求貸款，但不斷被拒絕；直到第十家銀行貸款給他，在最後一分鐘總算拯救了他的拍片計畫。

這部電影就是《星際大戰》（*Star Wars*）。

喬治．盧卡斯（George Lucas）堅決主張創意的掌控，在財務困難下更顯出其無與倫比的正直人格，同時如全世界所知道的，這也是一個獲利驚人的商業決策。但他的決策並不是基於追求金錢的動機；因為當時附帶的權利只有販賣電影海報與T恤，都是微不足道的收入。當時每一位了解電影工業的人，都警告盧卡斯不要自己出資拍片。

這種決定需要一個人對本身的引導價值有無比的信心。是什麼原因讓一個人擁有如此強大的內心羅盤，根據心中最深層的價值觀與企圖心，就像北極星一樣引導人生的方向？

自我覺察在解讀我們內心的悄悄話時特別準確，也是關鍵所在。我們微妙的生理反應，反映出的是和手邊決策相關的過往經驗總和。

從生活經驗衍生的決策原則存放在大腦皮質下的神經網路，這個區域收集、儲存、應用我們生活裡每個事件的運作法則——創造了我們內心的方向舵。[1]大腦在皮質下區域聚集我們內心最深處的目標與企圖心——這個區域與皮質下的語言區連結不良，但卻與內心深處有很好的連結。藉由獲得何者為對、何者則否的內在感受，接著把這些感受系統化，我們就能理解自身的價值。

自我覺察代表本質上的專注，協調我們內心微妙的私語，協助引導我們的人生。同時我們也將看到，這個內心的雷達是管理我們要做什麼事的關鍵——以及我們「不」做什麼事。此一內部控制機制，是我們一生之榮枯的區別所在。

她是快樂的，而且她知道

對動物進行自我覺察的科學實驗，理論上很簡單：在牠們的臉上掛上一個標記，讓牠們照鏡子，然後觀察牠們的行為，是否知道那張掛有標記的臉就是其臉孔的反射映像。

但實際上為大象進行自我覺察的實驗並沒有那麼簡單。對初學者來說，你必須打造一面大象撞不壞的鏡子。嘗試建造一個八英尺見方的壓克力反射板，先黏在夾板上，然後用鋼架支撐，接著用螺栓固定在大象房間的水泥牆上。

這是研究人員在布朗克斯動物園（Bronx Zoo）所做的研究。一頭三十四歲名為「快樂」的亞洲象，與另外兩個大塊頭的朋友——馬克沁與派蒂——住在一起。研究人員先讓三頭大象在幾天的時間裡習慣一面鏡子。然後他們把白色的「X」記號輪流放在其中一頭大象的頭上，再看大象是否了解頭上有個記號——這是自我認知（self-recognition）的跡象。

測試大象時，有個更複雜的問題。這些大象會洗泥巴澡，以及用象鼻將塵土灑遍全身的方式來「裝扮」自己。他們也會將相當數量的碎屑添加在皮膚上，因此增加了一個可能性，就是人類認為顯著的記號可能是微不足道的——對一頭大象來說，只是更多的碎石泥巴而已。的確如此，馬克沁與派蒂完全沒注意到頭上的「X」。

---

1 有種被稱為「聚焦」（focusing）的技術，透過感知情感中的細微內部變化，指引人們如何開發這種意識之外（out-of-awareness）的生命體智慧。見 Eugene Gendlin, *Focusing* (New York: Bantam, 1981)。

但是輪到「快樂」在頭上頂著一個白色X的那一天，她走向鏡子然後端詳自己十秒鐘，接著走開——有點像我們人類在出門上班前，會在鏡子前面看一眼的情景。接著她用象鼻敏感的鼻尖，在X記號的四周重複撫摸，這意味著自我覺察。

在動物王國裡，只有少數幾種動物曾通過這項測驗，其中包括幾種不同的猩猩與黑猩猩，還有海豚（在水裡進行的測驗）。這些物種，例如大象，是大腦中擁有一批特殊神經細胞的少數幾種動物，這些神經細胞是神經細胞科學家認定的自我覺察必備條件。這些名為康斯坦丁·伊柯諾莫（Constantin von Economo，以下簡稱VENs）的神經細胞是以發現它們的科學家來命名。這些紡錘形神經細胞的大小，是其他大部分細胞的兩倍，同時與其他細胞連接的分支也比較少，但分支的長度卻比一般細胞長得多。[2]

VENs神經細胞的尺寸與紡錘形狀，使它們比其他神經細胞更具獨特優勢：他們發送的信號可以傳送得更快更遠。同時它們的主要所在地正是執行腦（executive brain）與情緒中心（emotional centers）相連的區域，使其功能就像個人雷達。當我們在鏡中看見自己的映像時，這些區域就會發亮。神經細胞科學家認為這些細胞是我們大腦神經迴路的一部分，其功能是在每一個層級的自我感覺：包括「這是我」、「我現在有何感受」、我們的個人身分。

大腦的軀體地圖

被診斷出肝癌，只剩幾年壽命之後，蘋果創辦人史提夫·賈伯斯（Steve Jobs）給史丹佛大學的畢業生一場感人的演說。他的忠告是：「別讓他人的意見淹沒你內在的聲音。最重要的是，要有勇氣跟隨自己的內心與直覺，它們就是有辦法先知道你真正想成為什麼樣的人。」[3]

但你要如何聽見「內在的聲音」？你的內心與直覺已經察覺了什麼？你必須仰賴身體的信號。

你可能看過根據體感皮質（somatosensory cortex）繪製而成的奇特人體圖像，體感皮質會追蹤我們各個區域皮膚的感應：皮膚這種小生物有小小的頭、巨大的嘴唇和舌頭、細小的手與巨大的手指——全都反映身體各部分神經相對的敏感性。

我們體內器官的類似監測功能是透過腦島（insula），腦島隱藏在大腦額葉（frontal

2 John Allman, "The von Economo Neurons in the Frontoinsular and Anterior Cingulate Cortex," *Annals of the New York Academy of Sciences* 1225 (2011): 59-71.

3 Lev Grossman and Harry McCracken, "The Inventor of the Future," *Time*, October 17, 2011, p. 44.

lobes）後方。腦島透過神經迴路連結到我們的腸、心、肝、肺、生殖器官——每個器官有其特定位置。這讓腦島成為器官功能的控制中心，例如將放慢跳動的信號發送到心臟，或是將深吸一口氣的信號送到肺部。

將注意力朝向身體內的任何部位，可以放大腦島對我們所檢視之特定區域的敏感性。把注意力朝向你的心跳，腦島會啟動那個神經迴路中更多的神經細胞。事實上，人們能否感覺到自己的心跳，已成為用以衡量其自我覺察的標準方式。這種感覺愈強，代表他們的腦島愈大。[4]

腦島不只協調我們的器官；我們的每一種感知都要仰賴腦島。[5]那些對自己的情緒缺乏認知的人（同時也很嚴重地無法認知他人有何感覺，我們稍後會解釋），他們的腦島活動很遲鈍，遠遠比不上能高度調和內在情緒生活的人，後者的腦島活動十分活躍。協調失能的極端例子是述情障礙（alexithymia），這樣的人完全不了解自己的感受，也完全無法想像其他人會有什麼感覺。[6]

我們的「直覺」（gut feelings）來自腦島與其他由下而上的神經迴路的訊息，透過指引我們的注意力朝向較佳選擇，大大簡化我們生命中的各種決定。我們愈能領會這些訊息，我們的直覺就愈強。

當你要出門遠行時，有時你會靈光一閃，總覺得好像忘了什麼東西。一位馬拉松跑者告訴我，在她出發去參加一場四百英里的比賽時，她就感到靈光一閃——然而她將這事拋諸腦後。但當她持續在公路上奔跑時，這種感覺也持續出現。接著她就知道是什麼事不斷地想提醒她：她忘了穿鞋。

剛好在休息站旁有家購物中心救了她，不過她的新鞋是其他品牌的，與她平常穿的不同。她告訴我：「我從來沒有這麼痛過！」

「軀體標記」（somatic markers）是神經學家安東尼奧．達馬西奧（Antonio Damasio）使用的術語，用以說明我們的身體會告訴我們，某種選擇的感覺究竟是對或錯。[7] 這種由下而上的神經迴路會透過我們的直覺，將結論發電報通知我們，通常遠比由上而下的神經迴

4 A. D. Craig, "How Do You Feel? Interoception: The Sense of the Physiological Condition of the Body," *Nature Reviews Neuroscience* 3 (2002): 655-66.

5 Arthur D. Craig, "How Do You Feel—Now? The Anterior Insula and Human Awareness," *Nature Reviews Neuroscience* 10, no. 1 (January 2009): 59-70.

6 G. Bird et al., "Empathic Brain Responses in Insula Are Modulated by Levels of Alexithymia but Not Autism," *Brain* 133 (2010): 1515-25.

7 軀體標記：這種神經迴路包括右側體感島葉皮質（insular cortex）和杏仁核等。Antonio Damasio, *The Feeling of What Happens* (New York: Harcourt, 1999).

路——也就是經過理性分析的結論——快上許多。

作為此種神經迴路的主要部分，腹內側前額皮質（ventromedial prefrontal）在我們面臨生命中最複雜的決定時，像是與誰結婚或該不該買房子時，會引領我們的決策。這類決策不能透過冷酷的理性分析。模擬選擇A或B時分別會有什麼感覺，會讓我們做出較好的決策。這個大腦區域的運用方式，就好比內心的方向舵。

自我覺察主要有兩個分支：「小我」（me）建立有關我們過去與未來的故事；「大我」（I）則將我們帶進即刻的當下。「小我」，如前面我們看到的，是將我們的經驗以橫跨時空的方式相連。「大我」則只存在於眼前一瞬間的初體驗中，與「小我」形成了鮮明的對比。

「大我」是我們對自己最親密的感受，反映的是我們感官印象的零碎總合——特別是我們的身體狀態。「大我」是從我們的大腦系統建立，目的是透過腦島描繪我們的身體狀態。[8]

此等體內的信號是我們內心的方向舵，在許多不同的層次上協助我們，從我們一生恪守的價值觀，直到記住我們的跑鞋。

太陽劇團（Cirque de Soliel）的資深表演者告訴我，他們令人精疲力盡的例行練習，是因為太陽劇團團員爭取的是所謂「完美的操練」，物理運動的法則和生物力學的規則，結合時機、角度、速度，讓你「在更多時候表現的更完美——你不會時時刻刻都完美無瑕」。

然而表演者如何得知他們在何時接近完美？「就是感覺。在你的腦袋知道前，你的關節已經先知道了。」

8 Farb et al., "Attending to the Present."

chapter 7 從他人眼中看見自己

「我們有一項『不允許混蛋』的規則，但我們的首席技術長就是個混蛋。」加州科技培育中心的一位主管告訴我。「他的工作做得很好，但他是個超大號的霸凌者，他會封殺他不喜歡的人，只偏心他喜歡的人。」

「他的自我覺察是零，」她補充道：「他只是沒意識到自己在霸凌別人。如果你跟他明說，他會故態復萌，他會卸責、生氣，或認為你才是問題所在。」

該公司的執行長後來告訴我：「我們又花了三個月左右的時間與他共事，最後只好讓他走人。他沒辦法改變——他是霸凌者，但連他自己也沒發現。」

通常當我們失敗，然後以不太理想的方式退場，我們很容易忘記自己曾經做過什麼。

如果沒人告訴我們，我們會以同樣的方式繼續下去。

「360度全方位評估」是一種可靠的自我覺察測驗，這是要求你評比自己的一系列特定行為或特質，同時你也邀請大約十個人對你進行相同項目的評比，再比較雙方評比的結果。你之所以選擇這些人是因為他們了解你，你也尊重他們的判斷——而且他們的評比是匿名的，使他們可以自由自在地進行。「你怎麼看待自己」以及「別人如何評價你」之間的差距，是對你的自我覺察的最佳評估之一。

在自我覺察和權力之間，有十分有趣的關係：較低階的經理人或獨自工作者，本人的評估與他人對他們的評估之間的差距很小。但一個人在企業組織中的地位愈高，兩者間的差距就愈大。[1]在企業的職位階梯上爬得愈高，愈可能削弱自我覺察。

有種理論認為，這種差距的擴大是因為人們在企業裡的權力愈大，會讓他們愈不願意或愈沒有足夠勇氣誠實地說出自己的怪異行徑。接著是那些完全否認自己有怪異行徑的人，或他們從一開始就對自己的怪異行徑視而不見。

不論何種原因，對周遭事物視若無睹的領導人，認為自己比被他領導的人能幹很多。

---

1 Fabio Sala, "Executive Blindspots: Discrepancies Between Self-Other Ratings," *Journal of Consulting Psychology: Research and Practice* 54, no. 4 (2003): 222-29.

缺乏自我覺察會讓你變得愚蠢。想想《辦公室風雲》（*The Office*）吧。

「360度全方位評估」運用的是透過他人的眼睛來看見自己的力量，這種方式提供了另一個通往自我覺察的途徑。蘇格蘭詩人羅伯特・伯恩斯（Robert Burns）用以下詩句讚美這個途徑：

> 上帝賜給我們的禮物
> 就是從他人眼中
> 看見自己

奧登（W. H. Auden）則提供更嘲諷的觀點。他觀察到，所以「我可以愛自己」，是我們藉由選擇性地遺忘他人不討喜的直言，並回想讚美之詞，在心中創造一個正面的自我形象。接著他補充道，我們所做的某些事就好像我們試圖創造「在他人心裡的形象，好讓他們愛我」。

哲學家喬治・桑塔亞那（George Santayana）讓這件事回到原點，他認為別人怎麼看我們沒什麼關係——只是一旦我們知道了，就會深深影響我們對自己的看法。社會哲學家稱這種「鏡像效應」（mirroring effect）是「觀察鏡子中的自己」，也就是我們想像別人如何看待自己。

從這個觀點，我們對自我的感覺在社交互動中漸露端倪——其他人是我們的鏡子，將我們反射回我們身上。這個概念的總結是：「我是我想像中的你認為的我。」

透過別人的眼睛與耳朵

人生中，少有機會能知道別人實際上是如何看待我們的。這或許是為什麼比爾．喬治（Bill George）在哈佛商學院教授的「真正的領導力發展」（Authentic Leadership Development）會成為最受歡迎的課程之一，每次開課的選課人數都遠超過原先的名額（史丹佛大學商學院的類似課程也有同樣狀況）。

正如喬治告訴我的：「直到我們聽見自己將生命的故事講述給一位我們信任的人之前，我們不知道自己是誰。」為了加速自我覺察的提升，喬治創造了「真北團隊」（True North Groups），「真北」指的是尋找一個人的內心羅盤與核心價值。他的課程讓學生有機會參加這樣的小組。

這些小組的信條是：自我知識始於自我揭露。

這些小組（任何一位成員都可以成立一個小組）的開放與親密程度，甚至超過十二步驟集會（Twelve-Step meeting）*或心理治療小組。喬治指出，因為這些小組提供了「一個安全的地方，成員可以討論他們不願在別處討論的個人問題——通常甚至不願意和最親的家庭成員討論。」[2]

不只是從他人眼中看見我們自己，還要從他人的耳朵聽見我們自己。但我們沒有。《外科》（*Surgery*）雜誌報導一項評價外科醫生聲調的研究，根據的是他們與病患對話時錄下的十秒鐘片段。[3]其中有一半的醫生因為他們的聲調被控不當醫療，另外一半的醫生沒有被控告。那些被控告的醫生，其聲調通常被評為盛氣凌人與漠不關心。

外科醫生比大多數其他醫師向病患解釋更多技術細節，以及揭露外科手術最嚴重的各種風險。這是一種困難的對話，可能會讓病患進入情緒上高度憂慮和高度警覺的狀態。

當病患聽外科醫生解釋技術細節以及令人害怕的潛在風險時，大腦的雷達會進入高度戒備狀態，搜尋各種信號與暗示，以研判這一切是否真的很安全。這樣高度的情緒敏感性，可能是外科醫生的聲調在傳達同理心與關心——或兩者都沒有——的時候，是否會因為哪裡出了錯而被控告的原因之一。

我們頭骨的音響效果，會讓我們聽見的自己的聲音，與他人聽到的大不相同。但我們的聲調對我們所說的話會有重大影響：研究發現，當人們在溫暖、支援性的聲調中接收負面的表現回饋時，他們會有正面的感覺——儘管是負面回饋。但當他們在冷淡和疏遠的聲調中獲取正面的表現評估時，即使是好消息，他們最後仍然會有很壞的感覺。[4]《外科》雜誌的文章提出的補救措施之一是：外科醫生在門診期間，將他們的聲音重新播放給自己聽，使他們能知道自己的聲音聽起來有什麼感覺，同時找人指導如何使聲音能傳達同理心和關心——就像別人聆聽他們一樣地聆聽自己。

群體思考：分享盲點

在以次級房貸衍生商品為基礎的投資工具導致經濟崩潰之後，一位曾創造這些衍生工具的金融專家接受訪問。他解釋在他的工作中經常會經手大量的次級房屋抵押貸款，然後他會將之區分為三個部分：最差之中最好的、沒那麼好的、最差之中最糟的。然後再將每

＊譯註：十二步驟集會是治療酗酒、上癮、強迫症和其他行為習慣問題的課程。

2 Bill George and Doug Baker, *True North Groups* (San Francisco: Berrett-Koehler, 2011), p. 28.

3 Nalini Ambady et al., "Surgeon's Tone of Voice: A Clue to Malpractice History," *Surgery* 132, no. 1 (2002): 5-9.

4 Michael J. Newcombe and Neal M. Ashkanasy, "The Role of Affective Congruence in Perceptions of Leaders: An Experimental Study," *Leadership Quarterly* 13, no. 5 (2002): 601-604.

一部分再分成三個部分——再根據每部分創造投資的衍生工具。

他曾經被問道：「誰會想買這些？」

他回答：「白痴。」

當然，表面上非常聰明的人確實會投資這些衍生商品，忽略這些商品不值那麼多錢的信號，同時強調支持這項決定的任何原因。當這種忽略負面證據的傾向在一群人中共同分享時，就成為集體思維。基於保護寶貴意見（透過降低關鍵性負面資料的風險）的需要，使一群人分享盲點，最後導致錯誤的決策。

小布希的決策核心人士和他們入侵伊拉克的決定，是基於想像中的「大規模殺傷性武器」，這是一個典型的例子。促成抵押貸款衍生商品崩潰的一群金融玩家，也是同樣的狀況。在這兩個災難中，集體思維使一群沒有問正確問題，也忽略負面資料的孤立團體陷入自我肯定的深淵。

認知分布於一個團體或網路中的成員：有些人是某領域的專家，其他人的專門知識有互補優勢。當資訊非常自由地進入小組並在其中流通時，就會促成最好的決策。但集體思維始於一種共同分享的自我欺騙：沒有明說，假定我們知道所有我們必須知道的東西。

一家管理非常富裕人士投資的公司，給了諾貝爾經濟學獎得主丹尼爾・康納曼珍貴的寶藏：該公司二十五位投資顧問八年間的投資成果。在分析這些資料之後，康納曼發現任何一位投資顧問逐年相比的投資成果之間沒有關係——換句話說，任何一位顧問管理客戶資金的成果，都沒有持續地優於其他顧問。他們的管理績效沒有高於運氣成分。

然而每一位顧問都表現得好像他們擁有一種特殊的技能——而且每年獲得最高績效的顧問都會獲得一大筆獎金。手中握著研究結果，康納曼與該公司的高層共進晚餐，並告訴他們，他們是在「獎勵一種看起來是技能，實際上不過是運氣」的東西。

這應該是一則令人震驚的消息。但這些主管們冷靜地繼續用餐。康納曼說：「我毫不懷疑，這件事很快會被掩蓋起來，然後公司會一如往常繼續過下去。」[5]

技能的錯覺深深地嵌入那行業的文化中，現在這種錯覺遭遇了挑戰。但康納曼補充道：「事實是，挑戰這種基本假設——因而威脅到人們的生計與自尊——基本上是不會被接受的。」

回到一九六〇年代，民權運動在美國南部如火如荼地進行，我加入當地雜貨店的抗議行列；當時在我加州的故鄉，雜貨店是不雇用黑人的。直到幾年後，我才聽說一位加州大學柏克萊分校奈及利亞籍人類學家約翰·奧各布（John Ogbu）的作品——他到我家附近的

---

5 Daniel Kahneman, *Thinking Fast and Slow*, p. 216.

城鎮研究他所謂的種姓制度（caste system）——我才意識到當時的確有種族隔離。[6]我就讀的中學全是白人，零星點綴一些亞裔和西班牙裔；另一所學校大多數是黑人，還有一些是西班牙裔；第三所學校則是各色人種混雜。我只是從來沒想過這件事。

當這件事出現在雜貨店時，我隨時可以看到歧視的部分——但我看不見較大的歧視模式，因為我也身在其中；整個社會階級是與生俱來的，像是你住在何處、你就讀的學校（在那個年代）。社會的不平等逐漸隱入周遭環境中，我們會習以為常，而非直接面對歧視的問題。需要努力才能將此轉為集體性的關注焦點。

這種自我欺騙似乎是一種注意力的扭曲，卻放諸四海皆準。例如，當駕駛人在方向盤後評估自己的駕駛技術時，約有四分之三的人認為自己的技術高於平均水準。奇怪的是，那些已經釀成車禍的人，通常自認駕駛技術比無事故紀錄的駕駛人「更好」。

即使是陌生人，在一般情況下，大多數人評估他們自己的能力，往往會超過他人的評估。這些膨脹的自我評估反映了「優於平均水準」的影響，並可見於幾乎任何正面的特質——從能力、創造力乃至於友善、誠實。

我在波士頓前往倫敦的航班裡，閱讀了康納曼令人著迷的《快思慢想》。當飛機著陸後，我與鄰座的乘客聊天，他曾注意看我的書皮封面。他告訴我，他也計畫閱讀這本書——碰巧提到他的工作也是爲富人管理資產。

在我們沿著漫長的跑道滑行，抵達希思羅機場的閘門前，我將書中的重點告訴他，包括那家金融公司的故事——並暗示他的行業似乎是在獎勵看來像是技能的運氣。

「我猜，」他回答，然後聳了聳肩，「我現在不需要讀這本書了。」

康納曼向投資經理人報告他的研究成果時，他們的反應同樣麻木不仁。正如他所言，這種令人困窘的資料，「大腦是不會忍受的」。

這是以後設認知（meta-cognition）——以上述案例來說，是體認到我們缺乏認知——揭示該集團已被埋葬在麻木不仁或隱匿的墳墓中。透明度始於清楚地了解哪些事情是我們沒注意到的——並且也沒發現自己沒注意到這事。

聰明的風險，是廣泛和貪婪的資料搜集後用以檢驗直覺；愚蠢的決策，則是依據過於狹隘的資料範圍。從你信任與尊敬的人們那裡得到坦率的回饋、創造自我覺察的來源，可以防止偏差的資訊或令人懷疑的假設。避免集體思維的另一個方法：透過建立不說廢話且讓你對自己誠實的廣大知己圈，走出你的舒適區來擴大人際關係，以預防在小圈圈裡孤立無援。

---

6 John U. Ogbu, *Minority Education and Caste: The American System in Cross-Cultural Perspective* (New York: Academic, 1978).

聰明的多元化應超越性別與種族群體的平衡，而要廣泛涵蓋不同年齡層、委託人或顧客，以及任何可能提供全新觀點的人士。

「在營運初期，我們的伺服器壞掉了，」一家雲端計算公司的主管說。「我們的競爭對手在監視我們，很快記者的電話就如洪水般湧入，詢問發生了什麼事。但我們沒接電話，因為不知道該說什麼。」

「然後有位員工，他原本是新聞記者，提出一個頗有創造力的解決方案，稱為『信任雲端』。我們完全公開伺服器發生的事——問題出在哪、我們如何嘗試修理，以及每件事。」

對該公司大多數主管而言，這是個天外飛來的想法；他們來自將高度保密視為慣例的高科技公司，毋庸置疑的假設是他們應該祕而不宣，這是集體思維的潛在因子。

「但一旦我們坦率應對，」該位主管說，「問題就突然消失了。我們保證客戶可以知道發生了什麼事，記者也不再打電話來了。」

正如首席大法官菲力克斯．法蘭克福特（Felix Frankfurter）曾說過的：「陽光，是最好的消毒劑。」

chapter

8 自我控制的良方

在我的兒子們都只有兩歲左右的時候，當他們發脾氣時，我有時會用分心讓他們冷靜下來：「看那隻小鳥！」或來個全套服務，突然興奮地大叫一聲：「那是什麼？」同時我的目光或手指就將他們的注意力帶到別的地方。

注意力能調節情緒。這個小技巧是運用選擇性的注意力來安撫受到刺激的杏仁核。只要還在學步的小孩持續將專注力放在一些他有興趣的東西上，他的脾氣就會平靜下來；一旦他喪失對該樣東西的興趣時，如果杏仁核中的神經網路仍然保持發脾氣的狀態，他的脾氣就會捲土重來再度發作。[1]當然，這個訣竅在於讓小孩維持有興趣的時間長到足以讓杏仁核完全平靜下來。

當嬰兒學會運用這種注意力巧妙地為自己操作情緒時，他們就獲得了第一項情緒的自我調節（self-regulation）技巧——這是對他們的命運舉足輕重的技巧：如何管理難以駕馭的杏仁核。這個技巧需要執行的注意力（executive attention），此能力始於三歲開始發展，這時幼兒可以展現主動控制（effortful control）的能力——專注於意志、忽略分心與抑制衝動。

父母可能會注意到這個里程碑——當幼兒向某種誘惑刻意說「不」：像是在他多吃幾口盤中的食物之後，才讓點心上桌。這也要仰賴執行的注意力，這種注意力會發展為意志力與自律——正如管理我們被干擾的感覺以及忽略突然的奇想，使我們能專注在一個目標上。

到了八歲以後，大多數兒童都能掌握相當程度的執行的注意力。這種心智的工具管理其他認知技巧的大腦網路運作——像是學習閱讀、算數學，以及一般的學術研究（我們會在第五部分深入探討）。

我們的心智會將自我覺察進行系統性的分配，使我們做的每件事都能步入正軌：後設認知——思考關於「思考」的問題——讓我們知道心智操作如何進行，同時根據需求來調節它們；後設情緒（meta-emotion）也以類似方式調節感覺與衝動的心流。在心智的設計中，自我覺察是用來調節自己的情緒以及感知他人的感覺。神經學家發現自我控制是透過大腦區域的執行功能，管理自我覺察和自我調節等心理技巧，是帶領我們一生的關鍵。[2]

執行的注意力掌握了邁向自我管理的關鍵。這種力量會指揮我們專注於一件事並忽略其他的事，可以讓我們在冰箱發現整桶乳酪蛋糕布朗尼冰淇淋時，提醒我們注意腰圍。這個小小的選擇包含意志力的核心——自我調節的本質。

從解剖學的觀點，大腦是身體最後一個成熟的器官，到二十多歲前會持續成長與自行成形——注意力的網路就像一個器官一樣，與大腦平行的開發成長。

---

1 M. K. Rothbart et al., "Self-Regulation and Emotion in Infancy," in Nancy Eisenberg and R. A. Fabes, eds., *Emotion and Its Regulation in Early Development: New Directions for Child Development* No. 55 (San Francisco: Jossey-Bass, 1992), pp. 7-23.

2 許多科學學科將自我控制視為人類福祉的關鍵。行為基因遺傳學家觀察這種能力中，有多少是來自我們的基因，有多少則來自我們成長的家庭環境因素。發展心理學家觀察當兒童成熟時，他們如何精通自我控制，在延遲滿足、管理衝動、情緒的自我調節、規劃、盡責等方面愈做愈好。健康專家認為自我控制與壽命有關，而社會學家則把低度的自我控制視為失業與犯罪的預測指標。心理醫生觀察的是兒童時期的診斷，像是注意力不足與過動症，與之後人生的精神障礙、吸菸、不安全性行為和酒駕。最後，經濟學家猜測自我控制可能是財務健全與降低犯罪的關鍵。

擁有多名子女的父母都知道，從第一天起，每個孩子就不一樣：有的比較機警或冷靜，有的比其他人更積極主動。這種氣質的差異，反映的是各種大腦網路的成熟度與遺傳因子。[3]

我們注意力的才能有多少是來自基因？視情況而定。事實證明，不同的注意力系統擁有不同程度的遺傳能力。[4]而執行控制（executive control）的遺傳能力最強。

即使如此，建立這一重要技巧有很大程度是取決於我們在生活中學習的知識。表觀遺傳學（epigenetics）是一門科學，專門研究環境如何影響我們的基因，繼承一套基因本身並沒有決定性的影響力。基因擁有不明數量的生物化學開／關閘門；如果這些閘門永遠不被打開，我們可能永遠沒有這些機能。「開」閘門有許多種形式，包括我們吃了什麼、跳舞時體內的化學反應，以及我們學習了什麼事物。

意志力即命運

經過數十年的研究結果顯示，意志力在決定人生的歷程中有著非凡的重要性。其中第一項研究是一九六〇年代進行的一個小型計畫，針對一批貧困家庭的孩子，在一項學齡前的計畫中給予特殊的關注，協助他們培養自我控制及其他生活技巧。[5]該計畫原先希望提高他們的智商（IQ），但是此一目標宣告失敗。不過多年以後，將這些學齡前的孩子與其他未經歷相同計畫的孩子相比較，發現這批貧困家庭的孩子在後來的人生歷程中青少年懷孕、中途輟學及犯罪的比率較低，甚至工作中請假的天數也比較低。[6]這項計畫因而成為提早開始學齡前教育——目前已遍及美國各地——的主要論點。

---

3 Posner and Rothbart, "Research on Attention Networks as a Model for the Integration of Psychological Science." 供警覺系統使用的網路是由視丘（thalamus）與右額葉（right frontal）及頂葉皮質組成的，並由醋膽素（acetylcholine）調節。方向感是由上部頂葉（superior parietal）、顳頂接點（temporal parietal junction）、額葉眼動區（frontal eye field）、上丘（superior colliculus）等結構編織而成，由正腎上腺素調節。執行的注意力則與前扣帶、腹壁前額（lateral ventral prefrontal）、基底核有關，由多巴胺調節。

4 選擇性的注意力似乎會遺傳，即使沒什麼好警覺的，我們仍然會維持一種準備好的狀態，以待任何事的來臨。見J. Fan et al., "Assessing the Heritability of Attentional Networks," *BMC Neuroscience* 2 (2001): 14。

5 Lawrence J. Schweinhart et al., *Lifetime Effects: The High/Scope Perry Preschool Study Through Age 40* (Ypsilanti, MI: High/Scope Press, 2005).

6 J. J. Heckman, "Skill Formation and the Economics of Investing in Disadvantaged Children," *Science* 312 (2006): 1900-1902.

接著是「棉花糖測試」（marshmallow test），這個傳奇性的研究是由史丹佛大學心理學家華特・米歇爾（Walter Mischel）於一九七〇年代進行的。米歇爾邀請一批四歲大的孩子，一個接一個輪流進入史丹佛校區賓恩幼稚園的一個「遊戲室」。他在房間裡擺了一大盤的棉花糖與其他點心，並告訴這些孩子，他們可以挑一個他們愛吃的。

接著是最難的部分。實驗者告訴孩子：「如果你想要，你可以現在就吃一個。但如果你先不吃，等到我去辦點事回來，到時候你就能吃兩顆糖。」

房間裡清除了所有會讓人分心的東西：沒有玩具、書籍，甚至連一張照片都沒有。對年僅四歲的孩子來說，面對這種急迫的情況，自我控制簡直是一大壯舉。約有三分之一的孩子現場抓了棉花糖就吃，另外約三分之一的孩子等了沒完沒了的十五分鐘，然後被獎賞兩顆糖（剩下的三分之一則落在兩者間）。最值得注意的是：那些抗拒糖果誘惑的孩子們在執行控制——特別是注意力的重新配置（reallocation of attention）——的評分上獲得較高的分數。

米歇爾指出，我們如何能專注的關鍵在於意志力。在觀察孩子們對抗誘惑數百小時後，他揭露關鍵性的技巧是他所謂的「注意力的戰略配置」（strategic allocation of attention）。能夠等足十五分鐘的孩子是透過各種策略使自己分散注意力，包括假裝玩耍、唱歌、將眼睛矇住等。如果小孩只盯著棉花糖看，他是撐不到最後的（更精確的說，撐不到最後的是棉花糖）。

當我們用自我限制（self-restraint）對抗立即的滿足時，至少涉及三種不同的注意力，亦即執行的各個層面。第一是自願將你的專注從慾望的目標——能強力地抓住我們的注意力——脫離的能力。第二，對抗分心，讓我們專注於其他事物，不要被誘惑我們的東西吸引回去。第三種使我們能將專注力維持在未來的目標上，像是兩顆棉花糖。所有這一切加總起來就是意志力。

在人為的情況下，像是棉花糖測試，孩子們在展現自我控制上表現十分良好。但是如何在現實生活中抵抗誘惑？紐西蘭達尼丁（Dunedin）的孩子們會告訴你。

達尼丁擁有剛好超過十萬的人口，同時也擁有該國最大的大學。在這種組合下，使達尼丁孕育了可能是歷來科學年報對人生成功之要素的最重要研究。

在一項規模大到令人害怕與野心勃勃的專案計畫中，有一千零三十七個孩子——每個孩子都在相同的十二個月期間內出生——從幼兒時期起就被密集地研究，然後由幾個國家組成的研究團隊長期追蹤研究數十年。這個團隊由多門學科的研究人員組成，每個小組在自我覺察、自我控制的關鍵標記上都有自己的觀點。[7]

---

7 Terrie E. Moffitt et al., "A Gradient of Childhood Self-Control Predicts Health, Wealth and Public Safety," *Proceedings of the National Academy of Sciences* 108, no. 7 (February 15, 2011): 2693-98, http://www.pnas.org/cgi/doi/10.1073/pnas.1010076108.

這些孩子們在求學期間經歷了一系列令人印象深刻的測驗，例如一方面評估他們對挫折的容忍度與他們的焦躁不安，另一方面則評估專注力與堅持的力量。[8]

經過二十年連哄帶騙的安撫措施後，除了四%的孩子以外，其他都有長期追蹤的紀錄（在像是紐西蘭的穩定國家追蹤這些孩子，遠比在美國之類人口高度流動的國家來得容易）。此時他們都已成為年輕的成年人，他們被評估的項目有：

- ●健康：身體檢查和實驗室測試其心血管、新陳代謝、精神狀態、呼吸，甚至牙齒和牙齦發炎的狀況。
- ●財富：是否有儲蓄、單親撫養孩子、擁有房子、信用問題、投資或退休基金。
- ●犯罪：搜尋澳洲和紐西蘭所有法院的紀錄，看他們是否曾因犯罪被定罪。

研究發現，達尼丁的孩子們在童年時期的自我控制愈好，到三十多歲的表現就愈好。他們的身體比較健康、個人財務比較成功，同時也是守法的公民。童年時期的衝動管理愈差，賺的錢比較少、健康比較差，同時有犯罪紀錄的機會也比較高。

大震撼：統計分析發現，兒童自我控制的水準可以準確地預測他們成年後的個人財務成功、健康（以及犯罪紀錄）、社會階級、白手起家的家庭財富、ＩＱ。意志力之於成功的人生，是一種完全獨立的力量——事實上，單就個人財務的成功而言，童年時期的自我控制比之ＩＱ或家庭背景的社會階級，已被證明具有更強的預測能力。

求學時期的成功也是相同的情況。在一項實驗中，對象是美國八年級的學生，立刻給他們一美元或每週提供二美元；這項簡單的自我控制測驗，證明自我控制與平均成績的相關性，甚至高於平均成績與ＩＱ的相關性。高度的自我控制不但可以預測比較好的成績，同時也可以預測良好的情緒調節、較好的人際關係技巧與適應能力。[9]

結論：孩子們可以擁有在經濟上享有特權的童年，但如果他們不能在追尋其目標時學會延遲滿足，這些早期的優勢可能會在人生的過程中被洗刷殆盡。例如在美國，父母的財富屬於前二〇%的孩子中，最後每五個小孩中只有兩個能待在同一個享有特權的地位；約六%的所得降至美國所得最低的二〇%。[10]自律性（conscientiousness）就長期而言似乎也是

8 在三、五、七、九與十一歲的時候，他們會分別由老師、父母、經訓練的觀察人員以及他們自己進行評估。

9 June Tangney et al., "High Self-Control Predicts Good Adjustment, Less Pathology, Better Grades, and Interpersonal Success," *Journal of Personality* 72, no. 2 (2004): 271-323.

10 Tom Hertz, "Understanding Mobility in America," Center for American Progress, 2006.

一個強而有力的促進因子，就如同名校、SAT測驗的家教、昂貴而具教育性的夏令營。別低估練習吉他或承諾餵食天竺鼠與清理籠子的價值。

另一個結論：我們應竭盡所能提高兒童的認知控制能力，這會有助於他們的一生。即使是餅乾怪獸（Cookie Monster）也可以學習而表現得更好。

餅乾怪獸學習一次只吃一小口

有天我順路拜訪芝麻工作室（Sesame Workshop），參加一項以認知與大腦科學家為核心幕僚的會議，這個工作室是《芝麻街》（*Sesame Street*）電視節目的總部，旁邊就是柏特（Bert）、厄尼（Ernie）、大鳥（Big Bird）、餅乾怪獸以及所有角色，這個節目已經在一百二十多個國家播放。

《芝麻街》是將學習科學（science of learning）以娛樂包裝後組合而成。「《芝麻街》每一小段節目的核心是一個課程目標，」芝麻街工作室庫尼中心（Joan Ganz Cooney Center）的執行主任邁克爾．萊文（Michael Levine）說，「我們展示的一切都經過事先測試，是以教育價值為目標。」

節目先由一大群學術專家審查內容，再由真正的專家——學齡前兒童——確保目標觀眾會了解其中訊息。同時節目都有特定的焦點，例如一個數學概念，以學齡前兒童透過該節目實際學會的東西，用以再測試該節目會對教育產生什麼樣的影響。

這一天與科學家的會議是以認知要素（cognitive essentials）為主題。萊文說：「我們需要頂尖研究人員與頂尖編劇坐在一起發展這個節目。我們必須正確無誤：先聽科學家的看法，然後玩耍一番——要有一些樂趣。」

學習衝動控制（impulse control）的祕密武器，是一段有關「餅乾鑑賞家俱樂部」的節目。芝麻街上胡伯商店的店主艾倫烤了一些餅乾，準備讓該俱樂部試吃——但沒有人打算讓餅乾怪獸加入。當餅乾怪獸意外地來到現場，當然，他想吃掉所有的餅乾。

艾倫向餅乾怪獸解釋，如果你想成為俱樂部的成員，要控制你狼吞虎嚥地吃掉所有餅乾的衝動。相反的，你要學會品嘗。首先你拿起餅乾，看看有沒有不完美的地方，然後聞聞它的味道，最後輕輕咬一小口。但天生衝動的餅乾怪獸，只能狼吞虎嚥地吞下整塊餅乾。

要在這一段弄對自我調節的策略，芝麻街教育和研究部門資深副總裁羅絲瑪莉・楚格立歐（Rosemarie Truglio）說，他們只向米歇爾一個人請教，也就是棉花糖測試的策劃人。

米歇爾建議教餅乾怪獸認知控制的策略，像是「把餅乾想成另一樣東西」，然後要他自我提醒。因此餅乾怪獸認為餅乾是圓的，看起來像溜溜球，然後盡責地不斷自言自語說餅乾是溜溜球。但他還是狼吞虎嚥地吃下去。

為了幫助餅乾怪獸只咬一小口——意志力的重大勝利——米歇爾建議另一種不同的衝動延遲策略。艾倫告訴餅乾怪獸：「我知道這對你來說很難，但更重要的是：現在吃掉這塊餅乾，還是加入俱樂部讓你能得到所有各式各樣的餅乾？」這招奏效了。

太容易被餅乾分心的大腦，將很難有持續力去了解分數，更別說是微積分了。一部分的《芝麻街》課程強調了執行控制的此種要素，這創造了一個心理平台，作為未來面對STEM學科（科學、科技、工程學、數學）的先決條件。

「低年級的老師告訴我們，他們需要孩子們準備好坐下來、專注、管理自己的情緒，聽指示、合作與交朋友，」楚格立歐解釋，「然後才能教他們字母與數字。」

萊文告訴我，「培養數學和初期識字技巧的能力」需要自我控制，這必須奠基於學齡前幾年執行功能的改變。抑制控制（inhibitory control）與執行功能和早期的數學與閱讀能力有高度相關性。「教導這些自我調節的技巧，」他補充道，「實際上可以讓部分發展不足的孩子們，將其大腦的部分神經迴路重新連接起來。」

選擇的力量

喜歡這件藝術品嗎？世界各地的人說這是他們非常喜愛的場景描寫：田園詩般從高處

的有利位置俯瞰流水、草原、動物。或許這種舉世皆然的偏好可回溯至久遠的人類史前時代，人們在大草原漫步，為了安全與取暖擠進山坡的洞穴。

如果這裡您還能留下來看我寫的內容，而不回頭看那和平的景象，雖然你可能心裡想一窺究竟。你在自己的大腦中創造了一場在專注與分心之間的搏鬥。當任何時候我們嘗試集中注意力於一件事並忽略另一件事的誘惑時，就會出現這種緊張。這意味著一場神經之間的對抗正在進行，激起由上而下與由下而上的神經迴路之間的拔河戰。

順便說一句，記住，別去看那藝術作品——就留在這裡讓我告訴你你的大腦發生了什麼事。這種內心的衝突複製了一個孩子想離開數學作業，去檢查手機上有沒有最要好的死黨發來的文字訊息時，內心的掙扎狀態。[11]

測試高中生的數學天賦，你會發現這樣的分布：有些孩子相當糟糕，大多數表現不是太好，只有一〇%左右顯示有極大的潛力。將這一〇%的孩子挑出來，讓他們去上一年很艱深的數學課並追蹤成果；大多數學生會得到頂尖的成績。但與預測正好相反，這些高潛力的孩子有一部分會有很差的表現。

現在給每位數學課學生一個每天隨機發出響聲的小裝置，並要求學生在發出響聲的那一刻將他們的心情記錄下來。如果他們碰巧在做數學，做得很好的學生其報告的正面情緒通常會遠超過焦慮的情緒。但做得不好的學生，其報告恰恰相反：處於焦慮情緒的人數，高出愉悅情緒的人數約達五倍之多。[12]

這個比率掌握了為什麼許多學習潛力高的學生最後失敗的祕密。認知科學告訴我們，注意力是一種有限度的能力：工作記憶創造了一種瓶頸，讓我們的心智在任何時刻只能保有一定數量的事物（正如我們在第一章見到的）。一旦我們的焦慮闖進我們有限的注意力，這些不相干的想法就會縮小剩下的（例如做數學）頻寬。

讓我們注意到自己感到焦慮的能力，並採取行動以更新我們的專注，仰賴的是自我覺察。此種後設認知讓我們將心智維持於最佳狀態，以適合當下的任務，不論是解幾何方程式、記住食譜、剪裁巴黎高級時裝。不論我們最佳的才能為何，自我覺察將協助我們以巔峰狀態展現最佳的才能。

在注意力的許多細微差別與變化中，有兩種對自我覺察的影響最大。選擇性的注意力讓我們專注於單一目標與忽略其他所有事物；開放性的注意力（open attention）讓我們取得周遭世界與內心世界廣泛的資訊，以獲得其他方式無法取得的微妙暗示。

這兩種注意力中任一種的極端——不論是外表上過度專注或對周遭過度開放——如理查．戴維森所說，「都不可能產生自我覺察。」[13]執行功能包括「注意到注意力本身」，或較一般的說法，覺察到我們的心理狀態；這讓我們監視自己的專注，並使之維持在正常軌道上。

執行的功能（有時稱為認知控制）是可以教育的（如我們剛才所見，同時將在第五部分詳細探討）。教導學齡前兒童管控的技巧，讓他們為求學期間做好準備，這比擁有高

---

11 Thanks to Sam Anderson, whose article “In Defense of Distraction” gave me this idea. *New York*, May 17, 2009, http:/nymag.com/news/features/56793/index7.html.

12 Jeanne Nakamura, “Optimal Experience and the Uses of Talent,” in Mihalyi and Isabella Csikszentmihalyi, eds., *Optimal Experience* (New York: Cambridge University Press, 1988).

13 Davidson and Begley, *The Emotional Life of Your Brain*.

ＩＱ或提前學會閱讀更重要。[14]如同《芝麻街》團隊所了解的，老師希望讓學生有良好的執行的功能，像是自律、注意力的控制，以及抗拒誘惑的能力。除了孩子的ＩＱ以外，此種執行的功能可以預見學生在求學期間會有良好的數學和閱讀成績。[15]

當然這不只適用於孩子們。這種將我們的專注力引導至一件事物並忽略其他事物的力量，乃是意志力的核心。

一袋骨頭

在五世紀的印度，僧侶們被鼓勵思考三十二種人體組織。這是人類生物學的角落裡，一張令人反感的名單：糞、膽汁、痰、膿、血、脂肪、鼻涕等。像這樣專注於令人反感的一面，意味著超脫自己的身體，以及協助僧侶抗拒色慾——換句話說，就是為了增強意志力。

時光飛越一千六百年，與那些苦行僧的努力相對照的，是極端的反例。一名在洛杉磯拯救青少年性工作者的社會服務人員告訴我：「一些孩子衝動的程度簡直令人難以置信。他們住在街上，但如果得到一千美元，他們會全部花在最昂貴的 iPhone 上，而不是找一個能遮風避雨的安全住所。」

他的拯救計畫能幫助感染愛滋病的年輕人得到政府基金，離開街上，給他們免費醫療，提供公寓和食物津貼，甚至包括健身房的會員資格。「我真的看到這些孩子的某些朋友，」他告訴我，「跑到外頭變成愛滋病陽性，以得到這些好處。」

具有高度認知控制與極度缺乏此控制的相同對比，可以在史丹佛大學多年前以棉花糖測試四歲兒童是否能延遲滿足的實驗結果中發現。五十七位當年還是學齡前兒童的參與實驗者，在四十年後的追蹤調查時發現，四歲時能抗拒棉花糖誘惑的「高度延遲者」現在仍然能延遲滿足，但那些「低度延遲者」仍一如往常地衝動。

在他們抗拒誘惑的同時，他們的大腦接受掃描。高度延遲者會啟動他們前額葉皮質的神經迴路，這是控制思想與行動的關鍵——包括向衝動說不的右額葉額下回（right inferior frontal gyrus）。但低度延遲者啟動他們的前部紋狀體（ventral striatum），這是大腦獎勵系統的一種神經迴路，當我們向生命中的誘惑與帶有愧疚的快感（例如香味濃郁的點心）屈服

---

14 Adele Diamond et al., "Preschool Program Improves Cognitive Control," *Science* 318 (2007): 1387-88.
15 Angela Duckworth and Martin E. P. Seligman, "Self-Discipline Outdoes IQ in Predicting Academic Performance of Adolescents," *Psychological Science* 16, no. 12 (2005): 939-44.

時，前部紋狀體就會生龍活虎般地活了過來。[16]

在達尼丁的研究中，十多歲的階段對認知控制特別重要。自我控制力較低的青少年最有可能開始吸菸、成為意外的青少年父母、退學——所有的陷阱會關上機會之門，使他們落入不佳的生活型態，導致他們走向所得較低的工作、較差的健康情況；在某些情況下，甚至淪落為犯罪生涯。

因此這是否意味著患有過動症或注意力缺失症的孩子都註定會出問題？完全不是如此——整體來看，那些患有注意力不足過動症的孩子們，結果有由壞到好的趨勢。即使是這群孩子，雖然他們在學校有注意力的問題，但其中擁有相對較佳的自我控制者，還是可以預測他們之後會有比較好的人生。

不只是四歲的兒童和青少年，我們許多人的生活出現慢性的認知超載現象，似乎代表我們降低自我控制的門檻。對我們注意力的要求愈高，我們抗拒誘惑的能力似乎就愈差。已開發國家中的肥胖症像傳染病一樣流行，研究人員指出，部分原因來自我們更容易受到外界影響，在我們分心時會自發性地伸手去拿又甜又滿是脂肪的食品。根據腦成像的研究報告發現，減肥最成功且持續保持身材的，是面對一大口全是卡路里的美食時，最能展現認知控制的人。[17]

佛洛依德的名言「本我（id）在哪裡，自我（ego）就該在哪裡」，直接說出這種內心的緊張關係。本我——讓我們伸手去拿德芙巧克力、買太昂貴的奢侈品，或按鍵瀏覽那個精彩但完全是浪費時間的網站的各種衝動——持續不斷地與我們的自我（內心的管控功能）爭戰不休。自我讓我們有效地降低體重、節省金錢、分配時間。

在心靈的舞台上，意志力（「自我」的一個面向）代表頂部和底部系統之間的摔角比賽。儘管我們的衝動、激情、習慣、渴望相互競爭，但意志力讓我們專注在目標上。這個認知控制代表一個「很酷」的心理系統，使我們在面對我們「火熱」的情緒反應——快速、衝動、自發的——時，仍然能努力追求我們的目標。

這兩個系統表示注意力的關鍵性差異。獎勵系統神經迴路固守於火熱的認知、情感豐沛的想法，像是棉花糖的誘人之處（它美味、甜美、耐嚼）。情感愈深切，衝動就愈強——我們較清醒的前額葉更可能會被我們的慾望所劫持。

---

16 B. J. Casey et al., "Behavioral and Neural Correlates of Delay of Gratification 40 Years Later," *Proceedings of the National Academy of Sciences* 108, no. 36 (September 6, 2011): 14998-15003, http://www.pnas.org/cgi/doi/10.1073/pnas.1108561108.

17 Jeanne McCaffery et al., "Less Activation in the Left Dorsolateral Prefrontal Cortex in the Reanalysis of the Response to a Meal in Obese Than in Lean Women and Its Association with Successful Weight Loss," *American Journal of Clinical Nutrition* 90, no. 4 (October 2009): 928-34.

對照之下，前額葉的執行系統透過抑制伸手去抓的衝動，同時重新評估誘惑本身（它也會讓人發胖）。你（或你四歲大的時候）能透過思考啟動這個系統，例如想想棉花糖的形狀、顏色、它是怎麼做的。這種注意力的轉換會降低伸手去抓的動能。

正如米歇爾為餅乾怪獸出的建議，他在史丹佛大學從事實驗時，以一種簡單的心理騙術幫助一部分的小孩：他教他們把糖果想成只是一幅有框框的照片。突然間，對於腦海中那一大塊無法抗拒的糖果，孩子們可以假裝那不是真的，是他們可以選擇專注與否的東西。改變孩子與棉花糖之間的關係，有點像是在腦海裡玩柔道，讓原本無法不在一分鐘內伸手抓糖的孩子們，熟練地抗拒誘惑長達十五分鐘。

這種對衝動的認知控制可以預見某人的一生榮枯。米歇爾這麼形容：「如果你能處理火熱的情緒，那你就能為大學的入學考試準備SAT測驗，而不是老看電視。同時你也能為退休存更多的錢。這不只是關於棉花糖的測試而已。」[18]

刻意製造分心、認知的重新評價以及其他後設認知的種種策略，於一九七〇年代進入了心理學的腳本。但此種心理策略早在西元五世紀，僧侶們思考人體多種令人反感的組織時就已經被採用了。

當時有個故事是這樣的。幾名僧侶正在步行，有個美麗的女人從旁邊跑了過去。[19]那天早上，她與丈夫大吵一架，現在正逃往她父母的房子。

幾分鐘後，正在追逐這個女人的丈夫出現了。他問僧侶們：「尊者，您有沒有剛好看到一個女人經過？」

僧侶回答道：「男人或女人，我無法確定。但一袋骨頭剛剛經過。」

---

18 Walter Mischel, quoted in Jonah Lehrer, "Don't!" *New Yorker*, May 18, 2009.

19 The tale is told in Buddhaghosa, *The Path to Purification*, trans. Bhikku Nanomoli (Boulder, CO: Shambhala, 1979), I, p. 55.

part 3／解讀他人

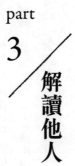

chapter 9 知道太多的女人

她的父親脾氣十分火爆。當她還是個孩子的時候，因為擔心父親隨時都會爆發，所以一直處於恐懼之中。因此卡崔娜（Katrina）——我將這麼稱呼她——學會了過度警覺、隨時隨地要感應極小的暗示。父親的聲調升高，他壓低眉毛與怒目相向——這些都是他即將暴怒的訊號。

隨著年齡增長，卡崔娜的情緒雷達成長得更加敏感，例如只要觀察肢體語言，她就知道有位同學已經祕密地與一位教授同床。

她看到他們的身體如何以一種微妙的舞蹈方式同步擺動。「他們會一起移動身體，步調完全一致，」卡崔娜告訴我，「當她上下扭動時，他也扭動。看到他們親密地將身體協調一致，就像戀人一樣，我就有了這個念頭，哦，令人毛骨悚然……」

「戀人們並不知道自己正在做什麼，但兩人卻在原始的層次，以極為易感的方式互動。」她補充道。

僅僅幾個月之後，那位女同學就向卡崔娜傾訴這件祕密韻事。卡崔娜說：「他們的韻事已經停止了，但他們的身體仍然亦步亦趨。」

每當她與某人在一起，卡崔娜說：「我可以察覺十幾條別人感受不到的資訊洪流──像是抬起一邊的眉毛、手的移動。這是有破壞性的──我知道太多了。這害死我了，我真的知道太多了。」

卡崔娜的感受以及有時洩露了不該洩露的資訊，不但讓別人生氣，也讓她困惑。「有次會議我來晚了，讓所有人都等著。他們嘴上非常友善──但他們的身體告訴我並非如此。我能由他們的姿勢以及不與我的目光接觸，知道現場每個人都很生氣。我覺得很難過，如鯁在喉地想哭。那個會議進行得不太好。」

「我總是看到一些我不該看到的東西──這是個問題。」她補充說。「我知道了我無意刺探的隱私。長久以來我都沒想到，其實不必把我知道的每件事和別人分享。」

卡崔娜從她的團隊獲得自己的侵入性太強的回饋後，她開始與教練合作。「那位教練告訴我，我有洩漏情緒暗示的問題──當我拾起某種我原本不該注意到的東西時，我的反應使人們認為我總是在生氣。因此現在我對這一點也必須小心。」

像卡崔娜這樣的人屬於社交敏感，他們可以敏銳地察覺最細微的情緒暗示，擁有幾乎不可思議的技巧，足以了解某些幽微到其他人都會錯過的線索。

這意味著麻煩。如果不能善加處理那些資料，就會像卡崔娜一樣。

但同樣的才能也可以讓我們在社交上變得精明，察覺何時不該提及敏感話題、知道某人需要獨處，或者他們何時需要安慰的話語。

一雙對細微暗示訓練有素的眼睛，可以提供許多人生競技場上的優勢。以壁球和網球之類的運動為例，頂級的球員透過注意對手打球時微妙的姿勢變化，就可以知道球將落在何處。許多棒球的偉大打擊者，例如漢克·阿倫（Hank Aaron），會一遍又一遍地觀看他們下一場比賽要迎戰的投手的影片，藉此找出明顯的暗示，透露下一球究竟是好球還是壞球。

卡內基梅隆大學人類與電腦互動研究所所長賈絲廷·卡斯爾（Justine Cassell），為了科學研究應用一種類似而訓練有素的同理心。「在我家，觀察人們是我們從小玩的遊戲，」卡斯爾告訴我。童年的癖好到她成為研究生後進一步發揚光大，她找了一些錄影帶，內容是人們比手畫腳描述剛剛看過的卡通，她花了數百個小時研究那些人手部的動作。

將錄影帶改成每秒三十張的切圖後，她會標註手部形狀的改變、會往哪邊移動、在空間中的位置，以及移動的軌跡。為了核對準確度，她會回到她的筆記查看自己是否精確地重現手部的移動。

卡斯爾最近開展了類似工作，包括臉部肌肉的微小運動、眼睛注視、挑眉和點頭，所有都是一秒接一秒的記錄與核對。她已經進行了數百個小時——目前與她的研究生在卡內基梅隆大學的實驗室。

「在你的談話中，要說出最強調的部分之前，總是會出現某些動作，」卡斯爾告訴我。「為什麼有些政客看起來缺乏誠意，原因之一是有人教他們使用特定動作，但卻沒有人教他們正確的使用時機。所以當他們做出這些動作時，總是讓人覺得有點假。」

做出某些姿態的時機，會解釋其中的含意。如果你的時機不對，一份正面的聲明可能反而有負面效應。卡斯爾舉了以下例子：「如果你說『她是這份工作的不二人選』，同時揚眉、點頭，並且在說『不二人選』的時候一起做這些動作，那麼你發出的是一個非常正面的情緒訊號。但如果你在說完『不二人選』後短暫沉默，接著才點頭、揚眉，那你就把情緒含意變成嘲諷了——你真正的意思是，她其實沒有那麼棒。」

這類以非言語的管道解讀後設訊息（meta-messages），會持續不斷地、無意識地、自發性地發生在我們身上。「當某人告訴我們一些事情時，我們『無法不』解讀其意義，」卡斯爾說，不論是透過言語或僅僅是動作，或兩者皆有。當我們注意另一人的時候，在無意識的層次上會產生若干意義，同時我們由下而上的神經迴路會持續不斷地解讀其中含意。

在一項研究中，聽眾記住他們「聽見」的訊息，但只能看見講者的動作。例如某人聽到的訊息是「那個人從輸送管的底部走上來了」，但當他看見講者單手握拳並上下跳躍著，就會說他聽見的是「那個人又從樓梯走下去了」。[1]

卡斯爾的工作讓驚鴻一瞥的細微動作變得可見。我們自發性的神經迴路接收了這些訊息，但由上而下的意識卻錯過幾乎全部的訊息。

這些隱藏的訊息有著重大影響。例如，婚姻生活的研究者長久以來都知道，如果夫婦中一方在起衝突的期間，反覆地在臉部表情中出現轉瞬即逝的厭惡或輕蔑，那麼兩人要復合的機率是微乎其微的。[2]在心理治療中，如果治療師和當事人能同步移動，治療的結果可能會比較理想。[3]

當卡斯爾還是麻省理工學院媒體實驗室的教授時，她將這種針對人們如何表達自己的極精確分析用來開發一種系統，可以在非言語行為藝術上引導專業動畫師。這種被稱為「行為表情動畫工具」（Behavior Expression Animation Toolkit，簡稱BEAT）的系統，可以讓動畫師輸入一段對話，然後自動傳回一位栩栩如生的卡通人物，帶著正確的姿態，包括頭部和眼睛的移動與四肢的形態；再經過動畫師調整後就具有藝術價值了。[4]

將虛擬演員的談吐、聲調、姿態做到恰到好處的「感覺」，似乎需要由上而下的系統領會由下而上的程序。近來卡斯爾正在打造類似的動畫片，她說，動畫裡的孩子是「扮演小學生的虛擬同學，使用社交技巧建立融洽的關係，然後運用這種關係來幫助學習」。

當我們在會議的休息時間一起喝咖啡時，卡斯爾解釋用數百個小時分析非言語訊息的經驗，是如何讓她的靈敏度更精確。「現在當我和任何人在一起的時候，我會自發性地追蹤這些訊號，」她告訴我——此時我承認，這讓我有點難為情（當我意識到她可能也注意到這點的時候更是如此）。

---

1 Justine Cassell et al., "Speech-Gesture Mismatches: Evidence for One Underlying Representation of Linguistic and Nonlinguistic Information," ***Pragmatics & Cognition*** 7, no. 1 (1999): 1-34.

2 婚姻衝突中的臉部表情已經被「特定情緒編碼系統」（Specific Affect Coding System，簡稱SPAFF）編碼完成，可準確預測未來四年內分居的月份數。特別是稍縱即逝的輕蔑臉部表情，似乎有高度的預測能力。John Gottman et al., "Facial Expressions During Marital Conflict," ***Journal of Family Conflict*** 1, no. 1 (2001): 37-57.

3 F. Ramseyer and W. Tschacher, "Nonverbal Synchrony in Psychotherapy: Relationship Quality and Outcome Are Reflected by Coordinated Body-Movement." ***Journal of Consulting and Clinical Psychology*** 79 (2011): 284-95.

4 Justine Cassell et al., "BEAT: The Behavior Expression Animation Toolkit," ***Proceedings of SIGGRAPH '01***, August 12-17, 2001, Los Angeles, pp. 477-86.

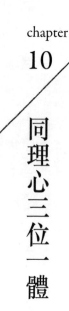

chapter 10 同理心三位一體

情緒信號的超級敏感解讀能力，代表認知的同理心（cognitive empathy）達到巔峰，此種同理心是專注於他人感受的三種主要能力之一。[1] 認知的同理心讓我們從他人的觀點理解其心理狀態，同時在我們思考他人的情況時，也藉此管理我們自己的情緒。這些可以是由上而下的心智運作。[2]

對照之下，情緒的同理心（emotional empathy）是讓我們以心有同感的方式加入他人；不論他人經歷的是快樂或悲傷，我們的身體也隨之共鳴。這樣的協調往往是透過自動自發的——由下而上的——大腦神經迴路。

雖然認知或情緒的同理心意味著我們認知另一個人的想法並與之共鳴，但不一定會導致我們同情或關心另一個人的福祉。第三種同理關懷（empathic concern）則更進一步：引領我們關心他們。如果需要的話，會動員我們幫助他們。這種有同情心的態度，建立於由下而上的原始系統，附著於腦海深處。雖然這些感覺會與較具反思性的、負責評估我們有多重視他人福祉的由上而下神經迴路混合在一起。

我們同理心神經迴路的設計，是為了面對面的時刻。但如今人們在網路上一起工作，將是對同理心的特殊挑戰。例如，會議中很熟悉的場景是當每個人都達成無需明言的共識時，突然有人大聲發表所有人都已經知道的事，他沒有說「好了，我們都同意這一點」，可是大家都點頭了。

因為缺乏面對面會議中一連串足以讓某人宣布眾人共識的非言語訊息，若要在以文字為基礎的線上討論達成共識，只能盲目飛行了。我們只在人們有話要說的時候，才能讀到對方的文字並以此作為判斷依據。此外還有字裡行間的解讀問題：在網路上我們仰賴的是

---

1 三種同理心都有自己的神經元建構單元（neural building block）與發展過程。所有同理心的面向都描繪在巨大陣列的大腦結構上。Jean Decety, "The Neurodevelopment of Empathy," *Developmental Neuroscience* 32 (2010): 257-67.

2 每種同理心的神經迴路之細節，請參閱 Ezequiel Gleichgerrcht and Jean Decety, "The Costs of Empathy Among Health Professionals," in Jean Decety, ed., *Empathy: From Bench to Bedside* (Cambridge, MA: MIT Press, 2012)。

認知的同理心，這種讀取心理的方式只能讓我們推論別人心裡在想什麼。

認知的同理心讓我們有能力了解他人的觀點與思考方式。透過別人的眼光來看事情、按照他們的方式思考，可以幫你選擇適當的措辭以符合他們的理解模式。

此種能力，如認知科學家所形容的，需要「額外的計算機制」：我們必須去思考「感覺」。賈絲廷．卡斯爾的研究人員在他們的工作中例行性地使用認知的同理心。

由於人類追根究柢的天性，不但事先安排我們向每個人學習的動力，同時滿足我們認知的同理心，也擴大我們對他人世界的了解。一位成功的主管為這種態度做見證，他描述道：「我就是永遠都想知道每件事，想去了解我周遭的每一個人──為什麼他們那樣思考自己所做的事？為什麼他們要做那些事？什麼奏效了？什麼失敗了？」[3]

人生中這種換位思考的最早根源，可追溯至嬰兒學習情緒生活的基本架構，例如他們自己的狀態與別人的狀態有什麼不同，以及別人對他們表達的感覺有何反應。這種對於最基本情緒的了解，顯示嬰兒能以另一人的看法考慮幾種不同的觀點，與他人分享心意。

到了二、三歲時，初學走路的小孩能用言語表達感受，也能指稱一張臉孔是「快樂」還是「悲傷」。再過約一年左右，孩子們會意識到，一個小孩如何看待某些事件將決定其他孩子會有什麼反應。到了青春期，精確地解讀一個人的感受，從他人的觀點觀察的能力變得更強，也為他們未來的社交互動更平順地鋪好路。

德國萊比錫人類認知與大腦科學的麥克司普拉克學院（Max Planck Institute）社會神經科學部主任坦妮亞・辛格（Tania Singer），研究同理心與述情障礙——很難了解自己的感受，也無法將其感受用言語表達——中的自我覺察。「你必須先了解自己的感受，才能了解他人的感受，」她說。

讓我們思考自身想法與感覺的執行神經迴路，讓我們應用同樣的推論在他人的心理上。「心智理論」（theory of mind）認為，了解別人有其感覺、慾望、動機，讓我們思考別人可能在想什麼以及想要什麼。此種認知的同理心與執行的注意力分享神經迴路；這種能力在二至五歲間初次開始發展，然後持續發展到十多歲。

同理心

新墨西哥州監獄一位肌肉發達的囚犯接受一位心理學學生的訪問。由於這位囚犯太過危險，因此獄方為訪問者準備了一個按鈕，如果狀況失控就按下按鈕。這位囚犯以圖畫詳

---

3 Alan Mulally, CEO Ford Motor Company, quoted in Adam Bryant, *The Corner Office* (New York: Times Books, 2011), p. 14.

細地告訴心理學學生他如何以令人震驚的手法殺死他的女朋友——但他是以非常迷人的方式述說他殺人的過程，使這位學生很難不跟著他發出笑聲。

大約有三分之一專業人士的工作必須訪問犯罪的社會病態者（sociopaths），例如謀殺犯的報告會讓他們起雞皮疙瘩。這種毛骨悚然的感覺，會讓某些人想到這代表著觸發一種原始的防禦性同理心（primitive defensive empathy）。[4]

當有人利用認知的同理心去找出別人的弱點，並藉此占他人便宜時，認知的同理心之黑暗面就此浮現。這種策略以社會病態者為典型的例子：他們利用認知的同理心操縱別人。他們感覺不到焦慮，因此處罰的威脅無法嚇阻他們。[5]

關於社會病態者的經典分析作品，首推一九四一年由赫維．克雷利（Hervey M. Cleckley）所著的《清醒的面具》（*The Mask of Sanity*）。克雷利描述這種人在「完美模仿正常人的情緒、良佳的智慧、社會責任」的背後，隱藏了「不負責任的人格特質」。[6]這個不負責任的部分，以病態的說謊史、以寄生蟲模式仰賴他人生活等方式浮現。其他更顯著的指標顯示注意力的缺失，例如厭煩性的注意力渙散、不良的衝動控制、同時缺乏情緒的同理心或不同情其他遭逢不幸的人。

社會病態者被認為約占所有人口的一％。如果這個比例是正確的，那麼工作職場中潛藏了數百萬臨床醫生所稱的「成功的社會病態者」（鋃鐺入獄的馬多夫〔Bernie Madoff〕算是失敗案例）。社會病態者與他們的近親「馬基維利人格」（Machiavellian personalities）一樣，能解讀他人的情緒，但他們大腦內記錄臉部表情的位置，跟我們其他人不一樣。

不同於一般人將情緒記錄在大腦邊緣系統的中心，社會病態者的情緒活動位於額葉區，特別是在語言中心。他們告知自己相關的情緒，但與一般人不同，他們不直接感受情緒；一般人是以由下而上的系統處理情緒反應，社會病態者是透過由上而下的系統「感覺」情緒。[7]

這點顯然令人害怕——不論犯罪將帶來多嚴重的處罰，社會病態者似乎毫不恐懼。有一種理論認為，由於他們特別缺乏對衝動的認知控制，相當於一種注意力缺失，將使他們

4 John Seabrook, "Suffering Souls," *New Yorker*, November 10, 2008.

5「同理心的殘酷」（empathic cruelty）發生於當某人在大腦中鏡射他人的不幸，但同時也在痛苦中享受愉悅。D. de Quervain et al., "The Neural Basis of Altruistic Punishment," *Science* 305 (2004): 1254-58.

6 Cleckley quoted in Seabrook, "Suffering Souls."

7 在社會病態者身上，情緒與認知的處理是脫節的，例如請見 Kent Kiehl et al., "Limbic Abnormalities in Affective Processing by Criminal Psychopaths as Revealed by Functional Magnetic Resonance Imaging," *Biological Psychiatry* 50 (2001): 677-84; Niels Bribaumer et al., "Deficient Fear Conditioning in Psychopathy," *Archives of General Psychiatry* 62 (2005): 799-805。

專注於當下的激動，並且會遮蔽他們，讓他們看不見自己所作所為的後果。[8]

情緒性的同理心：我感覺到你的痛苦

「這部機器能拯救生命」是一則廣告的吹噓之詞。內容在一家醫院的場景中，有一部裝了輪子的平台，上面有一台影像監視器與鍵盤，還有裝著血壓計等器具的架子。

有天我去見一位醫生時，親身體驗了這一部「拯救生命」的機器。當我坐在一張桌子旁量血壓時，這個平台被塞進我的右側，而且是在我的背後。護士站在我身邊，她面對影像監視器——不是對著我。當她得到我的血壓讀數時，機械化地閱讀電腦螢幕上一系列健康現況的問題，然後輸入我的答案。

我們的眼神從頭到尾都沒有接觸，除了她在離開房間時說「很高興見到你」（考慮當時的狀況，真是相當諷刺）。

如果我們曾經有機會的話，「將會」很高興見到她。缺乏眼神接觸，變成無名氏的相遇，將情緒的連結完全抽乾。那種缺乏溫暖的感覺，就好像我（或她）是科幻片中的機器人。

我不是唯一有這種感受的人。針對醫學院的研究報告發現，如果一位醫生會看著你的眼睛，當他聆聽病情時會點頭，如果你感到痛苦時他會輕觸你，並問你像是在檢查時夠不夠溫暖的問題，那這位醫生就會得到病人的高度評價。如果他只是看著他的記錄板或電腦螢幕，評價就會很低。[9]

雖然那位護士對我可能有一些認知的同理心，但她不太可能跟我有同樣的感覺。情緒的同理心可以感受他人的感覺，同時關心他人，這點源自人類遠古以來的演化過程；我們與其他哺乳動物都有這種神經迴路，對幼兒碰到麻煩的信號都必須保持敏銳的注意。情緒的同理心是以由下而上的方式運作——大部分直接感受他人感覺的神經線路，都位於大腦古老部分的皮質下，這部分「想得快」，但並不深入。[10]這些神經迴路喚醒我們身體本身的情緒狀態以獲得他人的情緒狀態，進而使我們能與他人有相同的感覺。

---

8 Joseph Newman et al., "Delay of Gratification in Psychopathic and Nonpsychopathic Offenders," *Journal of Abnormal Psychology* 101, no. 4 (1992): 630-36.

9 See, e.g., Loren Dyck, "Resonance and Dissonance in Professional Helping Relationships at the Dyadic Level" (Ph.D. diss., Department of Organizational Behavior, Case Western Reserve University, May 2010).

10 情緒的同理心，其神經線路包括杏仁核、下視丘（hypothalamus）、海馬體及前額腦區底部（orbitofrontal cortex）。情緒的同理心與其他同理心的神經，細節請見Decety, "The Neurodevelopment of Empathy"。

以傾聽一個引人入勝的故事為例。大腦的研究報告顯示，當人們傾聽某人述說這種故事時，聽故事者的大腦會與說故事者的大腦緊密地接在一起。聽故事者的大腦模式精確地模仿說故事者的大腦模式，但會落後一至兩秒。雙方大腦神經緊密重疊的程度愈高，聽故事的人就愈了解故事的內容。[11]同時理解程度最佳者的大腦——那些完全專注與理解最深入的人——出現讓人意外的情況：他們大腦活動的特定模式，因為「預期」故事的發展而領先說故事的人一至兩秒。

兩人之間和諧一致的要素從完全相同的專注開始，導致雙方身體無意識的同步，進而產生良好的感受。這種共同的專注可以讓老師把學生的大腦推至最佳的學習模式，曾設法讓全班注意聽課的老師都很清楚，一旦所有學生都安靜下來專心一致時，他們才能開始理解歷史或數學的課程。

情緒的同理心使用的神經迴路在幼兒初期就開始運作，這是我們與他人共鳴的初次嘗試。在大腦發育時，我們的神經線路讓我們先感覺別人的快樂或痛苦，然後才思考這些事。鏡像神經元系統（mirror neuron system）是此種共鳴的部分神經線路（但絕不是唯一的線路），早在人類六個月大的時候就開始運作。[12]

同情心仰賴的是注意力的一種肌肉：要與他人的感覺協調一致，我們必須取得臉部、聲音，以及他們情緒的其他訊號。前扣帶皮質是注意力網路的一部分，當我們注意到別人的痛苦時，前扣帶皮質會透過刺激我們的杏仁核——杏仁核與他人的痛苦共鳴——使我們與他人的痛苦協調一致。從這個角度來看，情緒的同理心是被「具體表達」的——我們在自己的生理上實際感覺到別人的身體發生了什麼事。

當自願參加實驗者看到另一人被電擊而痛苦時，他們的大腦影像顯示其痛苦神經迴路跟著發亮，相當於神經模仿另一個人的痛苦。[13]

坦妮亞．辛格發現我們是透過前腦島——這也是我們感覺自身痛苦的區域——對他人的痛苦產生同理心。因此，當我們的大腦運用解讀我們自身感覺狀態的相同系統，來解讀

---

11 Greg J. Stephens et al., "Speaker-Listener Neural Coupling Underlies Successful Communication," *Proceedings of the National Academy of Sciences* 107, no. 32 (2010): 14425-30.

12 大腦社交的神經迴路讀取他人的情緒、意向與行動，同時啟動我們大腦中的相同區域，讓我們的內心感知他人的感受。伴隨著鏡像神經元，腹內側前額皮質之類的神經迴路是關鍵。見Jean Decety, "To What Extent Is the Experience of Empathy Mediated by Shared Neural Circuits?" *Emotion Review* 2, no. 3 (2010): 204-207。在研究數百位觀賞痛苦片段的人之後，迪瑟第發現大腦如何反應並無性別差異，但在社交回應上有重大區別：女性將自己評為遠較男性更具同理心。

13 P. L. Jackson et al., "To What Extent Do We Share the Pain of Others? Insight from the Neural Bases of Pain Empathy," *Pain* 125 (2006): 5-9.

他人的感覺時，我們是先在自身感覺他人的情緒。[14]我們有一種能力，能偵測我們發自內心深處的感覺，同理心就是建立在這種能力上。

同步性也是相同的道理，是我們如何行動與做了什麼的非言語協調，象徵融洽的互動。你可以從爵士樂手身上發現這種現象，他們永遠不會排演完全相同的內容，但他們就是知道什麼時候該移到舞台中央，什麼時候該退居背景。在比較爵士樂手與古典音樂家的大腦功能時，爵士樂手會顯現更多自我覺察的神經指示。[15]如一位爵士樂手所形容：「在爵士樂中，你必須與目前身體的感受一致，所以你知道什麼時候該迅速擺動身體。」

大腦真正的設計是在同一個蔓延的神經網路系統中，透過聚集我們所取得的有關自身與他人之資訊，整合自我覺察和同理心。聰明的部分：當我們的鏡像神經元與其他的社交神經迴路在我們的大腦與身體中重新創造他人發生的事時，我們的腦島會彙整所有東西，同理心帶來的是自我覺察的行為：透過協調自己與他人一致，是我們解讀別人的方式。

例如VENs神經細胞。還記得嗎？這些獨特的大腦細胞是自我覺察不可或缺的。但這些細胞是位於啟動生氣、悲傷、愛、色慾的地區，以及一些溫柔的時刻，像是母親聽到寶寶的哭聲或聽到鍾愛之人的聲音。當這些神經迴路給某事件加上顯著的標籤時，它們會指引我們的注意力到該事件上。

這些紡錘形的細胞可以讓前額葉皮質與腦島——在反省與產生同理心時最活躍的地

區——之間進行超級快速的連結。這些神經迴路監視我們人際領域中與我們切身相關的事物，其運作極為迅速，使我們能在彈指間反應。供注意力使用的大腦基本神經迴路，與社交敏銳度、了解他人體驗以及他們如何看待事物——簡單的說，就是同理心——所使用的神經迴路相互交織。[16]這種大腦中的社交超級高速公路，讓我們理解並反思、管理我們自身及他人的情緒。

14 辛格發現，當前額腦區底部的另一種神經迴路回應令人愉快的感覺（像是來自某人的輕觸）時，腦島會記錄疼痛、痛苦與負面的效應。Tania Singer et al., "A Common Role of Insula in Feelings, Empathy and Uncertainty," *Trends in Cognitive Sciences* 13, no. 8 (2009): 334-40; C. Lamm and T. Singer, "The Role of Anterior Insular Cortex in Social Emotions," *Brain Structure & Function* 241, nos. 5-6 (2010): 579-91.

15 C. J. Limb et al., "Neural Substrates of Spontaneous Musical Performance: An fMRI Study of Jazz Improvisation," *PLoS ONE* 3, no. 2 (2008).

16 Jean Decety and Claus Lamm, "The Role of the Right Temporoparietal Junction in Social Interaction: How Low-Level Computational Processes Contribute to Meta-Cognition," *Neuroscientist* 13, no. 6 (2007): 580-93.

同理關懷：我在這裡幫助你

一個女人步履蹣跚地走進外科等待室，鮮血從她身上看得見的每一個洞向外滲出。醫護人員瞬間飛快地緊急處理，他們急忙將這個女人移至治療室止血，打電話叫救護車，同時取消當天其他病人的預約門診。

已經在現場等待的病人當然都了解這個女子悲慘地需要治療，遠超過他們自身的需要。所有人幾乎都這麼想，除了某一位病人。她因為預約被取消而生氣，突然向接待員大聲吼叫：「我向公司請了一天假來看病！你們竟敢取消我（的預約）！」

告訴我這個故事的外科醫生說，在他的執業生涯中，這種對他人受難與需要漠不關心的情況愈來愈普遍。在他所在的那一州，全體外科醫生的某次集會甚至以此作為討論的議題。

在《聖經》「好撒馬利亞人的比喻」中，有個人停下來幫助一位陌生人，這位陌生人遭到毆打與搶劫，痛苦地躺在路邊。曾有另外兩人看到這位受傷的人，由於擔心自身安危，於是繞過他，走另一邊的道路離去。

馬丁．路德．金恩（Martin Luther King Jr.）指出，那些未伸出援手的人是自問：「如果我停下來幫助這個人，我會發生什麼事？」

但好撒馬利亞人將這個問題倒了過來：「如果我沒有停下來幫助這個人，『他』會發生什麼事？」

同情是建立在同理心之上，而同理心需要對他人的關注。如果我們自以為是，代表我們不注意別人；對他人的困境就會完全漠不關心地一走了之。不過一旦我們注意到別人，我們就能知道更多，感受他們的感覺與需求，同時依據我們的關心行動。

你希望從醫生、上司、配偶（不必提及你自己）得到的是同理關懷，這種關心來自為人父母的大腦神經基質（neural substrates）結構。在哺乳動物中，這種神經迴路會強迫關注並關心嬰兒與年幼的一代，因為失去雙親，他們是無法生存的。[17]當有人帶著一個可愛的嬰兒進入房間，只要觀察人們的眼睛轉向何處，你就可以看到哺乳動物關心的大腦中心立即一躍而出開始行動。

同理關懷第一次出現在嬰兒期早期：當嬰兒聽到另一名嬰兒的哭聲，就會開始跟著哭。這種反應是由杏仁核引發，因為杏仁核是大腦偵測危險的雷達（也是正面與負面的原始情緒所在）。有一種神經理論主張，當嬰兒聽到哭聲而同感悲傷與沮喪時，杏仁核就會

---

17 Jean Decety, presentation to the Consortium for Research on Emotional Intelligence in Organizations, Cambridge, MA: May 6, 2011.

驅動嬰兒大腦由下而上的系統。與此同時，由上而下的系統分泌催產素（oxytocin），這是一種為了關心而釋出的化學物質，會刺激第二位嬰兒關心與善意的原始感覺。[18]

然而同理關懷是一種正反兩面的感覺。一方面有一人直接感受到另一人的不幸，帶來一種隱含的不舒服，結合了類似父母對子女的關心。同時我們也將之加入我們關心本能的某種社交方程式，藉此權衡我們有多重視他人的福祉。

將這種由下而上／由上而下做適當的混合，具有重大的含意。那些將同情的感覺刺激得太強烈的人，可能會使自己痛苦——在醫療保健的專業裡，有時會導致情緒耗竭（emotional exhaustion）與悲憫疲憊（compassion fatigue）。同時，那些透過緩和感覺以防止自己產生同情悲痛者，可能會完全喪失同理心。同理關懷的正確神經途徑是由上而下管理個人的不幸，同時也不至於讓我們對他人的痛苦麻木不仁。

當自願參與實驗者聽到有關他人肉體受苦的故事時，大腦掃描顯示他們本身感受痛苦的大腦中心會立即點亮。但這個故事如果是關於心理上的痛苦，就需要較長時間才會啟動涉及同理關懷與同情的較高大腦中樞。如我們的研究團隊所形容，需要時間述說「某種情況下的心理與道德層面」。

道德情操是從同理心衍生而來，而且道德省思需要思考與專注。有些人士擔心，我們現今面對嚴重的分心，其代價之一就是同理心與同情的瓦解消逝。[19]我們分心的愈嚴重，愈無法展現同理心與同情。

反射性地察覺別人的痛苦會吸引我們的專注——表達痛苦是一種重要的生物信號，目的在喚起同類的幫助。即使是恆河猴也不會拉起一條鏈子以取得香蕉，如果這麼做會讓另一隻恆河猴受到電擊（或許這就是禮貌的根源）。

不過還是有例外。其中一種是如果我們不喜歡痛苦中的那個人，痛苦的同理心就會停止。例如，如果我們認為那個人不正直，或那人是我們不喜歡的人之中的一份子，[20]那痛苦的同理心就會很輕易地變成相反的情況，一種「幸災樂禍」（schadenfreude）的感覺。[21]

---

18 Sharee Light and Carolyn Zahn-Waxler, "The Nature and Forms of Empathy in the First Years of Life," in Decety, ed., *Empathy: From Bench to Bedside*.

19 See, e.g., Carr, *The Shallows*.

20 C. Daniel Batson et al., "An Additional Antecedent to Empathic Concern: Valuing the Welfare of the Person in Need," *Journal of Personality and Social Psychology* 93, no. 1 (2007): 65-74. Also, Grit Hein et al., "Neural Responses to Ingroup and Outgroup Members' Suffering Predict Individual Differences in Costly Helping," *Neuron* 68, no. 1 (2010): 149-60.

21 研究對象目擊他人在金錢遊戲以不公平的方式獲利或外團體（outgroup）成員受苦，但在前腦島皮質（anterior insula cortex）、前扣帶皮質並未顯示慣常的同理心反應，反而在伏隔核（nucleus accumbens）顯示上升的啟動現象，此區域與處理獎勵有關。Tania Singer et al., "Empathic Neural Responses Are Modulated by the Perceived Fairness of Others," *Nature* 439 (2006): 466-69.

當資源嚴重缺乏需要競爭才能取得時，有時可能壓抑同理關懷，且競爭幾乎是任何社會團體生活的一部分，不論是食物、交配對象、權力，或與醫生預約。

另外一種例外是可以了解的：當某人的痛苦有很好的理由時——例如當某人接受有幫助的醫療時——我們的大腦比較不會與這個人的痛苦產生共鳴。最後，我們的專注也有關係：如果我們愈注意痛苦的強度，我們情緒的同理心就會增強，當我們愈不注意的時候就會減輕。

撇開這些限制，當我們只用我們的安慰、以關懷的態度親臨現場來幫助他人平靜下來，一種微妙的關心形式就會出現。研究顯示，只要心愛的人出現，就有一種止痛的作用，讓大腦裡記錄痛苦的中心安靜下來。最值得注意的是，在現場陪伴痛苦者的人愈有同理心，平靜的效果愈大。22

同理心的平衡

「你知道，當你在乳房發現一個腫瘤，你會覺得——嗯，有點……」病人說著。逐漸停止她的話。她低下頭，淚水在眼眶中打轉。

「妳什麼時候確實發現腫瘤的？」她的醫生溫柔地問。

病人心不在焉地回答：「我不知道。有一陣子了。」

醫生：「這聽起來令人恐懼。」

病人：「嗯，是的，有一點。」

醫生：「有點可怕嗎？」

病人：「是啊，我想我的感覺像是生命已經結束。」

醫生：「我懂。也會擔心和難過。」

病人：「就是這樣，醫生。」

相較之下，在病人流淚哭訴乳房的腫瘤後，另一位醫生迅速地透過一張與個人無關的核對清單，詢問病人詳細的臨床問題——但都與她流淚的感覺沒有什麼關係。

第二個場景中的病人在離開時，可能會覺得沒人聽她說話，也沒有得到關心。然而在第一個場景，在獲得較多同理心的互動後——雖然病情同樣不幸——但會有比較好的感覺：有人了解，也有人關心。

這兩種場景的重大差異，是在一篇論文中用以說明醫生該如何建立對病人的同理

---

22 Chiara Sambo et al., "Knowing You Care: Effects of Perceived Empathy and Attachment Style on Pain Perception," *Pain* 151, no. 3 (2010): 687-93.

心。[23]這篇論文的標題是建立同理心的用語〈讓我看看這樣對不對……〉（Let me see if I have this right...），主張只要花一點時間專注於病人對其病症的感覺，就可以建立情緒上的連結。「不聽病人說話」是病人對醫生抱怨名單上的前幾名。就醫生的部分而言，許多醫生抱怨他們沒有充足的時間與病人相處，使他們在人性方面的互動確有不足之處。而且當醫生與病人會談時使用電腦鍵盤記錄——規定必須保存數位紀錄——更提高了醫生與病人接觸的障礙，結果醫生不是與病人親密交談，而是與電腦融為一體。

然而許多醫生表示，與病人共處的個人時刻，是他們一天的工作中最令人滿足的部分。這種醫病之間的和諧關係，大大增加診斷的精確度以及病人有無遵守醫生指示，同時也提高了病人的滿意度與忠誠度。

「同理心，是與病人連結的能力——從深層的角度而論，就是傾聽、專注——位居醫術的核心。」

在美國被控不當醫療的醫生，大多數犯的醫療錯誤並未高於那些沒有被控告的醫生。研究報告顯示，主要的差別通常在於醫病關係的過程。被控告的醫生，與病人之間情緒和諧的各種跡象較少：他們探視病人的時間較短、未詢問病人的擔憂，或確定病人的問題都有得到回答，同時雙方的情感距離較遠——例如笑聲較少或完全沒有笑聲。[24]

但專注於病人的不幸，可能會對醫生給予完美的技術性照護帶來特殊的挑戰——例如雖然病人極度痛苦，醫生仍然必須敏銳地專心進行完美的醫療程序。

當我們看到某人正在痛苦，或當我們看見任何讓我們反感的事物：「那裡太可怕了——我應該離開那裡」是最原始的想法。通常當人們看到他人被針刺痛，他們的大腦會發射一個信號，指出他們自身的痛苦中心也回應了那種痛苦。

但醫生不會。芝加哥大學心理學與精神病學教授珍·迪瑟第（Jean Decety）領導的一項研究發現，醫生的大腦在阻隔對他人的疼痛與不適之自發性反應是獨一無二的。[25]此種注意力的麻醉劑（attentional anesthetic）似乎部署在顳頂接點（temporal parietal junction，簡稱ＴＰＪ）與前額葉皮質區域，是透過阻隔情緒來增強注意力集中的神經迴路。ＴＰＪ透過將情緒以及其他令人分心的事物阻隔在外而保護專注力，同時幫自己與他人保持距離。

---

23 John Couhelan et al., "'Let Me See If I Have This Right...': Words That Build Empathy," *Annals of Internal Medicine* 135, no. 3 (2001): 221-27.

24 See, e.g., W. Levinson et al., "Physician-Patient Communication: The Relationship with Malpractice Claims Among Primary Care Physicians and Surgeons," *Journal of the American Medical Association* 277 (1997): 553-69.

25 Jean Decety et al., "Physicians Down-Regulate Their Pain-Empathy Response: An ERP Study," *Neuroimage* 50, no. 4 (2010): 1676-82.

TPJ的機動操作可以隔離大腦與情緒經歷的沖激——這是使一個人的大腦在情緒紊亂之際維持冷靜理性的基礎。轉變進TPJ模式可以創造一道界限，使你不受情緒感染的影響，將大腦從專注於他人的情緒影響中釋放出來。

有時這是一種決定性的優勢：當你四周的人紛紛崩潰之際，你能保持冷靜與注意力集中。但有時這並非優勢：這可能意味著你與他人的情緒暗示不能協調一致，使你喪失了同理心的線索。

這種減輕情緒的捲入，對某人必須在一些令人畏懼的醫療程序——眼球注射、縫合血腥的傷口、用解剖刀劈開活人的肉體——中保持專注有明顯的好處。

「我是海地地震第一批抵達現場的醫療團成員——我們在前幾天內就到了，」馬克・海曼（Mark Hyman）醫生告訴我。「當我們到了太子港的一個醫院，這家醫院奇蹟般完好如初，但沒有食物、沒有水、沒有電力，幾乎沒有任何供給用品，只有一、兩位醫院的工作人員。數以百具的屍體在陽光下腐爛、堆積在醫院停屍間、被裝上卡車送到萬人塚。庭院裡大約有一千五百人急需幫助——雙腿幾乎全斷的、身體被切掉近半截的。這些都是外傷。但我們要立刻工作，同時專注於我們能做什麼。」

當我與海曼醫生談話時，他才剛從印度和不丹回來幾個星期，因為他又自願帶醫療團去幫助有需要的病人。「服務的行為使你能超越周圍所有的痛苦，」海曼醫生說。「在海地，當下完全是超現實的。這麼說很不可思議，但處在所有的混亂中，有一種沉著與冷靜——甚至祥和與清徹——的層次。除了我們正在做的事，所有的事物都離我們遠去。」

ＴＰＪ的反應似乎不是與生俱來的，而是後天學到的。醫學院的學生在進入這個職業的社會化過程中學到了這種反應，因為他們被迫與病人接觸。同理心太高的代價，是各種擾亂與侵入性的想法，會與醫療所需的專注相互競爭。

「如果你在那種情況下什麼事也做不了，」海曼醫生述說海地的情景，「你就癱瘓了。有時你四周的創傷與疼痛會在你疲勞、中暑、飢餓的時刻突破你的防線。但大多數時候，我的心智將我推入一種狀態，雖然周遭恐怖萬分，但我還是能正常運作。」

醫學實習之父威廉·奧斯勒（William Osler）於一九〇四年寫道，醫生必須能跳脫分離，因而「當他看到可怕的景象時，他的血管不會緊縮，心跳維持穩定」。[26] 奧斯勒建議醫生要有一種「分離式的關懷」（detached concern）態度。

這可以只是減輕情緒的同理心——但實務上有時會導致同理心的完全封鎖。對醫生而言，每日醫療工作的挑戰，是當他對病人的感受與體驗維持開放的同時，還能保持冷靜的專注力，同時讓他的病人知道他了解與關心。

---

26 William Osler quoted in Decety, ed., *Empathy: From Bench to Bedside*, p. 230.

當病人不遵循醫囑時，醫療保健就會失敗；在醫生為病人開的處方藥中，大約有一半的藥品病人都沒有服用。病人是否遵照醫生指示最有效的預測指標，在於病人感覺醫生是否真的關懷他們。[27]最近一週內，兩位大型醫學院的院長分別告訴我他們面臨錄取學生的兩難局面：如何找出哪些人對他們的病人會有同理關懷。

負責領導TPJ與病人痛苦研究的芝加哥大學神經生物學家珍・迪瑟第形容得最特別：「我希望在我痛苦時，我的醫生能看著我、能在場、能跟病人在一起。具有同理心，但不要對我的痛苦過於敏感，而能將我的病痛治好。」

建立同理心

在一項調查中，約有一半的年輕醫生說他們對病人的同理心在實習過程中下降（只有約三分之一說是上升）。[28]對許多醫生而言，喪失這種連結病人的技巧，一直持續到執業以後。這點讓我們回到TPJ，這種神經迴路會在醫生看到某人疼痛時抑制醫生的生理反應，幫醫生冷靜下來並保持頭腦清楚，使醫生能找出病人的病因。

這種從痛苦中脫出的緩衝器，可能有助於住院醫師學習在病人身上進行令人痛苦的醫療程序。但一旦他們學會了，減少身體的共鳴似乎變成自發性的行為，或許是以一般較普通的同理心為代價。

然而同情性的關心（compassionate care）具體表達醫學的核心價值；提升同理心是各醫學院強制學習的目標之一。雖然極少數的醫學院明確地教導同理心的技巧，但目前神經科學揭露了在神經迴路之下，一些設計良好的指導課程可以增強這種人性技巧。

這是麻省總醫院海倫・黎斯（Helen Riess）博士的期許。這所醫院是哈佛醫學院的教學醫院，麻省總醫院同理心與關係科學計畫主任黎斯博士為了提升住院與實習醫生的同理心，設計了一個教育計畫，可顯著改善病人對其醫生同理心的感覺。[29]

在醫學院的標準模式裡，這種訓練的一部分是純粹學術性的，使用醫生了解並尊敬的語言來審視同理心的神經科學。[30]一系列的錄影帶顯示，當醫生很難與病人相處時——例

27 Jodi Halpern, "Clinical Empathy in Medical Care," ibid.

28 M. Hojat et al., "The Devil Is in the Third Year: A Longitudinal Study of Erosion of Empathy in Medical School," *Academic Medicine* 84, no. 9 (2009): 1182-91.

29 Helen Riess et al., "Empathy Training for Resident Physicians: A Randomized Controlled Trial of a Neuroscience-Informed Curriculum," *Journal of General Internal Medicine* 27, no. 10 (2012): 1280-86.

30 Helen Riess, "Empathy in Medicine: A Neurobiological Perspective," *Journal of the American Medical Association* 304, no. 14 (2010): 1604-1605.

如醫生傲慢、瞧不起人——醫病的生理改變（從他們汗水的反應揭露），顯示病人有多不高興。但當醫生以同理心對待病人、建立和諧的關係後，錄影帶圖像清楚顯示醫病在生理同步後，雙方都變得比較輕鬆。

為了幫助醫生監控他們自己，他們學習運用深度的橫隔膜呼吸以求專注，同時「從天花板觀察彼此的互動」，避免迷失在自己的思考與感覺裡。「暫停你自己的參與，以便觀察發生了什麼事，這可以給你互動的深切體認，而非完全反射性地因應病人，」黎斯博士表示。「你能注意到在這種情況下洩露出什麼樣的訊息。」

例如，如果醫生注意到病人有生氣的感覺，這是病人可能也在擔心的訊號。「透過加強自我覺察，」黎斯博士指出，「你能看見是什麼投射到你身上，以及你將什麼投射到你的病人身上。」

取得病人非言語暗示的訓練，包括從他們聲音的音調、姿勢，以及最主要的是他們臉部的表情。運用情緒專家保羅·艾克曼（Paul Ekman）的作品，他精確地發現每一種主要的情緒會如何牽動臉部的肌肉，因此這個計畫是教導醫生從病人的臉部表情解讀他們一瞬間的感覺。「如果你以一種同情與關心的方式行動——當你刻意看著病人的眼睛，並注意他們的情緒表達，即使一開始你不會有喜歡的感覺——你會開始感覺到更多互動，」黎斯博士告訴我。這種「行為的同理心」（behavioral empathy）可能開始的時候裝裝樣子，但會讓互動有更多連結。她補充道，這能幫助一位住院醫生在凌晨兩點的急診室對抗情緒耗竭，當他還要再看另一位病人的時候會想，為什麼病人不能等到早上再來？

有一門直接的課程是以一種特定的技巧展現同理心——從臉上解讀情緒——被證明是整個訓練中最有效的。醫生愈能學會如何解讀情緒的表達，他們的病人就會感到愈多同理心的眷顧。

黎斯博士預料到這項研究發現。「你能取得愈多情緒的微妙暗示，」她告訴我，「對同理心的了解就愈多。」

毫無疑問地，一位具同理心的醫生能一邊應付電腦，一邊連結他的病人——例如他能一方面在電腦上打字，一方面三不五時抬頭而與病人保持有意義的眼神接觸。或者他能將電腦螢幕與病人分享：「我正在看你的檢驗報告——這裡，我指給你看，」然後與病人一起探討報告內容。

但許多醫生害怕進度落後，這些接觸會增加太多時間。「我們正嘗試打破這種迷思，」黎斯博士說，「長期而言，同理心實際上還可以節省時間。」

chapter 11 社交敏感度

多年前，有時我會使用一位自由審稿編輯的服務。但每次我們只要偶爾聊天就會沒完沒了。我會在我的步調與聲調裡給他「讓我們到此為止」的暗示——他總是忽略。我會說「我現在必須離開了」，但他還是說個不停。我會拿出我的汽車鑰匙並走向大門，接著他又跟著我走向汽車，而且一刻都不錯過。我告訴他「待會兒見」，然後他又繼續聊個不停。我認識的幾個人跟那位編輯一樣，都看不懂對話正要結束的暗示。事實上這種傾向正是社交解讀障礙（social dyslexia）的診斷指標之一。與此相反的是社交直覺（social intuition），能精確解讀他人不用言語散發出來的各種訊息，這種能力相當於解讀他人話語的無聲修正器。

在我們與每一個人互動時，不論是日常寒暄或緊張的談判，非言語的訊息川流不息地來往於雙方之間，這些訊息的力量往往不亞於我們用語言傳遞的力量，甚至只有過之而無不及。例如在求職面試時，如果應徵者以同步的方式與主考官的動作亦步亦趨（不是刻意的，必須是與大腦同步自然出現的副產品），他比較可能會被雇用。「姿勢功能障礙」（gesturally dysfunctional）這個詞彙是科學家杜撰出來的，指身體的動作似乎就是無法與所說的話相稱的人。

英國女皇伊莉莎白二世的丈夫菲利普親王就是以社交出醜聞名於世，他形容自己是「說話不得體」（dontopedalogy）的專家，經常說錯話而不小心得罪人。

例如在奈及利亞的一次重要儀式裡，英國元首四十七年來首次拜訪。伊莉莎白女皇與夫婿菲利普親王前往主持大英國協會議的開幕式。奈及利亞總統驕傲地穿上奈及利亞的傳統長袍在機場迎接。

菲利普親王輕蔑地向奈及利亞總統說：「你看起來好像已經準備好上床了。」

菲利普親王有一次寫信給一位世交：「我知道你一定看不起我。我既粗魯又失禮，而且我說錯了許多話，事後我了解自己一定傷害了某人，接著我滿是懊悔，同時也希望能補救。」[1]

1 Prince Philip quoted in Ferdinand Mount, "The Long Road to Windsor," *Wall Street Journal*, November 14, 2011, p. A15.

此種禮節不周反映出有缺陷的自我覺察：不能與他人協調一致者，不但在社交上失足，當別人告訴他們行為失當時，還會感到意外。不論是在餐廳裡大聲喧嘩或是怠慢的粗魯、沒禮貌，他們經常使別人困擾。

有一種檢視社交敏感度的方法，是給人們看一些臉部的照片，然後觀察他們大腦中負責辨認與解讀臉孔的梭狀回臉孔區（fusiform face area）有何反應，這項大腦測試是理查・戴維森所做的研究。當人們被問到那個人感覺到什麼樣的情緒時，梭狀回臉孔區就會在大腦掃描器中發亮。那些具有高度社交直覺的人，如你所預期的，當他們做這件事時，這個地區就會有高度的活動。相反地，專注不足以取得情緒波長（emotional wavelength）的人，這個地區就會顯示低水準的活動。

自閉症者在梭狀回臉孔區顯示的活動很少，但杏仁核的活動很多，這代表焦慮。[2]注視臉孔通常會使他們焦慮，特別是注視一個人的眼睛，這是情緒資料的豐富來源。例如人們眼睛附近的魚尾紋可以告訴我們他們是否真的快樂；魚尾紋如果沒有起皺，代表這是假的快樂。通常，很小的孩子透過注視他人的眼睛，就可以大概知道對方的情緒如何。自閉症者因為避開別人的眼睛，所以沒有學到這些功課。

不過每個人在這方面難免都會有缺失。多年來，有位投資顧問公司的經理人平均每年都被控涉嫌性騷擾三次。有人告訴我，這位經理人每次都很訝異，因為他並不知道自己的行為有何不恰當之處。這類容易失態的人，未能注意到工作職場潛藏的基本規則——同時不會取得他們正讓別人不自在的社交訊號。他們的腦島缺乏足夠的知識。這類人就是那種在同事過世而眾人正莊嚴肅穆地默哀時，會拿出手機愉快地檢查訊息的人。

還記得那位「知道太多的女人」嗎？——能解讀極幽微的非言語訊息，然後脫口說出一些讓人發窘的話語。她嘗試正念的冥想，以幫助她獲得更多對內心的覺察。經過練習正念幾個月以後，她描述道：「我已經發現我的歸屬，我感覺我對事物的反應而有所選擇——我還是能看到人們用他們的身體說話，但我不需要立即反應。這是件好事！」

了解環境背景

然而在某些情況下，絕大多數人都會處於「關閉」狀態，至少在一開始的時候。當我

---

2 Kim Dalton et al., "Gaze Fixation and the Neural Circuitry of Face Processing in Autism," *NatureNeuroscience* 8 (2005): 519-26. 理查・戴維森指出，自閉症患者未能瞭解什麼行為在社交情況下是適當的，這是因為缺乏社會直覺。

們旅行到一個新的文化環境，由於我們開始時不了解新的基本規則，我們很容易在不注意的情況下失態出醜。我記得有次我在尼泊爾山上的僧院，當時有一位來自歐洲的健行者穿著極短的熱褲路過——從尼泊爾的觀點而論，這是不禮貌的行為，但她完全不知道自己犯了什麼錯。

在全球經濟環境中與各類人物做生意的人，對於這種沒有明說的標準更要有特別的敏感度。在日本時，我從慘痛的經驗中學習到，交換名片代表一個重要的儀式。美國人很容易將名片看都不看就放在口袋裡，在日本這代表不尊敬對方。我被告知應該小心地接住名片，用雙手拿好，同時在放進一個特別的匣子之前，必須研究一下名片的內容（這個建議來得太晚——我看都沒看就把名片塞進口袋裡）。

跨文化的社交敏感度天賦，與認知的同理心息息相關。例如，擅於換位思考的主管在派駐海外時表現得比較好，大概因為他們能很快了解潛規則，同時也能學會某種文化獨特的心智模型。

當來自不同文化背景的人共同工作時，什麼才是恰當的基本規則，可能會創造隱形的障礙。一位來自奧地利，為荷蘭一家公司工作的工程師悔恨地說：「辯論在荷蘭文化具有高度的價值；從你上小學起，你就隨著辯論成長。他們認為這是必要的能力，但我不喜歡這種類型的辯論；我感到很難受——對抗性太強了。我內心的挑戰是，不要將辯論視為針對個人的行為，應該在對抗的時候維持與他人的連結，並感覺被尊重。」

除了文化以外，基本規則大半根據你和誰在一起而定。有些笑話你只能告訴你最好的密友，絕對不能告訴你的上司。

專注於環境背景，讓我們取得微妙的社交暗示，而能引領我們的行為舉止。能與這種方式協調一致的人會發現，不論他們身處什麼環境之下，都能很有技巧地因應。他們不但知道他們應該說什麼與做什麼，同樣重要的是，他們知道有哪些事不能說與不能做。他們本能地遵循禮儀的通用法則，使他們的行為舉止讓人放心。敏感度是察覺人們對我們的言行會有什麼樣的感覺與反應，使我們能安然度過隱藏的社交險地。

雖然我們可能對此種標準有一些有意識的概念（如何在週五工作時穿著較輕鬆的便服、在印度只用右手吃飯），但對潛規則的注意大半是出於直覺，也就是一種由下而上的能力。我們感覺到社交上恰當的行為，是我們體內的某種感覺讓我們知道——當我們「關閉」時，這是身體宣示感覺不對勁。我們可能從身邊其他人身上取得困窘或苦惱的微妙信號。

如果我們容易忘掉不善於交際的感覺（或從未擅長），我們會繼續往前進，對偏離正常軌道有多遠毫無線索。大腦中負責評估環境背景的是海馬體（hippocampus）的功能，會連結神經迴路精確估計社交狀況。海馬體的前區（anterior zone）支援對抗杏仁核，同時讓我們的行為舉止在當下的環境背景中恰如其分。海馬體的前區會與前額葉區域對話溝通，鎮壓一些不當舉止的衝動。

根據理查．戴維森的假設，在各種社交狀況中最機警的人，比起似乎總是出錯的人，前者在這些大腦神經迴路擁有較強的活動與連結性。他說，海馬體運作正常，可以讓你在家裡與公司的行為有所不同，而在公司裡以及與同事在酒吧裡的行為又不一樣。

察覺環境背景的能力也能在另一個層次上對我們有幫助——在團體、新學校或工作上繪製社交網路——這是能讓我們在這些人際關係上來去自如的能力。結果是，精通於組織影響力的人，不但能察覺人際關係的來龍去脈，同時也能指出哪些人的意見最容易左右搖擺——因此當他們需要時，他們可以專注在那些將轉而說服其他人的人。

接著是那些不能與特定的社會背景協調一致的人——像是電玩遊戲冠軍，他們的人生中有太多時間都花在電腦螢幕上，一旦與新聞記者約好在一家餐館碰面，他會很難理解為什麼這地方在情人節如此擁擠。

解讀社交背景時，呈現「關閉」的極端案例可見於創傷後壓力症候群（post-traumatic stress disorder，簡稱PTSD），當一個人面對像是汽車回火的爆炸聲，會把這當成可怕的緊急事件而躲在桌子底下。顯然，患有PTSD的人，海馬體萎縮變小；一旦病情減輕，海馬體又會成長變大。[3]

權力的隱形分界

米蓋爾（Miguel）是逐日打零工的勞工，也是來自墨西哥多不勝數的移民之一。他們靠著每天能找到的零工——整修花園、油漆房子、打掃清潔等，以賺取微薄的工資。

在洛杉磯，這些逐日打零工的勞工在市區各處的特定街角聚在一起，當地人只要開車繞繞，停車、談好價錢，就可以找到工人。有天米蓋爾向一位婦人接了一樁整修花園的工作，但在一整天長時間與辛苦的工作後，這位婦人一分錢也不肯付給他。

當一個工作小組請米蓋爾從他自己的生活經驗中演出這場戲時，他重演了當時那種壓倒性的失望。這個工作小組採取的是「被壓迫者劇場」（theater of the oppressed）的方法，目的是幫擁有相當特權的觀眾，以同理心舒解被壓迫受害者的情緒現實。

在某位類似米蓋爾的人描述情節後，一位自願者從觀眾席走上台重演了那個場面。就

3 此點仍在辯論中，有部分研究顯示有這種效果，但也有持否定意見的研究。

米蓋爾的角色而言，有位女士重複了他的演出，而且還加上她認為對米蓋爾困境的解決方案。

「她描述如何走向那位雇主，告訴她，這有多不公平，向她據理力爭，」製作這場表演的布蘭特．布萊爾（Brent Blair）告訴我。

但這對米蓋爾而言並非選項：雖然這種做法對擁有公民權的中產階級可能行得通，但對逐日打零工的移民來說是不可能的。

米蓋爾站在舞台的角落靜靜地看著這場重播。布萊爾說：「當表演結束時，他無法轉過頭來與我們其他人說話——他在哭泣。」

「米蓋爾說，直到看見由別人演出他的故事之前，他沒有意識到自己是如何被壓迫。」對比那位女士的想像與米蓋爾的真實狀況，更凸顯出米蓋爾的感覺是看不見的、聽不見的、無從感受起的——是一個「非人」（nonperson）遭到剝削。

這種方法運作時，像米蓋爾這樣的人就好像透過他人的眼睛觀看自己的故事，因而獲得一種新觀點。當觀眾上台演出這些場景時，在觀念上他們分享被壓迫者的真實情況，「同情」變成真正有感覺的字：擁有同樣的可憐或痛苦。

「當你溝通一種情緒的體驗時，你能透過內心與理智了解一個問題，」布萊爾說。他在南加州大學的應用戲劇藝術碩士班執導，目標是運用這些技巧幫助社區裡被壓迫的人。他已經與盧安達的強暴受害者與洛杉磯幫派成員演出此類戲劇表演。

在此行為中，布萊爾正在挑戰區隔人們的微妙力量。此種力量是以擁有社會地位者與弱勢團體之間看不見的信號來區隔人們：有權力的一群人對沒有權力的一群人不理不睬。同時，這也會減弱同理心。

布萊爾詳述在一次全球性的討論會中，他透過有權力者的雙眼看見自己。當時他正聆聽全球性飲料公司的執行長——以降低勞工工資而惡名昭彰——談論他的公司如何幫兒童變得更健康。

在執行長談話後的提問時間裡，布萊爾故意問了一個挑釁的問題：你怎能談論健康的孩子，而不討論他們父母健康的工資？

那位執行長忽略布萊爾的問題，立刻接著回答其他問題。頓時，布萊爾感覺自己像個「非人」。

權勢者藉由漠不關心來打發讓他不甚方便的人（以及不甚方便之真相）的能力，已成為社會心理學家的關注焦點；他們正在尋找權力與人們付出多少注意力之間的關聯。[4]

---

4 See, e.g., Michael W. Kraus et al., "Social Class Rank, Threat Vigilance, and Hostile Reactivity," *Personality and Social Psychology Bulletin* 37, no. 10 (2011): 1376-88.

可以理解的是，我們專注於我們最珍惜的人。如果你是窮人，你必須仰賴朋友與家庭的良好關係，因為你可能隨時需要他們幫忙——例如在你工作結束回家前，可能需要有人照料你四歲大的孩子。那些資源極少與住家不安定的人「必須倚靠別人」，加州大學柏克萊分校心理學家戴區・克爾特納（Dacher Keltner）說。

因此窮人會特別關注他人和其需要。

相反地，富人能雇用幫手——付錢給托育中心甚至是幫佣。克爾特納認為，這代表富人可以比較不關注他人的需要，也能比較不關注他人與他們的痛苦。

在一項只有五分鐘介紹與認識的活動中，克爾特納的研究就呈現出這種輕蔑。[5]較富裕者（至少在美國大學生中）展現較少接觸，像是眼神接觸、點頭、微笑——同時有較多不感興趣的表現，像檢查時間、塗鴉、坐立不安。來自富裕家庭的學生似乎較不親切，而來自貧困家庭的學生看來較願意與人接觸、更溫暖，有更多表情。

同時在一項荷蘭的研究中，兩兩一對的陌生人告訴對方關於人生中不幸的事件，範圍從心愛的人過世、離婚、喪失愛人或遭到背叛，乃至於童年時遭遇如霸凌之類的痛苦等。[6]再一次地，兩人之中那些較有權勢者傾向漠不關心：對他人的痛苦比較無感——比較沒有同理心，更別說是同情心了。

克爾特納的團隊發現了類似的注意力差距，只要比較組織中較高階層者與較低階層者由臉部表情解讀情緒的技能，即可得知。[7]在任何的互動中，權力較大者專注於注視他人的程度皆低於其他組別的人，同時也有更多打斷別人說話或獨占談話時間的傾向——這都意味著注意力的欠缺。

相較之下，社會地位較低的人在同理心的準確度測驗上表現較好，例如從他人臉上解讀情緒——甚至只需觀察眼周附近的肌肉動作。從各項標準評估，他們比較高社會地位者更專注於他人。

用注意力來繪製一家公司的權力線狀圖是一個簡單的算術：A先生要花多少時間回覆B先生的電子郵件？一個人在最後答覆前忽略一封電子郵件的時間愈長，其社會地位愈高。將整家公司所有的答覆時間繪製成圖，你就能獲得一張相當準備的實際社會地位圖

---

5 Michael Kraus and Dacher Keltner, "Signs of Socioeconomic Status," *Psychological Science* 20, no. 1 (2009): 99-106.

6 Gerben A. van Kleef et al., "Power, Distress, and Compassion," *Psychological Science* 19, no. 12 (2008): 1315-22.

7 Michael Kraus, Stephane Cote, and Dacher Keltner, "Social Class, Contextualism, and Empathic Accuracy," *Psychological Science* 21, no. 11 (2010): 1716-23.

表。老闆幾小時甚至幾天都不回電子郵件，基層員工在幾分鐘內就會回覆。

這裡有個運算法則，有種被稱為「自動化社會階級偵測」的資料探勘方法，是由哥倫比亞大學設計開發。[8]當他們運用這方法於安隆（Enron）公司倒閉前的電子郵件檔案，只檢視公司內部員工花多長的時間回覆電子郵件，就成功找出高階經理人與他們的下屬。情報機構已運用同樣的方法於可疑的恐怖份子組織，拼湊影響力高低的鎖鏈關係，藉此找出最核心的領導人。

權力與地位是相對的，根據你與誰接觸而定。很顯著的例子是，當來自富裕家庭的學生想像自己與地位更高的人說話時，他們解讀別人臉上表情的能力就會有所改善。

當我們從社會階級來看自己，似乎會決定我們付出多少注意力：當我們感覺地位愈低，愈會戒慎恐懼；當我們感覺自己的地位愈高，戒慎恐懼的程度就會降低。必然的結果是：你愈關心某個人，付出的注意就愈多；付出的注意愈多，就會愈關心。注意力與愛是相互交織的。

⑧ Ryan Rowe et al., "Automated Social Hierarchy Detection Through Email Network Analysis," Proceedings of the 9th WebKDD and 1st SNA-KDD 2007 Workshop on Web Mining and Social Network Analysis, 2007, 109-117.

part 4 較大的環境背景

chapter

12 型態、系統、雜亂無章

當拉瑞・布里安特（Larry Brilliant）拜訪印度喜馬拉雅山山腳下一個村莊時，他從樓梯上摔了下來，必須臥床數週治療背部傷口。為了打發身處偏僻村落的時間，他請妻子吉瑞雅（Girija）去當地圖書館找任何有關印度錢幣的書籍——從兒童時期開始，他就是錢幣收藏的發燒友。

我就是在那時初次認識拉瑞醫生（Dr. Larry）——他的朋友都這麼稱呼他。身為醫生，他參加世界衛生組織（WHO）一項以預防接種疫苗撲滅全球天花的行動。還記得當時他告訴我，透過沉浸於閱讀古印度的錢幣史，他已經開始掌握那個時代貿易網路的歷史。

由於他收集錢幣的愛好被更新了，一旦他恢復健康，在橫越印度的同時，拉瑞醫生就開始造訪當地的金匠，他們通常會按重量販賣金幣與銀幣。其中一部分是古錢幣。

這當中包括自貴霜帝國（Kushan）以來的錢幣，這個西元二世紀的國家，首都是喀布爾（Kabul），統治範圍從鹹海到瓦拉納西（Benares）。貴霜的錢幣形式來自被征服的巴克特里亞（Bactrian），這些人是亞歷山大大帝入侵亞洲後留下的希臘後裔。這些錢幣敘說了一個精彩絕倫的故事。

貴霜帝國的錢幣，一面是某個時期國王的肖像，另一面是神祇的形象。貴霜信奉祆教，這是波斯的宗教，是當時全世界最多信徒數的宗教之一。但各種貴霜錢幣繪製的不只是波斯的神，還包括各式各樣的神祇，例如濕婆與佛陀。另有其他神祇分別來自波斯、埃及、希臘、印度、羅馬眾神廟，甚至很多是距離貴霜帝國十分遙遠的國家。

西元二世紀一個以阿富汗為中心的帝國，如何能知道這麼多遠離其邊界的宗教，同時又向他們的神祇獻上崇敬？答案在當時的經濟體系。歷史上首次開放印度洋與絲路間的貿易路線就是貴霜帝國，貴霜人經常接觸各種商人與聖徒，他們的根源可來自地中海盆地乃至於恆河；或從阿拉伯半島至中國西北的沙漠地區。

還有其他這類發現。「我在印度南部發現大量的羅馬錢幣，同時我也試著想出這些錢幣是如何到這裡來的，」拉瑞醫生告訴我。「結果是羅馬人乘船繞過阿拉伯至印度果阿邦（Goa）進行貿易。你能以逆向工程的概念看出這些古代錢幣出現於何處，推論當時的貿易路線。」

當時拉瑞醫生剛剛在整個南亞地區為世界衛生組織歷史性地完成撲滅天花計畫，同時他準備出發到密西根大學攻讀公共衛生碩士學位。

「我已經唸過系統分析的課程，正在唸傳染病學。這符合我的思考方式，我發現追蹤一種傳染病十分類似於追蹤像貴霜帝國之類的古文明，包括所有考古學、語言學，以及一路上各種文化的線索。」

例如一九一八年全美大流行的流行性感冒，估計造成全球五千萬人死亡。「當時很可能從堪薩斯開始，先透過美軍在第一次世界大戰到海外作戰時向外蔓延，」拉瑞醫生說。「那次流行性感冒是以蒸汽船與東方快車的速度向全世界前進，現今的傳染病是以七四七噴射客機的速度蔓延。」

或者以脊髓灰質炎（polio）為例，這種病在古代就已廣為人知，但只有偶發性的病例。「促使脊髓灰質炎成為傳染病的原因是都市化。在都市裡，人們分享同一個被汙染的供水系統，而不像過去從自己的水井取水。」

傳染病是系統動態學（system dynamics）的例證。你愈能從整個系統思考，就愈能了解錢幣、藝術、宗教、疾病的移動路線。了解錢幣如何沿著貿易路線移動，就相當於分析一種病毒的傳播。」

這種型態檢測（pattern detection）的能力是「系統心智」（system mind）運作的信號。這種神奇的能力讓我們在大量可見的排列中，很容易找出明顯的細節（想想「沃爾多在哪裡？」（Where's Waldo）。如果你在一瞬間將一張有許多小圓點的照片翻給人看，並要求那人猜猜有多少個小圓點，估算較正確者，應該就是較佳的系統思考者。這種天賦會出現在那些精於設計軟體或找出干預方向以解救生態系統的人身上。

所謂的「系統」，追根究柢就是一整套有固定法則、有規律性的型態黏著在一起。雖然較廣泛之「系統大腦」（systems brain）的確切位置尚未發現——如果有的話，辨認型態是由大腦頂葉皮質裡的神經迴路負責運作。目前的事實是，在大腦中似乎沒有特定網路或神經迴路可以給我們朝向系統思考的自然傾向。

我們是透過（大腦）新皮質非凡的整體學習能力，進行學習與巡航系統。此種皮質的能力——像是數學與工程學——可以被電腦複製。這樣一來，系統心智和自我覺察與同理心為之分離，自我覺察與同理心大半是由下而上系統的神經迴路負責運作。要學會系統需要一點努力，但要成功地在人生中航行前進，我們既需要這種專注力的優勢，同時也需要另外兩種與生俱來的專注力。

雜亂無章與超級嚴重的問題

由於具備系統觀點，使拉瑞醫生目前是斯高爾全球威脅基金會（Skoll Global Threats

Fund）的領導人，該基金會的宗旨是保障人類免於中東衝突、核武擴散、流行病、氣候變遷以及水資源缺乏可能引起的戰爭等危險。

「我們先找出熱點，也就是麻煩可能開始的地點。例如三個擁有核武的國家——巴基斯坦、印度、中國——之間的水資源缺乏與爭奪的問題。巴基斯坦九五％的水用於農業，同時印度是其大多數主要河流的上游。巴基斯坦認為印度操縱了印度境內的水閘，因而控制了巴基斯坦能在何時得到多少水量。同時在印度的上游，印度認為中國正在控制從世界屋脊喜馬拉雅高原的冰雪流出的水量。」

但沒有人知道，有多少水量流經這些河流系統、各季節有多少水量、有多少水閘在控制水流量、在何處控制、又為了什麼原因。「這些資料被三國政府掩蓋以作為政治工具，」拉瑞醫生說。「因此我們予以贊助，由被信任的第三方蒐集那些資料，同時透明化。這將來到下一步：關鍵重點與『痛點』的分析。」

對抗未來任何由突變導致的全球流行性感冒，由於沒有人有免疫力，因此迅速反應將是刻不容緩的任務。但沒有機會事先準備，那種情況在歷史上將是獨一無二的（例如在上一次一九一八年的大流行時，還沒有七四七噴射客機）；且因為代價太高，也沒有出錯的餘地。這些特性已足以將流行病列為一種「嚴重的」問題——不是邪惡的，而是極難解決之意。

相反地，全球暖化是「超級嚴重的」的問題：沒有單一的政府當局負責解決問題，時間也在耗盡之中，尋求解決問題的，正是造成此問題的人（我們全體），同時官方政策也無視於我們的未來，而忽略此問題的重要性。[1]

更有甚者，全球性的流行病與全球暖化兩者，都技術性地被稱為「雜亂無章」（messes），亦即令人困擾的困境在一個系統內與其他有相互關係的問題相互作用。[2]因此這是難以置信的複雜難題，同時我們需要用來解決問題的大量資料已經遺失。

以肉眼來說，系統幾乎是完全看不到的。但如果能從足夠的點收集資料，這些點又能描繪系統的動態運作，而成為人們關注的焦點，那系統的運作就能變成可見。資料愈多，我們描繪的地圖就愈清楚。歡迎進入「海量資料」（big data）的時代。

在印度收集錢幣的日子已經過了許多年，拉瑞醫生成為Google非營利部門「Google.org」的創始人兼執行董事。他在那裡首創將海量資料應用於發現流行性感冒，因而廣受喝采。一批自願的Google工程師團隊，與來自疾病管制局的傳染病學家共同合作，分析龐大數目

1 K. Levin et al., "Playing It Forward: Path Dependency, Progressive Incrementalism, and the 'Super Wicked' Problem of Global Climate Change," *IOP Conference Series: Earth and Environmental Science* 50, no. 6 (2009).

2 Russell Ackoff, "The Art and Science of Mess Management," *Interfaces*, February 1981, pp. 20-26.

的單字搜索查詢資料，例如「發燒」或「疼痛」等與流行性感冒症狀相關的字眼。[3]「我們使用數以萬計的電腦同時搜尋Google超過五年的每一個鍵入，以創建一種運算法則來預測流行性感冒的爆發，」拉瑞醫生回憶道。產生的運算法則在一天內就發現流行性感冒的爆發。相較之下，疾病管制局過去根據醫生的報告以發現熱點，通常需要兩週。

海量資料軟體分析為數龐大的資訊；運用Google的資料發現流行性感冒爆發只是海量資料早期針對民眾的應用之一——此種方式就是以「集體智慧」（collective intelligence）聞名。海量資料讓我們知道集體注意力的焦點何在。其應用是無止境的，例如分析誰與誰相連——透過電話、推特、文字或其他類似方式——繪製出連結的線圖，就能浮現一個組織的人類神經系統。透過超高速連結的人通常是最具影響力的：組織的社交連結者、掌握知識者、權力掮客。

在海量資料眾多的商業應用中，有家行動電話公司運用這個方法分析顧客打出去的電話。這種方式可以找出「團體領袖」（tribal leaders）——也就是在一小群關係密切的團體中，接獲電話最多以及撥出電話最多的人。該公司發現，如果這位領導人採用該公司提供的新電話服務，同團體中的其他人也很可能跟進。相反地，如果這位領導人停用公司的電話服務，整個團體也很可能跟進。[4]

「組織關注的焦點一向是內部資訊，」負責海量資料追蹤與運用的湯瑪斯．戴文波特

（Thomas Davenport）告訴我，「我們已盡量從內部資訊壓榨一切可能的資訊。因此我們轉向外部資料——網際網路、顧客心理、供應鏈風險等。」

戴文波特先前擔任埃森哲策略變遷學院（Accenture Institute for Strategic Change）的董事，我們談話時他任教於哈佛商學院。他補充說：「我們需要的是一種生態的模型，在該模型裡，你調查外部的資訊環境——公司周圍發生的所有事情，都可能對這家公司產生影響。」

戴文波特認為，公司從內部電腦系統獲得的資訊，其用處可能遠不如整體生態中來自其他來源的資訊（同時經過人們的處理）。此外搜尋引擎可能會提供大量資料，但並不了解資料的背景，遑論取得那些資料的智慧。最理想的狀況是，負責組織（curate）資訊的人可以瞄準哪些是重要的關鍵，然後將其他的去蕪存菁，建立那些資料的環境背景，同時以為什麼這些資料至關重要的方式呈現——如此一來，就能抓住人們的注意力。[5]

---

3 Jeremy Ginsberg et al., "Detecting Influenza Epidemics Using Search Engine Query Data," *Nature* 457 (2009): 1012-14.

4 所以是哈佛商學院的湯瑪斯・戴文波特告訴我的。

5 但把人帶進資訊方程式可能會將情況複雜化：由誰控制資料會導致嫉妒、暗鬥，而組織的政治可能促使資訊無法分享，或領導者囤積或根本忽視資料。

最佳的管理者不僅將資料以有意義的環境背景呈現——他們還知道該問什麼問題。當我採訪戴文波特時，他正在撰寫一本書，鼓勵管理海量資料專案的人詢問以下這類問題：我們是否定義或詳細說明正確的問題？我們是否擁有正確的資料？將資料輸入軟體的運算法則，背後的假設是什麼？引領那些假設的模型是否能描繪現實狀況？[6]

麻省理工學院一項關於海量資料的討論會中，一位主講人指出二〇〇八年金融危機全球避險基金的崩潰，就是這種方法的一次失敗。其中的困境在於，使海量資料具體化的數學模型被簡化了。雖然這些模型產生的數字乾淨俐落，但這些數字背後的數學取決於模型和假設，可能愚弄了對這些結果寄予過多信心的使用者。

在同一項討論會中，Google研究（Google Research）的資深統計學家羅雪兒・舒特（Rachel Schutt）觀察出資料科學（data science）需要的不只是數學技巧：需要人們有廣泛的好奇心，同時其創新是由自身經驗所引領，而非只靠資料。畢竟，最佳的直覺需要海量的資料，再運用我們畢生的經驗分析、得出成果，然後透過人類的大腦篩選過濾出最後的結論。[7]

---

6 Thomas Davenport's book in progress, tentatively called "Keeping Up with the Quants," was reported in Steve Lohr, "Sure, Big Data Is Great: But So Is Intuition," *New York Times*, December 30, 2012, Business, p. 3.

7 As reported by Lohr, "Sure, Big Data Is Great."

chapter 13 系統盲目性

茂・皮埃盧格（Mau Piailug）能解讀星星與雲層、海洋的波濤起伏、飛鳥的航路，這些訊息就像衛星導航的螢幕。

皮埃盧格在南太平洋中央用以解讀這些現象與其他事物的，除了天空，不靠任何導航器械。他在大海中航行數週直到靠岸為止，只用薩塔瓦爾環礁加羅林島（Caroline Island of Satawal）的家鄉父老教他的海洋知識。

一九三二年出生的皮埃盧格，是玻里尼西亞最後一位從事「尋路」（wayfinding）工作的原住民，這是單靠腦中的知識駕駛一艘雙船體的獨木舟，就能從一個島嶼橫越數百或數千英里到另一個島嶼。尋路具體實現了登峰造極的系統意識能力，透過解讀一些微妙的線索，像是海水的溫度與鹹度；在水面的漂浮物與植物碎片；海鳥飛行的型態；風的溫度、速度、方向；海浪波濤的各種形狀；夜間星辰的升起與位置。所有這些資訊都被繪製在大腦尋找海島的模式中，傳統的知識透過祖傳的故事、歌謠、舞蹈代代相傳。

這使皮埃盧格能在一九七六年的航行中，駕駛一艘獨木舟從夏威夷航行二千三百六十一英里到大溪地，讓人類學家了解古代的島民能例行性地橫跨南太平洋，以雙向的方式來往於遙遠的島嶼與島嶼之間。

不過，在皮埃盧格展現他對大自然系統之認知精髓的半世紀以後，玻里尼西亞人現在已經轉向現代社會的導航工具，他的傳統航海知識逐漸凋零。

不過皮埃盧格如史詩般的獨木舟航行，已經在南太平洋的原住民中引起一股學習尋路藝術的風潮，這股風潮一直持續到現在。在他主動以尋路人開始航行後的五十年，首度為一群他所訓練的學生主持相同的儀式。

這種透過世代相傳的傳統知識，證明了任何地方的原住民都有他們獨特的生態利基，讓他們能取得基本的生活必需品，像是食物、安全、衣物、遮風避雨的住處。

在整個人類歷史中，系統意識——發現與描繪大自然混亂中隱藏的型態與秩序——一向是由迫切的生存需要所推動，好讓人們能了解當地的生態系統。人們必須知道哪些植物有毒，才能運用正確的植物餵養或治療；知道去哪裡取得飲水、去哪裡收集藥草與發現食物；如何解讀季節變化的信號。

此處就是關鍵。我們的生命為我們準備了如何進食與睡眠、交配與養育、戰鬥或逃亡，以及展現所有人類全套本領內建的生存反應。但如同我們已經討論過的，沒有任何神經系統專注於了解一個較大的系統，我們周遭所有的事物都是系統中的一部分。

乍看之下，系統是我們的大腦看不見的——我們對支配生活的多數系統沒有直接的認知能力。我們透過心智的模型（海浪上漲的意義、星座以及海鳥的飛行，每一種都是這類模型）間接地了解它們，然後根據這些模型採取行動。這些模型提供愈有根據的資料，我們的干預行動愈有效（例如用火箭射向小行星）。資料較缺乏根據的，就會使行動較為無效（例如大多數的教育政策）。

這些傳統的知識來自辛苦學習的成果，變成分散的知識由一群人共享，例如特定藥草的治療特性。同時由較年長的世代將這些累積的傳統知識傳給較年輕的世代。

伊莉莎白·卡普外勒尼·林賽（Elizabeth Kapu’uwailani Lindsey）是皮埃盧格眾多學生中的一位，她是夏威夷出生的人類學家，專精於俗民領航（ethnonavigation），現在是國家地理學會探險家與特別會員。她的任務是俗民領航的拯救工作，保存消失中的原住民知識與傳統。

「原住民傳統知識喪失的大部分原因來自同化與殖民化，以及政府將原住民的智慧邊緣化，」她告訴我。「這些傳統知識以諸多方式傳承，例如夏威夷的舞蹈是一種透過動作與歌唱的編碼方式，告訴我們族譜、天文學、自然法則，以及我們文化歷史背後的故事。舞蹈者的動作、歌唱，甚至帕夫鼓（pahu）的聲音都各有含意。」

「這些都是傳統的神聖習俗，」她補充，「然後當傳教士抵達後，他們認為這些舞蹈不道德。直到一九七〇年代我們的文化復興後，傳統的夏威夷草裙舞才再度出現。在那之前，現代的草裙舞成為觀光客的餘興節目。」

皮埃盧格多年來向許多老師學習：當他只有五歲時，他的祖父挑選他作為未來的領航人。從那時開始，他就開始加入較年長的男性，一起準備獨木舟去海上捕魚；他一邊在海中航行，一邊聽著他們航海的故事——其中有許多航海知識——捕魚後他們在放置獨木舟的房子裡喝酒，他就一直聽到入夜。他全部的航海知識都是從五、六位專家級的領航人那邊學來的。

此種原住民的傳統知識代表草根科學（root science），需要知道的一切經歷了許多個世紀，成長為現今許多急速成長的科學專業。這種成長一向是自發的，或許是為了滿足我們天生的生存動力，目的是了解我們周遭的世界。

文化的發明創造是人類的一項重大創新：創造語言與分享理解的認知網路可以超越任何個人的知識與一生，同時在需要時能被拿來使用，而且也能傳承給新的世代。文化是根據專業進行分工：有助產士與傳統療法治療師、戰士與建築工、農夫與織工。這些領域的每一種專業都能與其他人分享，同時那些在每個領域了解最深的人，就成為其他人的嚮導與導師。

原住民的傳統知識一向是我們社會演化的關鍵，也是文化經歷歲月傳遞智慧的方式。原始的族群在早期的演化中，根據他們解讀當地生態系統時的集體智慧：預期播種、收割等的關鍵時刻——也使第一部曆法為之出現。

但是當現代化提供機器取代這些傳統知識——羅盤、航行指南，以及最終的線上地圖——原住民也和其他人一樣仰賴它們，忘掉尋路之類的傳統知識。因此幾乎每一種與大自然相調合的傳統形式專業知識都已消逝。當原住民與外界初次接觸後，通常象徵他們開始逐漸忘掉傳統知識。

當我與林賽說話時，她正準備出發去東南亞拜訪莫肯人（Moken），這些人是海上的游牧民族。就在二〇〇四年海嘯席捲他們位於印度洋的小島前夕，莫肯人「發現鳥類已經停止唱歌，海豚也紛紛游向深海而去，」她告訴我。「於是他們全部都登上船航向深海，當海嘯達到頂點與他們擦身而過時，浪頭已經很小。沒有任何莫肯人受到傷害。」

其他人——那些長期以來忘記聆聽鳥叫與觀察海豚的人，以及忘掉這些動物行為的人——在海嘯中慘遭毀滅。林賽擔心莫肯人正被迫放棄他們的吉普賽生活，而定居在泰國與緬甸的島嶼。此種生態智慧可能會在一代之內從集體智慧中消失，因為傳承它們的形式正在消逝之中。

林賽——身為人類學家，在夏威夷由原住民傳統療法治療師撫養成人——告訴我：「我的長輩告訴我，當你去森林採花做花環或取植物做藥時，你只取幾朵花瓣或樹葉。當你完成後，森林應該看起來就好像你從沒進去過。現在的孩子們經常帶塑膠垃圾袋走進森林，並隨意折斷樹枝。」

長期以來忘卻我們周遭系統的行為令我困惑，特別是我們日常的行為已經對我們的生存造成威脅，但我們在面對這個問題時，呈現的卻是集體性的無知。以某種意義來說，不論是能源、運輸、工業或商業，我們似乎不能了解這些產業對人類系統會產生不利的後果。

了解的錯覺

這是一家全美的大型零售業者面臨的難題與機會：根據該公司調查雜誌買家之後，發現全美印好的雜誌中，有接近六五％的比例永遠賣不出去。這代表整個系統每年高達數億美元的成本，但此系統中的任何一份子都不能獨力改變這種狀況。因此這個零售連鎖商店——有全美最大量的雜誌顧客——與一群雜誌出版商和通路商聚會，看看他們能做些什麼。

對雜誌業而言，由於受數位媒體的擠壓與銷售量下降，這個問題十分迫切。多年來沒有人可以解決這個問題；每個人只是聳聳肩置之不理。現在這個產業準備認真地看待這個問題。

「不論你純粹從成本、砍伐的樹木，或排放的碳等各個觀點來看，都是大量的浪費，」Blu Skye顧問公司執行長吉伯・艾立生（Jib Ellison）告訴我。

協助召開這個小組會議的艾立生補充：「我們在大多數的供應鏈中發現這種問題。他們都是在十九世紀建立，著眼於能賣掉什麼，而非著眼於永續經營或減少浪費。當供應鏈的一部分將自己最佳化之後，通常會使整體達到最優化。」

其中最大的矛盾之一，在於廣告商是根據他們的廣告出現在多少種雜誌上，而非根據雜誌銷售了多少本。但一種雜誌的「發行」可能只是在架上躺了數週或數月，然後就回收做成紙漿。因此雜誌出版商必須回頭向廣告商解釋，應該如何以新的基礎作為收費標準。

零售連鎖店也分析在他們的店面中哪些雜誌賣得最好。例如，零售商可能發現汽車雜誌《跑車》（*Roadster*）在全美五個市場中銷售良好，但是在另外五個市場銷售不佳。該連鎖店於是將雜誌送往需求量大的地方。總而言之，經過各種調整後，可以將浪費減少五〇%。這不但對環境有正面幫助，同時能騰出貨架空間擺放其他商品，也可以讓四面楚歌的出版商省下不少錢。

要解決這種問題，必須從整個系統來看問題。「我們尋找的是一個系統性問題，沒有單一參與者能獨自解決問題——不論是個人、政府、公司，」艾立生告訴我。第一項突破是將所有參與者齊聚一堂——然後將整個系統納入討論。[1]

「系統盲目（Systems blindness）是我們工作中努力克服的首要問題，」麻省理工史隆管理學院傅雷斯特（Jay W. Forrester）講座教授約翰．史德曼（John Sterman）說。傅雷斯特是史德曼的心靈導師，也是系統理論的創始人；史德曼是麻省理工多年來重要的系統專家，也是麻省理工系統動態（Systems Dynamics）小組的領導人。

他撰寫關於系統思考的經典教科書，適用於企業組織與其他複雜的實體，基本的重點是，我們所謂的「副作用」（side effects）其實是錯誤的。在一個系統中沒有副作用，只有作用（effects）——預料到的，或沒預料到的。看成「副作用」，只反映出我們對系統的錯誤了解。他的觀察是，在複雜的系統中，因果關係於時間與空間上可能都比我們所了解的更遙不可及。

史德曼以電動車的「零排放」為例。[2]事實上它們不是。如果其電力大半來自汙染嚴重的燃煤發電的輸電網路，「零排放」就是一個系統內部的觀點。同時即使其電力是來自太陽能，在製造太陽能面板與其供應鏈用電所排放的溫室氣體，對這個星球也會帶來成本。[3]

系統盲目導致的最嚴重後果之一，是當政治領袖執行一項解決問題的策略時，忽略相關系統動態產生的影響。

「這些問題是暗中為害的，」史德曼說，「你獲得短期的解脫，然而當問題捲土重來時，情況通常比以前更糟糕。」

塞車呢？短視的解決方案意味著蓋更多、更寬的馬路。新的容納量會使壅塞獲得短期的紓解，但由於現在交通比以前順暢，會使人們、商店、工作場所分散到附近的整個區域。長期而言，交通量會上升，直到塞車與延誤的情況一如從前，甚至更嚴重——交通量會持續上升，直到開車變成惡夢一場，才會使交通量不再增加。

「反饋迴路（Feedback loops）可以調節交通壅塞，」史德曼說，「在任何時刻，交通的含納量越大，人們就會使用愈多車程、搬得愈遠、買愈多的車。當人們向四面八方蔓延之

---

1 當然，被納入討論的「系統」，只是一個較大的、連鎖系統的一部分，例如正從印刷轉換到數位格式的資訊散布系統（information dispersal system）。

2 John D. Sterman, *Business Dynamics: Systems Thinking and Modeling for a Complex World* (New York: McGraw-Hill, 2000).

3 請見拙著《綠色ＥＱ》（*Ecological Intelligence*），有供應鏈、排放、人造物品的真正環境成本的更多細節。或見安妮·雷納德（Annie Leonard）二十分鐘的影片："The Story of Stuff," http://www.storyofstuff.org。

後，大眾捷運失去可行性。你就進退兩難了。」

我們認為是因為塞車，才把我們堵在路上；但塞車本身是從高速公路系統的動態浮現。將此種系統與我們和該系統之間的關係切斷，始於我們心理模式的扭曲。我們怪罪其他駕駛人堵塞道路，但卻沒有考慮到是系統動態將他們放在那裡。

「在大部分的時間裡，」史德曼評論，「人們往往將發生在他們身上的事歸因於在時間與空間裡接近他們的事。但事實上，這是人們所處之較大系統中的動態變化所產生的結果。」

當「深度解釋的錯覺」（illusion of explanatory depth）出現時——也就是我們在解釋一個複雜的系統時深具信心，但實際上我們只有膚淺的知識——問題就會變得更複雜。試著深入解釋輸電網路如何運作，或大氣中增加的二氧化碳為什麼會增強暴風雨的威力，我們對系統了解的錯覺就變得十分清楚。[4]

除了不符合我們的心理模型以及其設想勾勒的系統之外，更嚴重的困境在於：我們感知與情緒的系統對此完全是盲目的。人類大腦的形成是為了協助我們的祖先在荒野生存，特別是在更新世（Pleistocene）的地質時期（大約兩百萬年前至一萬兩千年前，後者是農業興起之時），我們遠古的祖先在荒野中流浪冒險之際。

我們很擅長從樹林間的沙沙作響，知道這可能是一隻老虎正在偷偷接近我們。但我們沒有可以察覺大氣層中臭氧層正在變薄、或在煙霧瀰漫的日子呼吸到致癌粒子的認知工具。這兩種最後都會致命，但我們的大腦沒有直接偵測這些威脅的雷達系統。

讓不可見的事物具體可見

不僅是感知的不一致，如果我們的情緒神經迴路（特別是戰鬥或逃跑的發動點——杏仁核）感受到一種立即的威脅，它會釋出大量皮質醇與腎上腺素之類的荷爾蒙，讓我們隨時準備好攻擊或逃跑。但如果威脅可能在多年後甚至數個世紀後才會出現，就不會出現這種反應。杏仁核連動都不會動一下。

杏仁核的神經迴路集中於大腦中央，屬於自發性、由下而上的運作。我們仰賴它作為

4　原本由耶魯大學心理學家法蘭克・凱爾（Frank Keil）的小組提出，這種錯覺已從純粹的機械或自然體系延伸至社會、經濟與政治面。見 Adam L. Alter et al., "Missing the Trees for the Forest: A Construal Level Account of the Illusion of Explanatory Depth," *Journal of Personality and Social Psychology* 99, no. 3 (2010): 436-51。那種錯覺或許在本書也軋了一腳，也就是當我描述各式各樣認知、情緒、社會與神經的系統時，範圍太廣之故。這是科學新聞報導與生俱來的風險。這就是為什麼本書有大量附註給那些想進一步理解的人。恭喜讀到這一點的人。

危險的警報，同時告訴我們什麼需要緊急注意。但我們的自發性系統（通常在指引我們的注意力時非常可靠）對於系統及其威脅並沒有認知裝置或情緒裝載。它們將是一片空白。「以由上而下的推論覆蓋自發性與由下而上的反應，比處理完全沒訊號容易很多，」哥倫比亞大學心理學家艾爾克・韋伯（Elke Weber）說，「當我們處理環境時就是這種情況。在這個美好的夏天裡，哈德遜河谷這裡沒有任何事物會告訴我地球正在暖化中。」

「理想的情況，是部分注意力應朝向長期的危險，」韋伯補充道。他的工作也包括提供國家科學院環境決策方面的諮詢。[5]「不過這裡沒有由下而上的資訊要付出注意力，沒有訊號說：『這裡有危險！做點事！』因此要強調這點會非常困難。我們不會注意不在那裡的事物，同時沒有任何心智系統會讓我們對此提高警覺。這與我們的健康或我們的退休儲蓄金一樣。當我們享用非常豐富的甜點時，並沒有訊息告訴我們：『如果你繼續這樣吃，你會早死三年。』當你買下第二輛勁道十足的車子時，也沒有人會告訴你：『當你老了缺錢時，你會後悔買這輛車。』」

拉瑞博士的任務也包括對抗全球暖化。他這麼形容：「我必須說服你有一種無色、無味、無臭的氣體正在天上集結，然後捕捉太陽的熱流，因為人類使用石化燃料。這是一個艱鉅的任務。」

「實際上範圍最廣、最複雜的科學已經顯示這點。」他補充道，「超過兩千位科學家聯合起來，協調進行史上規模最大的科學發現——跨政府的氣候變遷諮詢會議。他們這麼做是為了說服那些不能以直覺了解這種危險的人們。

「但除非你住在馬爾地夫或孟加拉，否則這個問題似乎離你很遠，」拉瑞博士表示，「時空是一個大問題——如果全球暖化從幾個世紀後加速至幾年後，人們會更注意。但這就像國家債務：我把問題留給我的子孫，我確信他們會想出一些解決方案。」

如史德曼的觀察：「氣候變遷會跨越很長的時空，我們看不到那個時候，因此很難說服人們相信。只有樹林的沙沙作響才會得到我們的注意，但那些大到足以害死我們的問題，我們是不會注意的。」

曾經有一刻，人類的生存仰賴的是與生態亦步亦趨。現今我們運用人為輔助而能過著舒適奢華的生活，或似乎擁有這種奢華。同樣的態度使我們仰賴科技，催眠我們對自然世界的狀態漠不關心——這對我們而言是嚴重的危險。

因此面對系統即將崩潰的挑戰，我們需要如裝上義肢般，換上一顆全新的心。

---

5 See, e.g., Elke Weber, "Experience-Based and Description-Based Perceptions of Longterm Risk: Why Global Warming Does Not Scare Us (Yet)," *Climatic Change* 77 (2006): 103-20.

chapter

14 遙遠的威脅

印度瑜伽大師尼姆・卡洛里・巴巴（Neem Karoli Baba）曾告訴我：「你可以規劃一百年後的事，但你不會知道下個片刻將發生什麼事。」

相反地，電腦科幻小說作者威廉・吉伯生（William Gibson）評論：「未來已經在這裡了，只是沒有均勻分布而已。」我們所能知道的未來處於下列兩種觀點之間：我們擁有一絲微光，但永遠可能有黑天鵝事件將之沖刷殆盡。[1]

回到一九八〇年代。在預言性的著作《智慧時代：工作與力量的未來》（*In the Age of the Smart Machine: The Future of Work and Power*）中，秀秀娜・祖波芙（Shoshona Zuboff）預見了電腦的出現，將使企業組織的階級扁平化。因為知識一度是力量，因此權力最大的人會囤積他們的資訊；新的科技系統為所有人打開資料的大門。

當祖波芙撰寫這本書的時候，未來絕對不是均勻的分布——網際網路當時尚未出現，更甭提雲端、YouTube，或其他太多不知名的網頁。但現今（明天過後也必定如此）資訊的流通已經比以往任何時刻更加自由，不僅在公司組織內，而且是全球性的。光是突尼西亞一位失意的水果販在市場裡引火自焚，就點燃了阿拉伯之春。

不知道未來會發生什麼事有兩個例證：馬爾薩斯（Thomas Robert Malthus）於一七九八年預測，人口成長將使人類生存降至「永久為居所與食物掙扎」，並困於一個貧窮與飢饉的下降螺旋中；另外保羅・艾爾利（Paul R. Ehrlich）於一九六八年警告「人口爆炸」至一九八五年將造成大飢荒。

馬爾薩斯未能預見工業革命以及大量生產能使人們活得更久。艾爾利的計算錯估了後來出現的綠色革命，加速食品生產而超越人口成長的曲線。

「人類世」（Anthropocene Age）是從工業革命開始起算，這是地質學上首次單一物種——我們人類——無情地破壞支持地球之生物的各種全球性系統。

「人類世」代表系統之間的衝突。人類的建築、能源、運輸、工業、商業各個系統天天

---

1 Nassim Nicholas Taleb, *The Black Swan: The Impact of the Highly Improbable* (New York: Random House, 2010).

攻擊像是氮循環、碳循環、生態系統的豐富動態、可用水的供給等大自然系統的運作。[2]更有甚者，在過去五十年中，這些攻擊被科學家形容為「大幅加速」，大氣中二氧化碳的濃度（在即將來臨之系統危機的其他指標中）正以前所未有的速度增加中。[3]

艾爾利認為人類在這個星球上的足跡，在於三種力量的產物：我們每個人的消費、我們一共有多少人、我們用什麼方法取得我們所消費的東西。運用這三項標準，英國皇家學會嘗試估計地球承載人類的能力——地球在支持生命的系統未崩潰之前，能夠支持的最大數量——他們的結論是：視情況而定。

預測的最大變數在於科技的進步。例如，擔心中國擴大燃煤發電的能力——同時近年來中國的太陽能與風力發電快速增加，兩者的淨結果是：三十年來中國釋放的二氧化碳相對中國經濟產出的比率遽降七〇％左右（但這些數字背後隱藏的，是燃煤發電廠在「世界工廠」持續陡峭地成長）。[4]簡言之，科技革命可能讓我們從自己手中拯救自己，讓我們以保障這個星球之重大支撐生命體系的方式運用資源——如果我們能找出不會創造新問題或隱匿舊問題的方法。

或至少那是個希望。但沒有強大的經濟力量能長期偏好這種科技革命。短期的效益大半來自企業能節省金錢，在本質上並不是為了維持這個星球存續的美德。

例如，在二〇〇八年開始的經濟危機中，美國的二氧化碳水準開始下降，並不是因為政府的命令，而是市場的力量——較低的需求與較低廉的天然氣發電取代了煤（但是在運用水力壓裂法〔fracking〕開採天然氣時，造成當地的汙染與健康問題，製造出其他令人頭痛的事）。

如同我們已經看到的，人類大腦中的盲點可能促成了這種混亂。我們大腦的認知裝置有良好的廣泛注意力，已經在人類的生存中得到回報。當我們配備如剃刀般鋒利的專注力，能輕易區別微笑與忿怒、咆哮與嬌縱，如前所述，我們對支持人類生活的全球系統受到威脅，卻沒有任何神經性的雷達。那些問題不是太大就是太小，讓我們無法直接注意到。因此當我們面對全球威脅的新聞時，我們注意力的神經迴路傾向於聳聳肩膀而漠不關心。

更糟的是，在我們的核心科技發明時，完全沒想到它們會對地球帶來威脅。工業的二

---

2 Johan Rockstrom et al., "A Safe Operating Space for Humanity" *Nature* 461 (2009): 472-75.

3 Will Steffen et al., "The Anthropocene: Are Humans Now Overwhelming the Great Forces of Nature?" *Ambio: A Journal of the Human Environment* 36, no. 8 (2007): 614-21.

4 中國的碳經濟是根據世界銀行的數據，報導來自Fred Pearce, "Over the Top," *New Scientist*, June 16, 2012, pp. 38-43。另一方面請見"China Plans Asia's Biggest Coal-Fired Power Plant," at http://phys.org/news/2011-12-china-asia-biggest-coal-fired-power.html。

氧化碳排放量有一半是在我們製造鋼鐵、水泥、塑膠、紙類、能源時造成。雖然我們能改善生產方式顯著降低排放量，但更好的解決之道是徹底重新發明全新的生產方式，使二氧化碳排放量能降到零，或甚至能使好空氣再度裝滿這個星球。

這種變革要付出多少代價？艾爾利與其他人曾嘗試診斷這項難題——生態透明度（ecological transparency）。

知道專注於系統裡哪個地方會有決定性的改變。拿我們人類面對最大的混亂而論：當人類系統持續破壞這個星球維持生命的全球系統，我們正在進行慢動作的大規模自殺。透過應用生命週期分析（life cycle analysis，簡稱ＬＣＡ）於導致這些問題的產品與生產程序，我們可以開始仔細處理這種破壞的行為。

例如一個簡單的玻璃瓶，其生命週期的過程要經過約兩千個不同的步驟。ＬＣＡ能計算每個步驟的多重影響，從排放至空氣、水、土壤的東西，乃至於對人體健康的影響，或是對生態系統的破壞。將腐蝕性的汽水加入玻璃瓶——其中的一個步驟——占這個玻璃瓶對生態系統危險的六％、對人體健康危害的三％；這個玻璃瓶在氣候暖化扮演的角色，有二〇％來自對玻璃工廠的供電。製造玻璃的六百五十九種成分各有自己的ＬＣＡ側寫（profile），依此類推，直到無限大為止。

生命週期分析能給你多如海嘯的資訊，足以淹沒這個商業世界中最熱心的生態學家。

能裝下所有生命週期資訊的電腦資訊系統，可釋出數以十億計的資料點（data points）。然而深入那些資料能確切指出該項目標在歷史上的變遷，而能最先開始減少其生態足跡。[5]

我們必須專注在較不複雜的順序（不論是整理衣櫃、發展一種商業策略，或分析LCA資料），反映出一種基本的真理。我們住在一個極端複雜的系統裡，但是我們又缺乏完全了解或管理的認知能力去處理它們。我們的大腦解決這個問題的方法是透過發現一些化繁為簡的方法，將原本複雜的問題透過簡單的決策原則加以釐清。例如，如何在所有我們認識的人所組成的錯綜複雜社交關係中度過我們的人生，比較簡單的方式是以誠信為基本原則。[6]

5 當一家全球性消費者產品公司使用LCA分析其二氧化碳足跡時，結果發現最大的因素是消費者加熱水來使用溫水洗潔精（很簡便地把責任推到消費者身上了——讓人好奇究竟第二至第十名的因素會是什麼）。

6 德國的社會理論學者尼克拉斯．盧曼（Niklas Luhmann）主張每一個大型的人類體系都圍繞著一個原則。對經濟而言，這個原則是金錢；對政治而言，是權力；對社會而言，是愛。所以在這些領域，最優雅的抉擇變成了二選一：有錢／沒錢；有權／無權；有愛／無愛。或許我們的大腦在每個決策時刻採用原始的二擇一決策原則並非巧合；當我們在剎那間注意到某些事物時，情緒中心會加總我們過去的相關經驗，然後標示「喜歡」或「不喜歡」。盧曼社會系統理論的作品是以德文撰寫，尚未翻譯成英文，但在東歐地區已經有高度影響力。我只讀過二手報告，並聽過菲爾梅特（Georg Vielmetter）的重點簡報，他的論文有一部分是根據盧曼的理論。

為了簡化LCA如海嘯般的資料問題，我們透過軟體將四個層級供應鏈中的前四大影響因素挑出來。[7]這相當於挑出二○%的原因，卻造成了八○%的影響——這個比率稱為帕雷托法則（Pareto principle）——一小部分的變數造成最大部分的影響。

此種測定洪水般資料的電腦程式探索法（heuristics）提供的是「意外發現」，或我們因資料超載而苦不堪言。這個決定（答對了！vs. 太多資訊）來自大腦前額葉區域的一個薄片，名為背外側前額葉神經迴路。這種認知引爆點的仲裁者和負責抑制杏仁核衝動的神經元是同一個。當我們的認知遭到壓倒性的失敗後，背外側前額葉就會放棄，接著是我們的焦慮上升，我們的決策與選擇會愈來愈糟。[8]我們已經到達臨界點，更多資料只會導致更糟的選擇。

較佳的方式：在資料的洪流中，瞄準幾個已經處理的且有意義的模式，同時忽略其他資料。我們皮質的模式偵測器，原先設計的目的似乎就是化繁為簡，將複雜的事物簡化成能處理的決策原則。其中一個隨著年齡增長而能持續上升的認知能力是「晶體智力」（crystallized intelligence）——認出哪些是重要的，也就是去蕪存菁的能力；有些人稱之為智慧。

你的手印是什麼？

我與所有人一樣都困在這些系統裡，但我不得不提及一些聽來很刺耳的東西。也就是我們對這個星球的影響，是我們的本性誘導我們犯下這些罪行，也讓人很感鬱悶。這就是我的重點。專注於我們做錯的事，會引發痛苦情緒的神經迴路。記住，情緒會引領我們的注意力。同時注意力會引領我們，遠離令我們不快的事物。

我過去認為，將我們所做的事與購買的東西——了解我們的生態足跡——產生的負面影響以完全的透明度公開，將創造一種市場力量，鼓勵我們所有人購買更好的替代品，用我們的金錢投票。[9]聽起來是個好主意——但我忽略了心理面的事實。負面的專注會導致

7 生命週期分析軟體的效率版本是設計成可以做這件事的。

8 Jack D. Shepard et al., "Chronically Elevated Corticosterone in the Amygdala Increases Corticotropin Releasing Factor mRNA in the Dorsolateral Bed Nucleus of Stria Terminalis Following Duress," *Behavioral Brain Research* 17, no. 1 (2006): 193-96.

9 那是拙著《綠色ＥＱ》的假設。

挫折與脫離，我們的專注會移轉到煩惱本身以及如何減輕煩惱。我們渴望的是，不要理會這件事。

因此我們需要一種正面的聚焦。請進入手印網站（Handprinter.org），這個網站是為了鼓勵每個人在環境改善上帶頭行動。手印網站從LCA資料評估我們的習慣（例如烹飪、旅行、開暖氣，開冷氣），建立我們的碳足跡的基準。但這只是剛開始而已。

接著手印網站將我們做的所有有幫助的事——使用可重複使用的能源、騎腳踏車上班、關閉調溫裝置——同時給予我們減輕足跡等「善行」一個準確的數字。我們所有善行的加總，產生「手印」的價值。關鍵概念在於：要持續不斷地改善，使我們的手印最後能大於足跡。到那時，我們對這個星球的淨值就是正數。

如果你讓別人跟隨你採取相同的改變，你的手印也會成長。手印網站自然也成了社群媒體；該網站已經是臉書上的一個應用程式。家庭、商店、團隊、俱樂部，甚至公司與城市，都能一起提高手印。

學校也可以。這是開發手印網站的葛雷哥萊．諾瑞斯（Gregory Norris）認為特別有希望的地方。諾瑞斯是一位產業生態學家，他在麻省理工學院念書時，曾是史德曼的學生，然後他就在那裡教生命週期分析。目前他與緬因州約克鎮的一所小學合作，協助該所小學提高手印。

諾瑞斯也獲得玻璃產品巨人康寧公司（Owens-Corning）永續部門主管捐贈三百張玻璃纖維毯供學校的熱水器包覆之用。在緬因州這些玻璃纖維毯可顯著降低相當數量的碳排放——同時減少每戶每年約七十美元的電費。[10]獲得這些玻璃纖維毯的房子將會與學校共享能源的節約部分，學校可以運用這些錢進行校內改善，同時還剩下很多經費可用來購買同樣的覆蓋毯，贈送給另外兩所學校。[11]

兩所接受捐贈的學校將重複此程序，每一所學校會贈送玻璃纖維毯給另外兩所學校，

10 美國能源部資料顯示，熱水器占全國家用能源的一八至二〇%。在新英格蘭地區，四口之家每年熱水器加熱費用為五百至八百美元，按使用的燃料而定。根據家用能源消費調查的資料，只有一二%的美國家庭的熱水器裝有絕緣的包覆毯，雖然這種毯子只要二十美元，但一年就能省下七十美元的能源費用，而且可以持續用到熱水器的使用年限（平均約十三年）。只要裝上這種包覆毯並將溫度調整至華氏一二〇度，就能使全美家庭能源消耗減少二%，加上對氣候、生物多樣性、人類健康及經濟等多方面的正面效益。

11 學校裡的孩子會在整個社區贈送包覆毯給各個家庭，同時做個約定：每棟得到包覆毯的房子，前九個月省下的錢要捐給學校，然後就不必再捐獻了。總共應該能籌募到一萬五千美元。學校將留下五千美元做運動場改善之類的工程。其餘一萬美元則用來買更多包覆毯，並贈送給其他兩所學校以複製相同的過程。

以此方式持續下去。這種幾何級數的擴張方式將很快擴及整個東北地區，同時有潛力遠遠超過這個範圍。

在第一回合中，每一所參與的學校都獲得每年減少一百三十噸二氧化碳排放量的手印積分，同時玻璃纖維毯的預期使用年限至少為十年。不過手印網站也會給其他參與此項活動的每所學校連續性的積分；經過六個回合的捐贈活動後，總共應該有一百二十八所學校參與，相當於一萬六千噸二氧化碳排放量。假定每三個月複製一次新回合，到第三年初就應該達到六萬噸，到第四年就會增至一百萬噸。

「如果你將供應鏈與生命週期評估在內，一棟房子的熱水器包覆後，ＬＣＡ數值開始時是負數，」諾瑞斯說，「不過一旦你將使用後的影響計入，到了某個特定的點，以溫室氣體而論，就會因為遞增而變成正數。」因為房子使用了較少的電力或使用較少燃料油。[12]

手印將負值（我們的足跡）置於背景，同時將正值置於我們面前最顯著的位置。當我們受正面情緒所驅動時，我們做的事會讓我們覺得深具意義，也會促使我們持續更久，維持注意力的時間因此會增加。對照之下，擔心全球暖化的影響可能迅速地獲得我們的注意力，但一旦我們做了某件事讓我們感覺好些，我們就會覺得自己完成了。

「二十年前很難有幾個人會注意他們的行為將影響碳排放，」哥倫比亞大學的艾爾克・韋伯評論道，「當時沒有方法可以評估。現在碳足跡提供我們數據而能檢視我們的作為，使我們做這些決定變得比較容易：你能判斷出你站的位置。經過我們評估的事物，我們會更關注，因為目標就在附近。」

「但足跡是負面的數字，負面情緒是很不健康的原動力。例如你能恐嚇女性如果不檢查乳房可能會發生什麼事，以得到她們的注意。以這種戰術捕捉注意力只有短期效果，因為恐懼是負面的，人們只會採取足夠的行動，足以讓心情變得比較好——然後就會忘掉這件事。」

「對長期的改變而言，需要的是持續行動。」韋伯補充，「一段正面的訊息說，『這裡是該採取的較佳行動，同時有這些數字讓你看到自己正在做善事——當你繼續做的時候，你能持續感覺到自己正在做好事。那就是手印的美妙之處。』

---

12 各種汙染排放的細節各自不同——有些回收時點是幾個月，有些則是數年。例如微粒排放主要有兩個等級，兩種都會深入我們的肺部。它們的削減率（reduction rate）不同，但手印會將所有汙染類型對健康與生物多樣性的損害以單一得分列表。

系統的學問

「救難直升機」（Raid on Bungeling Bay）是早期的電玩遊戲，玩家坐上一架攻擊敵人的直升機，你能轟炸工廠、碼頭、坦克、飛機、船艦。

可是如果你了解那遊戲是在描繪敵人的供應鏈，你可以用一種更聰明的策略：先轟炸對方的補給船。

「但大多數人都是飛來飛去，盡快炸掉所有東西，」該遊戲設計者威爾．萊特（Will Wright）說。萊特以設計「模擬城市」（SimCity）及往後一系列成功的多玩家模擬遊戲而聞名。[13] 萊特設計這些虛擬世界的靈感是來自麻省理工學院的傅雷斯特，一九五〇年代傅雷斯特首先嘗試在電腦中模擬活生生的系統。（傅雷斯特是史德曼的心靈導師，也是現代系統理論的創始人。）

在我們合理關切電玩遊戲對孩子們的社交影響時，另一方面電玩遊戲卻有不為人知的好處，因為孩子可以從中學到一些訣竅，作為面對未知現實環境的基本原則。電玩遊戲教導孩子們如何在複雜的系統中不斷試驗。萊特指出，要贏得勝利，必須對遊戲內建的運算法則有一種直覺，想出如何在其中穿梭自如。[14]

「反覆試驗、逆向工程等要素充斥著你的腦袋——孩子們全程與電玩遊戲互動——學校正應該教導這種思考方式。當世界變得愈來愈複雜，」萊特補充，「電玩遊戲可以事先幫你做更好的準備。」

「孩子是天生的系統思考者。」彼得．聖治（Peter Senge）表示。他將系統思考（system thinking）帶進組織性的學習，同時最近他也在大學裡教導這種觀點。「你可以讓三個六歲的孩子觀察為什麼他們在遊樂場裡有那麼多架可以吵，他們就會發現自己有一種反饋迴路，只要彼此叫對方的名字就會傷感情；結果再叫名字、然後更傷感情——累積起來，最後就會打架。」

為什麼不將這種理解嵌入我們文化的一般教育中，傳承給子孫；就像茂．皮埃盧格傳授天體導航法？此稱為系統素養（systems literacy）。

諾瑞斯目前已加入哈佛公共衛生學院健康與全球環境中心，他在那裡長期教一門LCA的課程。他和我也一起做點腦力激盪，共同構思如果為孩子們設計一門課，以系統與LCA為主題，課程內容會是什麼樣子。

以發電廠排放的微粒為例，家庭使用熱水器包覆毯就能減少發電廠排放的微粒數量。

13 Will Wright, quoted in Chris Baker, "The Creator," *Wired*, August 2012, p. 68.

14 Celia Pearce, "Sims, Battlebots, Cellular Automota, God and Go," *Game Studies*, July 2002, p. 1.

這些微粒主要分為兩種，而且都會傷害肺部：微小的微粒會進入肺部最深處；另一些從一氧化氮或二氧化硫等氣體開始，轉變成微粒後也會造成同樣的傷害。

這些微粒對公眾健康是一大威脅，特別是洛杉磯、北京、墨西哥市、新德里等都會區，這些地區出現高度汙染的天數相當頻繁。世界衛生組織估計，由於戶外的空氣汙染，造成全球每年有三百二十萬人死亡。[15]

根據上述數據，任何一個健教課或數學課的班級，就能計算出城市裡煙霧瀰漫的一天所導致的「傷殘調整生命年」（disability adjusted life years，簡稱DALY。一個單位的DALY相當於一年損失多少健康）——這是計算因特定排放所損失的健康生活天數。即使是微小數量的暴露就能計算，然後轉換成在提高生病率上的作用。

不同主題會以各自的方式分析這些系統。例如生物學將探討肺部微粒導致氣喘病、心血管疾病、肺氣腫的機制。化學課會專注於一氧化氮、二氧化硫如何轉換成這些微粒。社會政策、公民課、環境研究會探討能源、運輸、建築業等系統例行地威脅大眾健康——以及這些系統應該改變，以降低對人們健康的威脅。

將這些學習放入學校課程中，有助於提升對系統思考的觀念，同時在孩子們進入較高年級的時候，可進一步闡述更詳盡的細節。[16]

「需要綜觀全局的注意力才能體會系統層次的互動，」理查·戴維森說，「你需要有彈性的注意力，使你能放大或縮小你的專注，就像一個可變焦的鏡頭，才能看到大的或小的部分。」為什麼不將這些解讀系統的基本技巧教導給你的孩子們？

教育可以提升心理模型。協助學生精通認知地圖（cognitive map），例如將產業生態學作為整體教育的一部分，代表這些見識在他們成年後將成為決策原則的一部分。

對消費者來說，這將影響他們思考購買什麼品牌，以及避開哪些品牌。對決策者而言，這些觀念會影響他們從去哪裡投資、製造程序、材料採購，乃至於業務策略及風險規避。最特別的是這種思考方式應該引領我們年輕一代中的部分人熱衷研究和發展，特別是沿著仿生學（bio-mimicry）的路線——以大自然的方式做事。

幾乎所有現今的工業平台、化學品、製造程序都是較早時期開發出來的，當時沒有人知道或關心對環境的衝擊。現在我們擁有ＬＣＡ聚焦與系統思考，我們需要全面重新思

---

15 在中國，戶外的空氣汙染導致一百二十萬人過早死亡；全球總數為三百二十萬人。見"Global Burden of Disease Study 2010," *The Lancet*, December 13, 2013。

16 我的書《生態素養》（*Ecoliterate*），是與生態素養中心（Center for Ecoliteracy）的貝內特（Lisa Bennett）和巴洛（Zenobia Barlow）共同撰寫。該書主張將學生的情緒融入環境教育中，但不包括此處描述的課程。

考——這是未來龐大的企業商機。

在一次數十位永續部門主管參與的閉門會議中，我聽到許多公司已經做了許多改善而深受鼓舞，從節省能源的太陽能工廠乃至於採購永續性的農作原料。不過我聽到有如合唱般的抱怨，清一色都說：「但是我們的顧客不在乎。」

長期來看，這種初步教育應該對解決這個問題有幫助。年輕一代居住在社群媒體的世界裡，來自數位超連結的力量能支配市場與心理。如果類似手印網站的方法如病毒般蔓延開來，將有助於創造目前缺少的經濟力量，從而迫使企業改變他們做生意的方式。

大家心中知道的資訊愈多愈好。當我們面對的是一個龐大無比的系統時，注意力必須廣為散布。一雙眼睛的視野畢竟有限，一大群人見到的會多出許多。最強大的個體能取得最大量的資訊、了解最深入、反應也最敏銳。我們，整體來說，能成為那樣的個體。

將系統知識加入一份冗長且成長中的清單，上面列載的，是世界各地人們為避免整個星球崩潰已經做出的努力。多多益善：改變也許不是仰賴單一支撐點，而是廣為分散的許多支撐點。這是保羅．霍金（Paul Hawken）在《看不見的力量》（*Blessed Unrest*）一書中主張的論點。當二〇〇九年哥本哈根氣候會議（一如其他的會議）未能達成協議後，霍金說：「與這次會議無關，因為我不知道改變將從何處而來。」

霍金的觀點是：「想像在哥本哈根有五萬人交換各種筆記、卡片、聯絡方式、想法等等，然後回去後將之散播至一百九十二個國家。能源與氣候是一個系統；這是一個系統問題。這也意味著我們所做的事都是治癒系統的一部分。這個系統並沒有阿基米德支點，我們要麼失敗；或者，如果我們加把勁，也可能會成功。」[17]

17 Paul Hawken, "Reflection," *Garrison Institute Newsletter*, Spring 2012, p. 9.

part 5 聰明的練習

chapter 15 一萬個小時的神話

艾迪塔羅德（Iditarod）的狗拉雪橇比賽可能是全世界最累人的比賽：橇夫與一群拉著雪橇的狗在北極挑戰一千一百多英里的賽程，至少必須跑上一週。典型的賽程是狗與橇夫白天行進，整晚休息；或整晚行進，白天休息。

蘇珊．布雪兒（Susan Butcher）透過以四至六小時不論日夜、交替行進與休息的方式，一改過去行進十二小時、休息十二小時的方式，改造了這項比賽。這是一種風險很高的創新——至少有一點，這讓她的休息機會變少了（當她的狗在休息時，她要忙著準備下一段路程）。不過布雪兒與她的狗群就是以這種方式練習，且從她第一次參賽開始，她就打從心裡知道這種竭盡全力的計畫行得通。

布雪兒總共贏了艾迪塔羅德大賽四次冠軍。在她不再參賽的十年後，她因白血病過世（她的弟弟在她童年時，就因這種癌症而過世）。為表揚她的貢獻，阿拉斯加州政府宣布將艾迪塔羅德大賽的第一天定為蘇珊．布雪兒紀念日。

身為獸醫技術人員的布雪兒，是對狗提供人道待遇的先驅。她對參加比賽的狗群提供全年不斷的照顧與訓練，而非賽前的例外做法。她也充分地調整，適應她的狗群能忍受的生理上限。對狗的待遇欠佳，是過去外界對該項賽事的主要批評。

布雪兒訓練她的狗，非常類似馬拉松跑者準備一場比賽，理解其餘部分的準備工作和比賽同樣重要。「對蘇珊而言，狗的照料是第一優先的工作，」她的丈夫大衛．蒙森（David Monson）告訴我。「她將她的狗群視為全年無休的專業運動員，給牠們最高水準的獸醫照顧、訓練與營養。」

接著是她個人的準備。「在冰雪中進行可能長達十四天的一千英里遠征，所牽涉的複雜性是大多數人無法想像的，」蒙森告訴我。「氣溫會從華氏四十度降至零下六十度；你完全被暴風雪擺布。你必須攜帶修理工具箱，為你和狗兒們準備食物與藥品，同時還要做出正確的戰略決策。就像為了去聖母峰登頂遠征而準備。」

「例如，在每個檢查點與檢查點之間約有九十至一百英里的距離，你必須為下一段路準備足夠的食物與補給品，每隻狗每天需要一磅的食物。但如果下一段路程可能出現暴風雪，你得為狗兒準備額外的食物與遮蔽物，這是會增加重量的。」

布雪兒必須做這種生死攸關的決定——同時保持機警與聚精會神——而且每天只能睡

一、二個小時。當狗群休息與奔跑的時間相當時，每逢休息她將忙著餵食狗群並讓自己填飽肚子，同時進行任何必要的修理工作。「在高度消耗精力與壓力重重的時刻保持全神貫注，意味著你必須擁有系統性的方法與良好的練習，才能在環境脅迫的情況下做出正確的決定。」蒙森說。

她花費了無數個小時將駕馭雪橇的技巧練得爐火純青，她也學會雪與冰的細微區別，讓她與狗群緊密結合。不過她的自律，是她的訓練模式中最著名的。

「她真的能完全專注，」另一位艾迪塔羅德大賽冠軍喬・隆揚（Joe Runyan）說。「這使她成為此項運動的真正好手。」

「一萬個小時法則」——要在任何領域達到巔峰必須練習的時間——已成為神聖的真理，在各網站與高績效的研討會不斷被奉為圭臬。[1]問題是：這個觀念只對了一半。

如果你是不善於打高爾夫球的人，每一次揮桿都犯同樣的錯誤，那持續練習一萬個小時錯誤的打法並不會改善你的球技。你還是個不善於打高爾夫球的人，只是更老一點。

說起一萬個小時法則，恐怕沒有任何人超過佛羅里達州州立大學心理學家安德斯・艾力森（Anders Ericsson），他研究專業能力與一萬個小時法則之間的關係。他告訴我：「機械化的重複動作對你是沒有幫助的，透過不斷地調整你的練習動作，才能使你愈來愈接近目標。」[2]

「你必須透過推進，用力地扭、捏、擠壓你的系統，開始時允許更多錯誤出現，然後才能讓你不斷地提高你的上限。」

除了像籃球、橄欖球等必須仰賴身高與體格大小等天生身材以外，艾力森說，幾乎「每個人」都能透過聰明的練習達成最高水準的表現。艾迪塔羅德大賽的其他橇夫一開始都排斥布雪兒。

布雪兒幾乎永遠不可能贏得比賽。「當年，」蒙森回憶，「艾迪塔羅德大賽一向被認為是男性牛仔類型的運動——野蠻、粗獷的戰鬥。你之所以參加是因為你認為自己夠強悍。其他的參賽者說布雪兒永遠不會贏——她對待她的狗像照顧嬰兒一樣。然後當她年復一年地獲勝後，人們發現她的狗群比其他參賽的隊伍更能適應賽程的艱苦。因而從基本上改變

---

1 一萬個小時法則的聲名大噪，來自葛拉威爾（Malcolm Gladwell）近乎不墜的暢銷書《異數》（*Outliers*）。我也曾在其知名度略盡綿薄之力：一九九四年，我在《紐約時報》撰寫這項研究的來源——這是安德斯．艾力森的研究，他是佛羅里達州立大學的認知科學家。他發現，例如最佳音樂學院的頂尖小提琴家，已經練習這項樂器達一萬個小時；那些只練習七千五百個小時的人，按字面上來說，往往是第二小提琴手。Daniel Goleman, "Peak Performance: Why Records Fall," *New York Times*, October 11, 1994, p. C1.

2 我為了一九九四年《紐約時報》那篇文章採訪了安德斯．艾力森。

了現在人們準備這場比賽的方法。」

艾力森認為她獲勝的祕密在於「經過刻意的練習」，就像一位專業級的教練（基本上這就是布雪兒與她的狗群的關係），經年累月地帶領你度過一段經過良好設計的訓練，同時你也全心投入。

經歷無數個小時的練習是達成絕佳表現必須的，但是還是不夠。在任何領域中，專家們是否在練習時全神貫注，會造成關鍵性的差異。例如，在他對小提琴家的著名研究中——那些最高水準者的練習都超過一萬個小時——艾力森發現這些專家都是全神貫注的練習，同時在大師級的導師引領下，針對特定部分改善他們的演出。[3]

聰明的練習永遠包括一種反饋迴路，讓你能發現錯誤而改正——這就是為什麼舞者會使用鏡子，同時有專家級眼光的人能從旁提供回饋——這也是為什麼每一位世界級的運動冠軍身旁一定有一位教練。如果你的練習缺乏這種回饋，你就無法登上巔峰。

回饋很重要，集中注意力也很重要——不僅僅是時間而已。

學習如何改進任何技巧需要的是由上而下的專注。神經可塑性（neuroplasticity）——為一種我們正在練習的技巧強化舊的大腦神經迴路，同時建立新的神經迴路——需要我們付出注意力：當練習開始時，如果我們專注於其他地方，大腦不會將相關神經迴路與那種特定的例行動作重新連接在一起。

做白日夢會使練習失敗；那些一邊看電視一邊運動的人永遠無法達到最高水準。付出完全的注意力似乎會增強大腦的處理速度、強化突觸的連接，同時對我們正在練習的事物擴張或創造神經網路。

至少一開始的時候是如此。不過當你精通新的例行動作時，重複的練習會將那種技巧從刻意專注的由上而下神經迴路，最後轉移至不花力氣執行的由下而上神經迴路。到了那個時點，你不需要思考該如何處理——你可以自發性地完成例行動作。[4]

---

3 Anders Ericsson et al., "The Role of Deliberate Practice in the Acquisition of Expert Performance," *Psychological Review* 47 (1993): 273-305. 以伊扎克．帕爾曼（Itzhak Perlman）為例，他以十三歲的神童之姿，到茱莉亞學院——極頂尖的表演藝術殿堂——向小提琴教師狄蕾（Dorothy DeLay）學習了八年。她的教學紀律嚴格，學生每天必須練琴五小時，同時狄蕾隨時給學生回饋與鼓勵。當帕爾曼離開學校時，至少已經勤練了一萬兩千個小時。但當你走上這條路，是否這種水準的練習就足以讓你一帆風順？在職業表演者中，擁有終身教練者屢見不鮮：歌唱家習慣仰賴聲樂教練，就像頂尖運動員依賴他們的教練一樣。沒有人可以在缺少大師級教師的情況下登上世界級的巔峰。即使是帕爾曼仍然有位教練：他的妻子托比（Toby），她本身是具演奏會水準的小提琴家，兩人在茱莉亞學院結識。四十多年來，帕爾曼十分珍惜她嚴格的批評，並視她為另一只耳朵。

4 並且請記住：一旦某種例行公事變成自動自發後，試著思考該如何執行，可能會干擾執行。由上而下可以取代由下而上，但不很有效。

此處正是業餘與專家的分野。業餘者在某個點上，會讓他們的努力變成由下而上的運作而感到滿足。經過約五十個小時的訓練——不論是滑雪或駕駛——人們會到達「已經夠好」的表現水準，也就是他們能在不太需要努力的情況下就能完成動作。他們不再感覺有集中注意力練習的必要，而滿足於他們已經學到的程度。不論他們再花多少時間練習這種由下而上的模式，他們的改善將是微乎其微的。

對照之下，專家會以由上而下的方式持續地付出注意，刻意地阻礙大腦敦促進行自發性的例行動作。他們會積極地集中注意力於那些他們尚未完美的動作、更正他們在比賽中無法做出的動作、專注於來自經驗老到的教練對特定動作的回饋。這些位於頂端的專家永遠不停止學習：一旦他們在哪一個點上開始放鬆而停止聰明的練習，他們大部分的演出就會變成由下而上，他們的技巧從此也將停滯不前。

「專家，」艾力森說，「會透過刻意設定高於他們目前水準的目標，建立與尋求更進一步的訓練，主動地抵銷朝向自發性的傾向。」更有甚者，「專家花愈多的時間，以充分集中注意力的方式，投資在經過深思熟慮的練習，他們就能將他們的演出進一步開發與精益求精。」[5]

布雪兒當年訓練她自己與她的拉雪橇狗群，以一個高效率的單位運作。她與她的狗群一年到頭都以二十四個小時的循環練習奔跑與休息，接著休息兩天——而不是以當時標準的十二個小時連續奔跑的方式，以避免她的狗群因過度勞累而緩慢下來。練習到艾迪塔羅德開賽時，她與她的狗群就處於巔峰狀態。

就像拉緊的肌肉一樣，專心注意的時間過長也會疲勞。艾力森發現世界級的競賽選手——不論是舉重選手、鋼琴家、狗拉雪橇隊伍——通常會限制費力的練習至每天四小時左右。休息與恢復體力因而成為訓練行為模式的一部分。他們尋求的是將自己與身體推向極限，但不會練習過多而使專注力在練習期間逐步減低。最理想的練習就是維持最理想的專心。

注意組塊

當達賴喇嘛進行他的世界之旅並向許多聽眾發表演說時，通常在他身旁擔任英語翻譯的是舒普登・金博（Thupten Jinpa）。當達賴以藏語演說時，金博會全神貫注地聆聽；偶爾

---

5 K. Anders Ericsson, "Development of Elite Performance and Deliberate Practice," in J. L. Starkes and K. Anders Ericsson, eds., *Expert Performance in Sports: Advances in Research on Sport Expertise* (Champaign, IL: Human Kinetics, 2003).

做一個簡短的筆記。然後當演說短暫停頓時，金博就以他優雅的牛津口音，用英語重複達賴剛才說的內容。[6]

有幾次我到海外演講，有當地的翻譯協助，我被告知每次只能說幾句話就要暫停，好讓翻譯能以當地語言即席翻譯，否則翻譯要記住太多內容。

不過這次當他們兩人對數千位聽眾演說的場合，我剛好在場，而達賴喇嘛演說沒有停頓的時間似乎愈來愈長，至少有一次他用藏語足足講了十五分鐘才停下來。這麼長的內容似乎沒有任何翻譯有可能記住。

在達賴打住之後，金博沉默了好一會兒，聽眾們明顯地開始擔心他面臨的記憶挑戰。

接著金博開始他的翻譯，而且他也連續講了十五分鐘——期間沒有猶豫甚至任何停頓。那是一次令人屏息的演出，感動的聽眾聽完後紛紛鼓掌。

祕密是什麼？當我詢問金博時，他將他強大的記憶力歸功於他在印度南部一所西藏喇嘛僧院擔任年輕僧侶時所受的訓練，當時他必須背誦長篇的文字。「當你只有八、九歲的時候就開始，」他告訴我，「我們應付的是傳統的藏文，當時我們還不能了解——就像歐洲的僧侶記住拉丁文。我們透過聲音來記憶。有部分文字是宗教儀式的聖歌，所以你會看到僧侶完全以記憶背誦那些聖歌。」

年輕僧侶們記憶的部分文字長達三十頁，還有數百頁的註釋。「我們會從早上開始記憶二十行，接著在白天當中快速地重複背誦幾次。到了夜晚，我們就在黑暗中背誦這二十行的文字，完全是透過記憶。到了第二天我們會再加上二十行，然後背誦全部四十行——直到我們能背誦整篇文字為止。」

聰明練習的專家艾力森已經對美國大學生傳授一種類似的才能，就是以不斷重複的方式，持續地增加隨機數字的記憶，最高紀錄達一百零二位（記住這種等級的位數必須花費四百個小時的專注練習）。艾力森也發現，敏銳的專注力可以讓學習者發現較聰明的方法，記住這些數字——不論在鍵盤上或在大腦的迷宮中。「當談到這種注意力的應用時，」金博吐露，「需要堅持不懈的精神，雖然這麼做可能很無趣，但你需要的是堅持。」

此等令人讚嘆的背誦能力似乎會擴大工作記憶的容量。工作記憶是我們專注幾秒鐘所記下的東西的暫時存放之處，然後我們再將這些東西傳遞到長期記憶。但這種表面上增加的記憶，並非記憶的真正延伸。祕密在於組塊——一種聰明的記憶形式。

「當達賴尊者說話時，」金博告訴我，「我知道他所說的重點，且大多數時候我知道他說的是哪些特定文字。我會在關鍵處做個速記，但當我說話時，很少會查詢速記。」所謂

6 雖然舒普登．金博在劍橋大學讀書與教書，但他告訴我，他的口音實際上是他年輕時收聽英國廣播公司向印度的廣播中學來的。

的「速記」就是組塊。

已過世的諾貝爾獎得主、卡內基梅隆大學電腦系教授赫伯特．西蒙（Herbert Simon）多年前告訴我：「每位專家在他們的專業領域中都需要一些像這樣的記憶力。」記憶就像一個索引；專家們熟悉的資訊大約有五萬個他們認知的組塊。對醫生來說，這些組塊中有許多是病徵。[7]

內心的健身房

將注意力想成一種心理的「肌肉」，我們可以透過練習來強化這種肌肉。背誦可以強化這種肌肉，集中注意力也可以。再三舉起重物的心理模擬，不斷地通知我們的心思飄移了，然後將之拉回目標。這剛好是冥想中單點專注的特性（透過認知神經學的聚焦觀察），通常也牽涉專注力的訓練。別人告訴你專注於一件事物，例如一首聖歌或你的呼吸。嘗試一段時間，你的心將不可避免地飄移出去。

因此一體適用的指示是：當你的心思飄移了——同時你也注意到你的心思飄移了——將它帶回你要的專注點，並將你的注意力維持在那裡。當你的心思再度飄移時，做同樣的事。然後再一次、再一次、再一次。

艾默理大學的神經科學家運用功能性磁振造影（functional magnetic resonance imaging，簡稱fMRI）研究冥想者的大腦經歷此種心思的簡單動作。[8]這種認知的循環有四個步驟：你的心思飄移了、你注意到心思正在飄移、將注意力移到你的呼吸、將注意力維持在那裡。

在你的心思飄移時，通常大腦會啟動內側的神經迴路。當你注意到你的心思已經飄移時，另一個注意網路就會突起而活躍起來。同時當你將專注轉回至你的呼吸，也停在那裡時，前額葉的認知控制神經迴路就會接管。

如同任何運動練習，愈多的練習會使肌肉愈強壯。研究發現，較有經驗的冥想者在注意到心思飄移時，比較能阻止大腦內側部位啟動；使他們的念頭不會「黏住」，也因而較能放掉念頭回到呼吸。在心思飄移的地區與脫離專注的地區也有較多連接。[9]這項研究顯

---

7 我為《紐約時報》採訪了赫伯特．賽門。見Goleman, “Peak Performance: Why Records Fall”。

8 Wendy Hasenkamp et al., “Mind Wandering and Attention During Focused Attention,” *NeuroImage* 59, no. 1 (2012): 750-60.

9 對有經驗的冥想者來說，休息狀態下的連結性在與脫離注意有關的內側區與頂葉區之間增加了，表示控制脫離的區域可根據與自身相關的心思飄移來掌控內側前額葉皮質，而練習可以使連結性變得更強則說明了神經可塑性的效果。Wendy Hasenkamp and Lawrence Barsalou, “Effects of Meditation Experience on Functional Connectivity of Distributed Brain Networks,” *Frontiers in Human Neuroscience* 6, no. 38 (2012): 1-14.

示，長期從事冥想者其大腦所增加的連接性，類似那些競賽型的舉重運動員使用完美的胸大肌。

善於鍛鍊肌肉的人都知道，單憑舉舉啞鈴等重物，是不會讓你的腹部出現六塊肌的——你得做一些特定的緊縮動作才能鍛鍊相關的肌肉。訓練注意力也是類似的做法。將專注集中於一個點，是基本的注意力建立法，但是那種強度可以用許多不同的方式來達成。

在心理的健身房裡，就像許多健身訓練中心一樣，練習時的細節才能造成與他人不同之處。

強調正面

拉瑞．大衛（Larry David）是最近風行的情境喜劇《歡樂單身派對》（*Seinfeld and Curb Your Enthusiasm*）的製作人，他在布魯克林大受歡迎，但他大部分時間住在洛杉磯。有一次他為了拍戲——在戲中扮演他自己——住在曼哈頓，大衛抽空去洋基球場看一場棒球賽。比賽中休息的時候，攝影機將他的影像顯示在巨型的超大螢幕上。整個球場的所有觀眾都站起來向他歡呼。

但當大衛那晚稍後離開時，在停車場有人從經過的車子探出頭來大喊：「大衛，你這個爛人！」

在回家的路上大衛深受困擾：「那個人是誰？那是怎麼一回事？誰會那麼做？為什麼會那麼說？」

這就好像五萬名仰慕他的粉絲並不存在——只有那一個人存在似的。[10]

負面性使我們專注於一個狹小的範圍——讓我們意志消沉（心理喪失平衡）。[11] 認知療法的法則是讓我們找到占據專注於經驗中的負面因素，從而提供憂鬱症的處方。認知療法的治療方式可能會鼓勵像拉瑞・大衛之類的人，將對他良好的感覺帶入心頭，例如球場觀眾對他瘋狂歡呼的時刻，讓他專注於那一點上。

正面情緒會放寬我們注意的寬度；我們會自由地完全接納。的確，當掌握正面性之後，我們的認知改變了。如專門研究正面感覺與其效果的心理學家芭芭拉・佛德芮森（Barbara Fredrickson）所形容的，當我們感覺良好時，我們的意識會從以自我為中心的

---

10 拉瑞・大衛對洋基球場民眾的反應曾被報導，見"The Neurotic Zen of Larry David," *Rolling Stone*, August 4, 2011, p. 81。

11 Taylor Schmitz et al., "Opposing Influence of Affective State Valence on Visual Cortical Decoding," *Journal of Neuroscience* 29, no. 22 (2009): 7199-7207.

「我」，擴大成為較包容與溫馨的「我們」。[12]

專注在負面或正面的事物提供我們一個權衡大腦如何運作的工具。戴維森發現，當我們處於樂觀、精力旺盛的心情時，我們大腦的左前額葉區就會發亮。左前額葉區也存放一些神經迴路，當我們終於達成一些長期追尋的目標時，會提醒我們自己有多棒——就是這種神經迴路讓研究所的學生持續投入在令人怯步的論文上。

在神經的層面，正面性反映了我們能維持這種展望多久。例如有一種技術性的評估，是當一個人看到某人幫助一位不幸的人之後，能保持多久的笑容；或當一個人看到一個初學走路的孩子昂首闊步地向前走之後，又能保持多久的笑容。

這種充滿陽光的展望會呈現在態度上：例如遷移至一個新的城市或認識新的人們，是開放令人興奮的可能性——發現一些美好的地方、交新的朋友——的一種冒險，而不是令人害怕的一步。當生活中帶來出乎意料的正面時刻，例如一次溫馨的交談，那種令人愉悅的心情會綿延不絕地持續下去。

可能如你所料，經歷過這種光明的人專注於好事總會出現，而非僅是烏雲罩頂。相反地，犬儒主義會滋生悲觀主義：不僅烏雲罩頂，而且堅信還有更黑暗的未來潛藏在後。一切都仰賴你的專注力在哪裡：究竟是那個令人不舒服的傢伙，或五萬名歡呼的觀眾。

大腦的獎勵神經迴路會以行動反映正面性。當我們快樂時，大腦中央腹側紋狀體

（ventral striatum）內的伏隔核就會啟動。這個神經迴路似乎對動機非常重要，同時會感覺你正在做的事是有正面助益的。這些神經迴路充滿多巴胺，是正面感覺的驅動者，讓我們努力朝我們的目標與欲望前進。

多巴胺會與大腦本身的鴉片劑結合在一起，其中包括腦內啡（endorphin，使跑者產生愉悅感的神經傳送物質）。多巴胺可能會刺激我們的原動力與堅持不懈，同時鴉片劑為我們的行動添加一種快感。

當我們正面時，這些神經迴路會保持活潑積極。在一項有力的研究中，比較憂鬱症患者與健康的人，戴維森發現，在看過快樂的場面後，那些憂鬱症患者無法維持樂觀正面的感覺——他們獎勵神經迴路關閉的速度比健康者快得多。[13]我們大腦的執行區域能啟動這種神經迴路，使我們較能維持樂觀正面的感覺，即使有挫敗仍然勇往直前，或咬緊牙關朝向想像中最後會讓我們露出笑容的目標。正面性對我們的績效大有幫助，提供動力讓我們更專注、思考具彈性、更不屈不撓。

這裡有個問題是：如果你的人生一切順遂，十年後你將會做什麼？

---

12 Barbara Fredrickson, *Love 2.0* (New York: Hudson Street Press, 2013).

13 Davidson and Begley, *The Emotional Life of Your Brain.*

這個問題讓我們產生一點夢想，考慮什麼是我們真正重要的事物，以及這點將如何引導我們的人生。

「說說你正面的目標與夢想，就會啟動你的大腦中心，進而為你開啟更多新的可能性。但如果你將話題轉變成你該如何讓自己復原，大腦中心就會關閉，」凱斯西儲備大學管理學院心理學家理查．伯亞紀斯（Richard Boyatzis）說。

探討個人指導訓練的這些對照效果，伯亞紀斯與同事們掃描接受訪談的大學生的大腦。[14]對其中一部分的人，訪談專注於他們在十年後最愛做的事，以及他們希望在大學期間能獲得什麼。大腦掃描顯示，當訪談專注於正面性時，負責良好感覺與快樂記憶的獎勵神經迴路呈現較高的活動。當我們感覺自己被願景激勵時，將這想成一種開放的神經標記。

對其他訪談者就專注在比較負面的問題：日常課程與作業的壓力有多大、交朋友的困難度、擔心課業的表現。當這些學生應付這些負面問題時，他們的大腦啟動了那些產生焦慮、內心矛盾、悲傷的區域。

伯亞紀斯認為，專注於我們的優點，可催促我們朝向一個想要的未來，同時刺激我們對新觀念、人、計畫的開放態度。對照之下，專注於我們的缺點會引發防衛性的責任感與罪惡感，使我們關閉自己。

正面的態度讓你在練習與學習中保持愉快的心情——這也是為什麼就算最老練的運動

員或表演家，在練習他們的動作時仍然十分享受。「你需要負面的專注以求生存，但你也需要正面的專注以求成功，」伯亞紀斯說，「你兩者都需要，但必須是正確的比率。」

該比率在正面時的表現會遠優於負面，這項比率後來被稱為「洛沙達效應」（Losada effect），來自馬薛爾．洛沙達（Marcial Losada），他是組織心理學家，專門研究高績效企業團隊的情緒。經過分析數百個團隊後，洛沙達判定最有成效的團隊正面／負面比率至少必須有二．九次的良好感覺對一次負面的時刻（正面性有個上限：當洛沙達比率達到11：1時，該團隊明顯會因為過於欣喜若狂而無法維持績效）。[15]根據芭芭拉．佛德芮森的研究，相同的比率範圍也適用於人生運勢正旺的人。佛德芮森是北卡羅萊納大學的心理學家（她是洛沙達的前任研究助理）。[16]

---

14 Anthony Jack et al., "Visioning in the Brain: An fMRI Study of Inspirational Coaching and Mentoring," submitted for publication, 2013.

15 M. Losada and E. Heaphy, "The Role of Positivity and Connectivity in the Performance of Business Teams: A Nonlinear Dynamics Model," *American Behavioral Scientist* 47, no. 6 (2004): 740-65.

16 B. L. Fredrickson and M. Losada, "Positive Affect and the Complex Dynamics of Human Flourishing," *American Psychologist* 60, no. 7 (2005): 678-86.

伯亞紀斯也證明，這種正面性偏差（positivity bias）亦適用於訓練——不論是老師、父母、老闆，或是企業主管的個人教練。

以一個人的夢想與希望展開的對話，能引領產生願景的向學之路。這種對話可能會從總體的願景摘取出一些具體目標，然後審視要如何做才能完成這些目標——以及我們希望改進哪些能力，以達到我們的目標。

與之對照的是一種較常見的方式，專注於一個人的弱點——不論是糟糕的成績或未達每一季的業績目標——以及要做什麼來補救這些情況。這種對話專注於我們以及我們做錯了什麼事——我們的失敗以及必須做什麼來「修補」自己——一切感覺包括罪惡感、恐懼，以及隨之而來的類似感受。這種方式最糟糕的版本之一發生在家長因為孩子成績低落而處罰孩子，一直處罰到孩子改善為止。伴隨被處罰而來的焦慮感，事實上在孩子嘗試集中注意力與學習時會阻礙孩子的前額葉皮質，形成對改善的進一步障礙。

伯亞紀斯在凱斯西儲備大學企管碩士與企業主管的課程中，多年來都應用「夢想第一」的指導方法。可以確定的是，光有夢想是不夠的：你必須在每次自然發生的機會來臨時，練習任何一種必要的新能力。在任何的一天當中，這可能意味著從零至十餘種機會去練習你嘗試專精的例行程序，以使你往夢想邁進。這些時刻到後來可以累積起來。

曾經有一位企管碩士在職訓練班的經理人，他希望能建立較佳的人際關係。「他的背景是工程師，」伯亞紀斯告訴我。「給他一項任務，他看到的就是那項任務，而不是那些與他共事一起完成任務的人。」

因此他的學習計畫變成「花時間思考別人有什麼感覺」。為了得到這項練習的定期性與低風險的機會，他幫忙訓練他兒子的足球隊，同時在指導時嘗試專注於球員的感受上。

另一位主管以相同的學習目的，自願在貧窮社區的中學擔任輔導老師。利用這次機會，伯亞紀斯說，「幫他自己學習更能與他人協調一致，同時在幫助別人時十分溫和。」這是他帶進職場的新習慣。由於十分喜愛輔導老師的工作，因此他又登記了幾個回合。

為了得到此種方式如何運作的資料，伯亞紀斯系統化地評等此課程的所有學生。由認識這些學生的人或共事者，以匿名方式評等他們特定行為所展現的ＥＱ勝任能力是否屬於高績效（例如「透過專注聆聽了解他人」）。他連續多年追蹤這些學生，然後再次對他們進行評等。

「到目前我們已經完成二十六批不同的長期研究，不論他們目前在哪裡工作，我們都持續追蹤。」伯亞紀斯告訴我。「我們發現在他們第一回合有所改善之後，在長達七年後仍然能持續維持下去。」

不論我們嘗試磨練的技巧是運動或音樂、增強我們的記憶力或更好的聆聽者，聰明練習的基本要素是相同的：理想地、和樂趣有力的結合、聰明的戰術、完全的專注。

在我們完成探討專注力的三種不同性質後，我們也知道了如何增強其中每一種的方法。聰明的練習於是進入一種基本的層次——培養注意力的基本原則，三種專注力就建立在這些基本原則上。

chapter 16 大腦與電玩遊戲

世界冠軍丹尼爾・凱茲（Daniel Cates）打從六歲就開始投入例行性的訓練，當時他首次發現自己天生就喜歡「終極動員令」（Command & Conquer），在當時是跟著微軟Windows一起免費附送的遊戲。凱茲從此不屑與其他孩子一起玩耍，寧可在他父親市郊房子的地下室長時間玩這個遊戲。[1]

念數理高中時，凱茲會蹺課並找到方法闖進電腦室去玩「踩地雷」（Minesweeper）。這種遊戲必須在不透明的格子中找到地雷，同時在上面豎立旗子——但不能暴露任何一個，否則就會爆炸，結束遊戲。雖然他剛開始玩得不怎樣，但經過無數個小時的練習後，凱茲

1 The tale of Daniel Cates was told by Jay Kaspian Kang in "The Gambler," *New York Times Magazine*, March 27, 2011, pp. 48-51.

能在九十秒內清除所有地雷——與一開始相比，這簡直是不可能的壯舉（當我嘗試上線去玩了以後，我完全無法想像他是怎麼辦到的；你也可以試一下就知道）。

到了十六歲，他發現了他的專長：線上撲克。僅僅十八個月內，凱茲從輸一場五美元的遊戲，到贏了五十萬美元（正是時候——幾年後線上撲克就變成違法的標的，至少在美國是如此）。那時他二十歲，已經從遊戲中贏了五百五十萬美元，比排名第二高的玩家在該年報告的利潤還多出一百萬美元。[2]

凱茲贏得這麼驚人的數目是透過反覆不斷地玩，不是一個接一個，而是與來自世界各地的玩家同時玩很多場，其中包括最專業的專家。只要你應付得了，線上撲克可以讓你同時應戰任何數目的玩家，也提供玩家即時的輸贏回饋，這些回饋可以讓你迅速跟著學習曲線的蹤跡。能同時玩十二場牌的十多歲青少年，可以在短短幾年內累積這種遊戲的微妙之處，他的經驗不亞於一生都在拉斯維加斯賭桌上玩牌的五十多歲玩家。

凱茲在撲克的天賦，很可能是在他小學一年級時一頭栽進「終極動員令」後，建立了認知的基礎。要贏得那種戰鬥遊戲必須將各種因素迅速地認知處理，像是你的軍隊如何進行部署、當你的敵人變弱時你能機警地掌握暗示、在攻擊時不留活口。就在他轉向撲克前，凱茲贏得「終極動員令」的世界冠軍；注意力的技巧與殺手的天性，讓他已經準備好以冠軍身分進入撲克牌的遊戲。

不過在凱茲二十多歲以後，他突然驚覺社交世界一片荒蕪，感情生活也完全空白。他開始找尋能讓他享受勝利的生活型態。這代表什麼？

「練習。女孩。」他言簡意賅地說。

身為線上領域的世界冠軍，對他在當地酒吧的單身夜沒能提供什麼幫助。電玩遊戲的強項——像是在對方露出第一個轉弱信號時就猛烈進攻——很難用在約會上。

最後一次我聽到的消息是凱茲在讀我寫的《共融的社會智能》（*Social Intelligence*）。我衷心祝福他。那本書認為大腦中的人際神經迴路幫助我們與他人連接互動，像是那些線上撲克專家就缺乏這種重要的學習迴圈，例如在第一次見面時就留下好印象。

「那些共同啟動的神經元，就是會連結在一起的神經元。」心理學家唐諾．賀伯（Donald Hebb）於一九〇〇年代巧妙地形容。大腦就像塑膠，在我們的每一天持續地重塑其神經迴路。當我們進行某件事時（不管是任何事），大腦會強化相關的部分神經迴路，但不會強化其他的。

---

2 當然，撲克不只是一種技巧；一連串的滿手爛牌能讓最棒的玩家處於劣勢。但經過上千次的遊戲後，些微的技巧優勢就能獲得回報。可以理解，線上撲克贏家的特色之一，是無懼於冒險的能耐，是你可以在眨眼間輸掉數十萬美元的基本態度。

在面對面的互動時，我們的社交神經迴路會拾起多種暗示與信號，幫助我們完好地連結，同時連接相關的神經元。但是在線上花了數千個小時的時間，大腦的社交連結部分幾乎完全沒有用到。

是增強腦力，還是是對心理的傷害？

「我們的社會化大多是透過機械。」社群媒體研究基金會（Social Media Research Foundation）創辦人馬克・史密斯（Marc Smith）說，「也因此開啟了絕佳的機會與許多讓人憂慮的問題。」[3]雖然「大多是」似乎言過其實，關於機會與憂慮的辯論正在激烈進行，辯論的焦點就是電玩遊戲。

大量的研究報告顯示，這些遊戲一方面會傷害心智，另一方面會增強腦力。究竟遊戲是給孩子們侵略性的邪惡訓練？或遊戲的確訓練重要的注意力技巧？或兩者皆是？

為了有助於解決這項爭端，夙負盛名的《自然》（*Nature*）期刊召集六位專家探討電玩遊戲的益處與傷害。[4]結果就像食品的效果一樣——完全視情況而定：少許是營養的；其他大多數是有毒的。以電玩遊戲而言，答案的關鍵在於個別遊戲以特定方式強化了大腦中哪些神經迴路。

以那些極度亢奮的賽車與快速射擊的戰鬥遊戲為例。這些動作遊戲的資料顯示，視覺注意力、處理資訊的速度、追蹤目標、從一個腦力任務轉換到另一個腦力任務等能力，全都為之提高。許多此種遊戲甚至似乎在統計推論上提供一種無聲的指導——也就是，根據你的資源與敵人的數目，感覺到你能擊敗敵人的機會有多高。

同時就普通的電玩遊戲研究結果而言，各種遊戲都可以改善視覺的敏銳與空間的感覺、注意力的轉換、決策、追蹤目標的能力（然而許多研究報告並未讓我們知道，人們在玩這些遊戲前是否已具備此等腦力技巧，還是因為這些遊戲改善了他們的腦力技巧）。

那些難度提高的認知挑戰遊戲——需要更準確、完全專注的注意力，以更快的速度反應、工作記憶的寬度增加——可以驅動大腦的正面改變。

「當你必須不斷掃描螢幕以發現極微小的不同（因為這可能是敵人來臨的訊號），然後將注意力朝向那個區域，你可能就具備那些注意力的技巧，」愛荷華州州立大學媒體研究實驗室的認知科學家道格拉斯・詹泰爾（Douglas Gentile）說。[5]

---

3 Marc Smith was quoted in the *Boston Globe*, July 28, 2012, p. A6.

4 Daphne Bavelier et al., "Brains on Video Games," *Nature Reviews Neuroscience* 12 (December 2011): 763-68.

5 Gentile, quoted ibid.

不過他也補充說，這些技巧不見得能良好地轉換到視頻螢幕以外的生活。雖然這些技巧可能在一些特定的工作上具有極高的價值，例如飛航管制人員。但當你身旁坐了一個動個不停的小孩子，而你想專注於閱讀，這些技巧可能就派不上用場。部分專家認為，快節奏的遊戲可能會讓一些孩子更能適應與教室不同的刺激率，也可能是解決學校平常太無聊的藥方之一。

雖然電玩遊戲可能會強化注意技巧，像快速過濾視覺中讓人分心的物件，但對於提升重要的學習技巧，持續專注於逐漸演進中的一團資訊——例如在教室中全神貫注並了解你正在閱讀什麼，你如何將現在正在學習的內容與過去一週或一年學到的連貫起來——卻沒有什麼幫助。

此外孩子們花在電玩遊戲的時間與他們在學校課業的表現呈現負相關，很可能與從學習偷取時間玩遊戲成正比。當三千零三十四位新加坡的兒童與青少年接受為期兩年的追蹤研究時，那些成為頂級電玩遊戲玩家的孩子呈現的是焦慮、憂鬱、社交恐懼症以及成績的大幅滑落。不過一旦他們停止玩遊戲的習慣，所有的問題都為之下降。[6]

接著是無止境地玩電玩遊戲使得大腦順應快速、暴力的反應帶來的負面影響。[7]前述專家小組說，此處所說的一些危險已經被風行的傳播媒體渲染誇大：暴力遊戲可能會增加低度的侵略性，但單憑這些遊戲還不足以讓教養良好的小孩變成暴力份子。然而當一些像是在家庭受到身體虐待的受害者（他們本身就已較具暴力傾向）玩這種遊戲時，可能會有危險的綜合效益——不過迄今還是沒有任何人能確認哪個孩子體內一定會出現這種有害的化學反應。

但長時間熱中於消滅大批敵人的遊戲，可想而知會鼓勵「敵對的歸因偏差」，當在走道上被另一個孩子碰撞身體時，就會立即假定對方有惡意。同樣讓人困擾的是，暴力的電玩遊戲玩家在目擊他人遭到霸凌之類的惡意行為時，他們的關心會減輕。

基於對偏執的警戒心，此種暴力遊戲有時會使精神失常者在煽動與混淆下受到鼓勵，兩者互相混合而出現悲劇性的結果，我們捫心自問，是否希望將這種心理選項提供給年輕人？

一位心理學家告訴我，由於新世代都是玩電玩遊戲或黏著視頻螢幕長大，相當於進行

---

6 Ibid.

7 根據共三萬零兩百九十六位遊戲玩家或對照組的一百三十六項獨立研究，攻擊性增強是目前最全面的後設分析（meta-analysis）的發現。Craig A. Anderson, "An Update on the Effects of Playing Violent Video Games," *Journal of Adolescence* 27 (2004): 113-22. 亦見於John L. Sherry, "Violent Video Games and Aggression: Why Can't We Find Effects?" in Raymond Preiss et al, eds., *Mass Media Effects Research: Advances Through Meta-Analysis* (Mahwah, NJ: Lawrence Erlbaum, 2007), pp. 245-62。

一次前所未有的實驗：與過去的世代相比，「他們的大腦在人生中形成的方式迥然不同」。長期的問題在於此等電玩遊戲對他們大腦的神經線路、對社會結構有什麼影響？同時這種情況是會開發新的優勢，還是會扭曲原有健康的發展？

從正面的角度而言，雖然在各種分心事物的誘惑下，電玩遊戲玩家仍然能維持專注的要求，足以加強執行功能，不論是目前完全的集中，或稍後能抵抗衝動。如果你將遊戲加上必須與其他人合作與協調，你就是在演練一些有價值的社交技巧。

玩那些需要合作的電玩遊戲的孩子們，在日常生活中更願意幫忙。或許那些純粹暴力、「個人抵抗所有人」的電玩遊戲應該重新設計，使勝利的策略要求幫助那些陷入困難的人，而且必須找尋幫手與同盟——不只是敵對的掃描。

聰明的遊戲

十分風行的「憤怒鳥」（Angry Birds）吸引了數百萬人專心地以手指輕彈數十億小時。如果將那些發射的神經元連接起來，你不得不想想，當你的孩子（或你自己）花了那麼多時間在「憤怒鳥」上，究竟有什麼大腦的技巧因此而精進——如果有的話。

當專注力最強的時候，大腦學習與記憶的效果最好。電玩遊戲集中人們的注意力，同時讓人們不斷地重複、重複、再重複相同的動作，與強而有力的個別指導雷同。這代表玩電玩遊戲是一個訓練大腦的機會。

奧勒岡大學麥可・波斯納（Michael Posner）的小組曾對一群四到六歲的孩子進行五天的注意力訓練，每一段的時間最長四十分鐘。部分時間他們在玩一個遊戲，用控制桿控制一隻在螢幕上的貓，試圖抓住小小的移動物體。

雖然就追蹤注意力之神經網路的改變而言，只有三個多小時的訓練時間很短；但大腦波長的資料顯示，執行注意力的神經迴路活動出現改變，朝向在成人才能看到的水準。[8]

結論：鎖定注意力最差的孩子提供此種訓練——那些有自閉症、注意力不足與其他學習問題的孩子——因為他們可望獲益最大。除了治療課程外，波斯納的小組建議注意力訓練應該是每位兒童教育的一部分，可以幫助他們全面性的學習。

與波斯納看法相同的人認為，此種具潛力的大腦訓練可透過特殊設計的遊戲，改善從「懶惰眼」（lazy eye，技術上稱為弱視〔amblyopia〕）的視覺追蹤，到外科醫生的手眼協調之間的一切。研究報告顯示，警示網路的缺陷是注意力缺失症的基礎；適應上的問題則見於

---

8 關鍵部分：前扣帶迴。見M. R. Rueda et al., "Training, Maturation, and Genetic Influences on the Development of Executive Attention," *Proceedings of the National Academy of Sciences* 102, no. 41 (2005): 1029-40。

自閉症。[9]

在荷蘭，注意力不足過動症的十一歲孩子會玩需要高度注意力的電玩遊戲：例如必須對突然冒出來的敵方機器人高度警戒，同時當他們在電動中的化身能量太低時，也必須維持警覺。[10]經過每次玩一小時、合計八小時之後，即使有讓人分心的東西，他們也比較能專注了（不只是在玩遊戲的時候）。

在最佳狀態下，「電玩遊戲是以高度刺激的方式進行控制的訓練」，結果是「持久性的身體與功能性的神經重塑」。加州大學舊金山分校神經科學家邁可．莫桑尼克（Michael Merzenich）說。他曾經領導設計一些電玩遊戲，目的在重新訓練患有失憶與失智症等神經功能障礙的老年人。[11]

在默克藥廠實驗室負責全球藥品開發——包括神經科學——的賓．薛皮洛（Ben Shapiro），加入一家設計電玩遊戲的董事會，該公司的遊戲是為了提高注意力與盡量減少分心。他認為運用這種聰明的訓練，效果比藥物更好。「類似這類的電玩遊戲能減緩因老化而損失的關鍵性認知功能。」薛皮洛告訴我。

他補充：「如果你想使人們的心理過得比較好，那就直接從心理目標著手，不該從分子著手——藥物是散彈式的方法，因為大自然在許多不同的目的上使用相同的分子。」

莫桑尼克博士不建議隨便挑選現成的套裝電玩遊戲（功能混淆不定），他偏好的是訂做以認知技巧為目標的遊戲。詹泰爾建議，新一代的大腦訓練應用軟體將會應用聰明的練習技巧，出色的教師對這些技巧都很熟悉：

- 以漸進方式提供愈來愈困難的層級與明確的目標
- 適合特定學習者的步調
- 立即的回饋與逐步的練習挑戰，直到大師級的水準為止
- 在不同的背景中練習同樣的技巧，以鼓勵技巧轉移而能重複運用

部分人士預測，有朝一日，大腦的訓練遊戲將成為學校的標準課程，最好的遊戲還會

---

9 另一個與注意力不足過動症相關的：管理注意力、執行功能與自我控制的前額葉區域不夠活躍。M. K. Rothbart and M. I. Posner, “Temperament, Attention, and Developmental Psychopathology,” in D. Cicchetti and D. J. Cohen, eds., *Handbook of Developmental Psychopathology* (New York: Wiley, 2006), pp. 167-88.

10 O. Tucha et al., “Training of Attention Functions in Children with Attention Deficit Hyperactivity Disorder,” *Attention Deficit and Hyperactivity Disorders*, May 20, 2011.

11 Merzenich in Bavelier et al., “Brains on Video Games.”

一邊收集玩家的資料，一邊將遊戲本身調整為正好就是玩家所需要的遊戲——也就是一位具同理心與認知能力的家庭教師。與此同時，專家們悲慘地承認，花在此種教育性應用軟體的資金，與遊戲公司的預算相比少得可憐——因此即使是目前最佳的大腦訓練工具，也不過是「俠盜獵車手」（Grand Theft Auto）的模仿抄襲。但情況已經有改變的跡象。

我剛剛觀察我的四個孫子，他們一個接一個地玩 iPad 測試版本的遊戲「堅持」（Tenacity）。這個遊戲透過六個畫面中的任一個，從荒蕪的沙漠乃至於一條通往天際的梯子，給你一趟休閒之旅。

挑戰：你每次吐氣時，就用一隻手指輕拍 iPad 面板。在每一回的第五次吐氣時，就用兩隻手指輕拍 iPad 面板——至少在初學者的水準。

當時我的四個孫子們分別是六歲、八歲、十二歲、十四歲。他們即將提供一次大腦成熟度與注意力的實驗。

六歲的打先鋒，他選擇了沙漠畫面，畫面裡讓他沿著一條路緩緩地穿過沙丘、棕櫚，然後抵達滿是泥土塗抹的住所。第一次嘗試他必須被提醒該做些什麼；到了第三次他已經很能協調他的輕拍與呼吸——雖然有時他還是忘了用兩隻手指輕拍。即使如此，當他每次做對時，沙漠中就會緩慢地長出玫瑰，讓他很高興。

一條梯子朝向天空盤旋而上，是八歲孫子的選擇。當梯子伸開向上時，有時會出現讓人分心的東西：一架直升機飛入視野，翻了個滾，然後飛走；稍後還來了一架飛機、一群飛鳥——到了最高的地方，有各式各樣的人造衛星。雖然那天她有點發燒，但她持續輕拍了整整十分鐘。

下一個孫子剛滿十二歲，選了太空中的一條梯子，分心的東西包括行星、流星雨、隕石。雖然她的兩個弟弟、妹妹在旁邊透過控制他們的呼吸與大聲數，幫她正確的輕拍，但她依舊自然地呼吸。

到最後，十四歲的選擇了沙漠畫面，然後不費力地完成整個程序。結束後她告訴我：「我感到安靜與放鬆——我喜歡這個遊戲。」的確，當他們每個人將呼吸與手指輕拍的韻律協調一致後，都立即著迷入神。「我感到真正的專注，」我十二歲的孫子描述道：「我想再做一次。」

這正是遊戲設計者希望達到的目的——堅持。戴維森告訴我，這個遊戲是威斯康辛大學的設計小組以他的構想設計，並贏得遊戲設計獎。「我們在沉思的神經科學研究中學到專注與平靜，將之設計成一個遊戲，以讓孩子們能從中獲益。」

「堅持」強化了選擇性的注意力，「這是一種為所有其他各類型學習建立的基石，」他補充。「注意力的自我調節，讓你能專注在明確的目標與抗拒各種分心事物。」這是任何領域要通往成功的鑰匙。

「如果我們能創造一種孩子們想玩的電玩遊戲，這是訓練注意力的一種有效方式，就看孩子們花多少時間以及如何讓這個遊戲自然地進入他們之中，」戴維森說。他是威斯康辛大學調查健康心智中心（Center for Investigating Healthy Minds）的主管。「他們將會喜愛做他們的家庭作業。」

史丹佛大學有一個平靜科技實驗室（Calming Technology Lab），專注於各種能嵌入注意力、平靜專注的裝置。其中一個平靜器具，稱為「呼吸計量器」，你戴著一條能察知你呼吸率的帶子。開發商稱為「電郵窒息」（email apnea）的開關一旦被啟動，有個 iPhone 應用軟體能引導你透過專注的練習來平靜你的呼吸與心情。

史丹佛大學設計學院提供的一門研究所課程稱為「設計平靜」（Designing Calm）。身為老師之一的葛斯．戴（Gus Tai）說：「許多矽谷科技都朝向分心。但有了平靜科技，我們問的是如何為這個世界帶來更多平衡。」[12]

12 Gus Tai, quoted in Jessica C. Kraft, "Digital Overload? There's an App for That," *New York Times*, Sunday, July 22, 2012, Education Supplement, p. 12.

chapter 17 呼吸的夥伴

當你走進一一二公立學校時，儘管面前是一位親切又上了年紀的女警，你還是要在看守桌前簽名。不過當我有天早晨走進學校走廊時，最讓我吃驚的是周圍的氣氛：我一往教室裡觀望，發現孩子們全都正襟危坐，平穩安靜地埋首於他們的作業或聆聽老師的授課內容。

當我造訪三〇二教室——（那是一間二年級的教室，由愛蜜莉・郝爾德麗〔Emily Hoaldridge〕與妮可・魯賓〔Nicolle Rubin〕兩位老師共同教導。）我見證了一種寧靜美好的氣氛來源——呼吸的夥伴。

教室裡有二十二位二年級的學生端坐在桌前算數學，每張桌子分別坐了三、四位學生。當愛蜜莉小姐播放一小段美妙的報時旋律後，學生們立即安靜地集合，排成幾列，兩腿交叉盤坐在一張大地毯上，面向兩位老師。一位老師走向教室門口，將「請勿打擾」的牌子掛在門外，然後關上門。

接著在一片寂靜中，老師們拿出一根又一根冰棒棍，上頭寫著每一位學生的名字——這是一個訊號，讓每一位學生依序走到他們的小房間，帶回他們特殊的、手掌大小的填充玩具：條紋虎、粉紅豬、黃色狗、紫色猴等。男生與女生分別在教室地板找地方躺下，將他們的填充玩具放在肚子上，然後等待，雙手平放在身體旁邊。

他們跟隨友善的男聲引領，進行一些深度的腹部呼吸，同時他們一邊自己數著「一、二、三」，一邊長長地吐氣與吸氣。[1]接著他們瞇緊與放鬆雙眼；張大嘴巴——收緊、吐出舌頭，緊握的手漸漸變成拳頭，再輪流鬆開。結束時有個聲音會說：「現在坐起來，然後你們會感到很輕鬆。」他們同時跟著照做時，覺得似乎真是如此。

另一個韻律開始，這些孩子們靜靜地依照指示在地毯上圍成一個圓圈坐下，然後一一報告他們所經歷的：「它讓我的身體裡有一種很好的感覺。」「我感到非常舒服，因為它使我的身體平靜下來。」「它讓我有很快樂的想法。」

這項練習進行得井然有序，教室裡一片安靜專注，讓人很難相信這二十二個孩子都是被列為「有特殊需求」的孩子：認知受損的症狀像是失讀症、有說話障礙或部分耳聾、注意力不足過動症，都指向自閉症的範圍。

「我們確實有許多有問題的孩子，不過當我們這麼做的時候，他們不會表現出有問題的樣子，」愛蜜莉小姐說。但一週前，學校的一件小事故使三〇二教室跳過了這項儀式。「結果就像一個不同的班級，」愛蜜莉小姐說。「他們不能坐定，學生們亂成一團。」

「我們學校有些孩子是極度容易分心的，」校長艾琳・蕾特（Eileen Reiter）說，「這麼做可以協助他們放鬆與專注。我們也給他們例行的下課與自由活動——這所有策略都帶來幫助。」

蕾特說，打個比方：「與其告訴他們使用『時間到了』的規定，我們教孩子運用『時間接近了』去管理他們的感覺，」部分強調教導學生自我管理，而不是仰賴處罰與獎勵。當孩子們真的出現問題時，她接著補充：「我們會要求他們下一次該怎麼做，就能有所不同。」

「呼吸的夥伴」是「內心復原計畫」（Inner Resilience Program）的一部分，這個計畫是二〇〇一年九月十一日世貿中心攻擊事件的遺留。在雙子星大樓附近的學校裡，有數以千計的學生在大樓陷入一片火焰時撤離。被迫在空曠的西側高速公路上走了好幾英里，他們的老師走在隊伍最後，以確保孩子們不會回頭觀看背後的恐怖情景。

---

1 他們聽到的聲音是我的，那是我為琳達・藍提瑞（Linda Lantieri）的《打造ＥＱ》（*Building Emotional Intelligence*）唸的旁白。我念的文稿由琳達撰寫，乃根據她在紐約公立學校與其他地方和孩童合作的作品。

在往後的幾個月裡，紅十字會邀請琳達．藍提瑞設計一項計畫——一個在九一一事件後，讓孩子們恢復心靈、安定情緒的計畫。藍提瑞提出的計畫過去在許多學校獲得相當成功的成果。內心復原計畫與其他一系列的社交與情緒方法，「已經改造了學校。」蕾特說，「學校非常寧靜，學生們也很平靜，他們學習得更好。」

「最大的問題是如何讓學生能自我管理，」蕾特校長補充，「因為我們是幼童教育的學校，我們幫助學生學習如何以不同觀點看待問題，並發展各種策略來解決這些問題。他們學習評估問題的大小，像是被嘲弄或被霸凌等——因為這會傷害你的感覺，所以是個大問題。或中等程度的問題，像是對學校的功課感到灰心。他們可以學著以不同策略因應各種問題。」

一一二小學的各間教室都有一個「寧靜角落」，這是一個特殊的地方，當孩子們需要時間鎮定下來時，可以獨自一人在此處待上一段時間。「有時他們就是需要休息一下，一小段時間的獨處，」蕾特補充，「有時你會看到一個真正感到氣餒或難過的孩子走進『寧靜角落』，然後運用他們所學的一些策略平靜下來。最重要的課程是試著將自己與周遭環境協調一致，知道如何照料自己。」

五到七歲的小孩在「呼吸的夥伴」練習中得到指導後；從八歲起，他們開始練習正念呼吸，這種方法被證實有益於持續的注意力並鎮定人類的神經迴路。這種平靜與全神貫注的結合，可創造出專注與學習最理想的內在狀態。

評估這項計畫一學期後，發現最需要幫助的孩子——那些在生活中脫軌，屬於「高風險」的一群——獲益最大：他們明顯地增強注意力與認知方面的敏感度，同時放下暴戾之氣、悲觀的心情、在學校的挫折等。[2]更有甚者，使用此種計畫的老師在進一步知道健康平和的重要性，期待並預示了未來在教室中的學習氣氛將變得更好。

紅綠燈

在幼稚園裡，教室中播放著歌曲，八名三歲的孩子坐在一張矮桌前，每個人分別在一張有小丑輪廓的紙上著色。突然間音樂停了——孩子們也跟著停了下來。

就在這時，這幾名三歲孩子的前額葉皮質都得到一次學習的機會。事實上，能抑制任性衝動的執行功能就在前額葉皮質，此項功能也透過這次學習機會就此扎根。在各種能力中，認知控制掌握了讓人有著美好一生的關鍵。

---

2 Linda Lantieri et al., "Building Inner Resilience in Students and Teachers," in Gretchen Reevy and Erica Frydenberg, eds., *Personality, Stress and Coping: Implications for Education* (Charlotte, NC: Information Age, 2011), pp. 267-92.

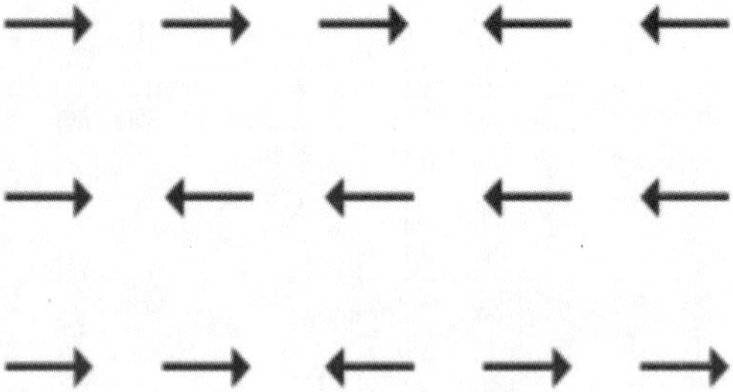

根據暗示「停止動作」是認知控制的終極目標。愈是能跟著音樂的腳步停止——或在玩「賽門說」（Simon says）時做出正確而非錯誤動作——的孩子，他們認知控制的前額葉連結愈強。

這裡是認知控制的一項測驗。請跟著快速回答，上圖的三行中，每一行正中央的箭頭指的是哪一個方向？

當人們在實驗室環境下接受這項測驗時，他們指出中央箭頭的方向所花的時間具有可察覺的差異（按千分之一秒的標準計算——不是你我能察覺的）。這項稱為「側邊」（Flanker）的測驗，是因為兩側的箭頭會讓人分心，其目的是為了精準計量孩子在分心事物所受干擾的感受程度。對少年而言，要專注於中央的箭頭方向而不被左右兩邊其他箭頭的方向干擾，需要極大的認知控制能力，特別要經過一系列類似圖中的測驗過程。

孩子們經常會瘋過頭——那些被倍感挫折的老師趕出教室，或想被趕出去的孩子——是因為這些神經迴路的缺失，以及他們的任性掌控了他們的行為。與其因為這些原因處罰孩子，何不給他們一些課程，讓他們更能管好自己？例如，讓學齡前兒童學習專注於呼吸的課程，在「側邊」測驗上會有更準確與更快的表現。[3]

或許心智技巧——如紐西蘭的研究報告所發現的——對人生成功的重要性比不上執行控制。在漫長的人生中，表現最好的孩子能忽略衝動、過濾掉不重要的事物，同時對既定目標維持專注。有一種教育的應用軟體就是為了這個目標而設計，名稱是「社交與情緒學習課程」（social and emotional learning），簡稱SEL。

當西雅圖一所小學的二、三年級生情緒不佳時，老師要他們想著一盞紅綠燈。紅燈代表停下來——鎮定。深深地吸一口氣會使你鎮定點，試著告訴自己：問題在哪裡？你現在有些什麼感覺？

黃燈則提醒他們放慢下來，同時想想幾種可能解決問題的方式，然後選擇其中一種最好的。綠燈是通知他們試著做那個計畫，然後看看是否行得通。

當我巡迴拜訪康乃狄克州紐海芬公立小學的時候，首次看到紅綠燈的海報，當時我正在為《紐約時報》撰寫一篇文章——這遠遠早於我體會出單憑一張海報便能引領學生訓練注意力。紅綠燈能練習從由下而上、杏仁核驅動的衝動，轉變成由上而下、前額葉執行驅

3 理查・戴維森是這麼告訴我的，內容是關於調查健康心智中心目前仍進行中的一項研究。

動的注意。

紅綠燈練習是由羅傑・威斯伯格（Roger Weissberg）發想出來的，當時他是耶魯大學心理學家，一九八〇年代末期，他為紐海芬的公立學校首創「社交發展」（social development）。目前相同的海報圖案已出現在全球數以千計的教室牆上。

而這出自很好的原因。當初只是些零星不全的資料，本意是希望學生以這種方式回應他們的生氣與焦慮，並帶來正面效益。不過這個案例現在已經與任何社會科學的案例同樣地強而有力了。

將兩百多個擁有社交與情緒學習計畫（類似紐海芬的社交發展課程）的學校後設分析，與沒有這些計畫的相似學校做比較。[4]結果顯示，擁有這些計畫的學校：教室破壞與不當行為下降一〇%，出席率與其他正面的行為上升一〇%——考試成績提高一一%。

西雅圖那所進行紅綠燈練習的學校還伴隨著另一項練習。讓二年級與三年級的小學生定期觀看一些卡片，每張卡片上有不同表情的臉孔與名字。然後讓孩子們分別說說其中的感覺——不論是生氣、害怕、快樂——是什麼？

這些「讓人有感覺的臉孔」卡片可以提升七歲孩子情緒的自我覺察。它們可以將一個字連結到一種感覺及其形象，然後再與他們本身的經驗連結。這項簡單的認知行為有一種中性的影響：大腦右半認出卡片描述的感覺，大腦左半了解名字及其意義。

情緒的自我覺察，需要將這所有東西在胼胝體（corpus callosum）中透過交叉對話整合起來。胼胝體是連接大腦左右兩半的組織。橫跨這個神經橋樑的連接性愈強，我們愈能完全了解我們的情緒。

也就是說，能說出你的感覺，同時能將你的記憶與相關聯想整合在一起，成為自我控制的關鍵。發展心理學家已經發現，學習如何說話可以讓孩子們呼喊自己心中的「不要」，代替父母的聲音來管理任性的衝動。

如同二重奏般，紅綠燈與感覺卡片可以為衝動控制建立兩種具綜合效益的神經工具。紅綠燈強化前額葉皮質——大腦的執行中心，位於前額後方——與大腦中間邊緣中心之間的神經迴路。邊緣中心是本我驅動的衝動來源。「讓人有感覺的臉孔」可以鼓勵橫跨大腦左右兩半的連接性，刺激思考關於感覺的能力。這種上下、左右的連結，將孩子的大腦編組成為一體、流暢的整合系統；但如果放任不管，反而會造成三歲小孩大腦中混亂的世界。[5]

---

4 Joseph A. Durlak et al., "The Impact of Enhancing Students' Social/Emotional Learning: A Meta-Analysis of School-Based Universal Interventions," *Child Development* 82, no. 1 (2011): 405-32.

5 Nathaniel R. Riggs et al., "The Mediational Role of Neurocognition in the Behavioral Outcomes of a Social-Emotional Prevention Program in Elementary School Students: Effects of the PATHS Curriculum," *Prevention Science* 7, no. 1 (March 2006): 91-102.

在學齡尚小的兒童時期，神經連接仍然在發育階段（這些大腦的神經迴路直到二十五歲前後才會成熟），這就可以解釋為什麼小孩有時像小丑般滑稽，因為他們腦中一時的奇怪念頭驅動他們的行為。但到了五至八歲，孩子大腦的衝動控制神經迴路會呈現加速成長。由於小學三年級的孩子已經有關於衝動的思考能力，因此只要對他們說「不」，就能使他們比那些吵鬧不休的一年級孩子收斂許多。西雅圖專案計畫的設計，就是充分運用這種神經快速發展的好處。

也許有人好奇，為什麼要等到小學？這些抑制性的神經迴路不是從出生起就開始發展嗎？華特．米歇爾教四歲孩子如何抵抗美味的棉花糖，方法是以不同的角度來看待這件事——例如，專注於糖的顏色。同時米歇爾也是第一位提出學說的人：即使是那些不能等待、立即抓住棉花糖的四歲孩子，仍然可以學習延遲滿足——衝動性不見得是讓人一生擺脫不了的東西。

在線上購物與即時訊息鼓勵立即滿足的現今環境中，孩子們需要更多相關練習的幫助。研究紐西蘭達尼丁的科學家提出一項強而有力的結論：孩子們需要能增強自我控制的干預，特別是兒童初期與十幾歲的階段。社交與情緒學習課程計畫正好符合需要，其涵蓋範圍從幼稚園直到中學。[6]

讓人感興趣的是，新加坡已成為世界上第一個規定實施計畫的國家，該國每一位學生都要通過社交與情緒學習課程。這個國土面積不大的城市國家，代表過去五十年來最成功的經濟發展經驗之一，家長式作風的政府將這個城市國家打造成一個經貿力量強大的國家。

新加坡沒有天然資源、沒有強大的武力、沒有特定的政治統治支配權，其成功來自該國人民——同時也是星國政府刻意培養這些人力資源作為經濟動力。各級學校是新加坡出色、優質勞動力的培植所。為了展望未來，新加坡已與威斯伯格建立合夥關係，並為其學校規畫相關課程，進行ＥＱ的設計。威斯伯格現任學術、社交、情緒學習合作組織總裁（Collaborative for Academic, Social, and Emotional Learning，簡稱ＣＡＳＥＬ）。

星國有很好的理由這麼做：參與達尼丁研究的經濟學家的結論是，教導所有孩子相關技巧，可以使整個國家的所得上升幾個級數並提高國民的健康素質，以及較低的社會犯罪率。

---

6 當然，有些孩子的意志力來自平常的練習，不論是透過如何為下週的考試做準備，或把錢省下來買 iPod。

以正念為基礎的ＥＱ

孩子們在一一二公立學校獲得的注意訓練與內心復原計畫的其餘部分混合得很好，也成為社交與情緒學習行動中最佳做法的範本。我也成為ＣＡＳＥＬ的共同發起人之一，這個組織已協助將相關計畫推廣至全球數以千計的學區，同時在這期間我也撰寫了《ＥＱ》一書。

我見識到ＥＱ的課程——包括了自我覺察、自我管理、同理心、社交技巧——與標準學術課程的綜合效益。現在我也了解注意力的基本訓練是下一個步驟，這是位於ＥＱ核心一種增強神經迴路的低科技方法。「我已經推動ＳＥＬ好幾年了，」琳達·藍提瑞告訴我。「當我加上正念課程後，我發現鎮定能力與學習意願獲得戲劇性的改善。這種情況出現在尚小的年齡及進入學校的早期階段。」

在ＳＥＬ課程與正念的注意力訓練之間似乎有種自然的綜合效益。當我與威斯伯格談論時，他告訴我ＣＡＳＥＬ組織已經對ＳＥＬ課程裡正念所帶來的影響進行探討。「認知控制與執行功能似乎是自我覺察與自我管理的關鍵，對一般學術課程而言也是關鍵，」威斯伯格說。

經過深思熟慮、由上而下的注意掌握了自我管理的關鍵。大腦中提供此種執行功能的部分在學齡前至二年級左右迅速成熟（這些神經網路的成長一直持續到成年初期階段）。這些神經迴路管理著情緒時刻的「熱」處理，以及像是學術課程等更多神經資訊的「冷」處理。[7]這種神經迴路在整個兒童時期似乎出乎意外地具有可塑性，代表像是SEL課程之類的干預可以加強這種能力。

有一項研究針對四至六歲的孩子教導注意力的技巧，在只有五堂課的時間裡讓孩子們玩「視覺追蹤」的遊戲：例如猜一隻在水面下游泳的鴨子，會從什麼地方浮出來？在一系列的分心事物中找出一個卡通人物——抑制衝動——如果是一頭綿羊從乾草堆後跑出來就按鍵，如果是一頭野狼就不按等等。[8]

結果發現：提供情緒與認知能力的神經架構都大為增強。獲得這種短暫訓練的四歲孩子，其大腦與一般六歲的孩子相似；而那些接受訓練的六歲孩子，他們的神經執行功能已經開始與成年人的模式類似。

雖然基因控制了處理執行的注意力的大腦區域成熟過程，但這些基因仍會受到經驗調節——同時這種訓練似乎會加快基因活動。負責管理所有這些工作的神經迴路——在前扣

---

7 Philip David Zelazo and Stephanie M. Carlson, "Hot and Cool Executive Function in Childhood and Adolescence: Development and Plasticity," *Child Development Perspectives* 6, no. 4 (2012): 354-60.

8 Rueda et al., "Training, Maturation, and Genetic Influences on the Development of Executive Attention."

帶皮質與前額葉區域之間運作——各種情緒與認知的注意調節上相當活躍：例如管理情緒衝動以及IQ方面（例如非言語推理與流動思考等）。

心理學中較舊的二分法認為「認知的」與「非認知的」能力，是將學術技巧從社交與情緒能力區分開來。但因為提供執行控制的神經架構已成為學術與社交／情緒技巧的基礎，這種區分已經像笛卡兒哲學（Cartesian）將心理與身體切割開來的陳舊理論般過時。在大腦的設計中，它們是高度地互動，而非完全獨立。不能集中注意力的孩子就無法學習，這樣的孩子也不能好好地管理自己。

「當你擁有像是定期的安靜時刻的要素，」藍提瑞說，「一個『寧靜角落』可以讓孩子們在需要平靜時自己前往那個地方。還有正念，一方面你可以得到更多的平靜與自我管理，一方面加強專注與持續專注的能力。我們能一舉改變孩子的心理狀態與自我覺察。」

透過教導孩子這些能幫助他們平靜與專注的技巧，「我們為自我覺察與自我管理打下了基礎，你可以在這個架構上傳授其他的SEL技巧，像是主動聆聽、找出感覺等。」

回到SEL課程甫開始時，藍提瑞告訴我：「我們期待孩子們在心理被挾持時，能運用他們的SEL技巧，但他們無法使用這些技巧。現在我們已經了解，孩子需要的是更基本的工具——認知控制。他們可以從呼吸的夥伴與正念得到的東西。一旦他們經歷過這種為自己帶來幫助的方式，他們就會得到信心：『這點我能辦到』。」

「有些孩子在考試時運用這種技巧——他們戴上『生物貼』（Biodot），」這是一種小小的塑膠貼紙，當皮膚溫度（以及血液流經該區域）變化就會改變顏色。這麼一來，「就可以告訴他們：何時因為想考得好而過於焦慮？如果生物貼告訴他們答案，在必要時，他們就使用正念平靜地讓自己專注。當他們能清楚思考時，再回頭來考試。」

「這些孩子了解到，他們的考試成績之所以不理想並不是他們笨，而是因為『當我超緊張時，我雖然知道該怎麼回答，但我無法接近答案。然而我知道該如何專注與平靜——接著我就能取得答案』。現在他們有了能自我掌控的態度——知道該怎麼做會有幫助。」

使用內心復原計畫的學校，目前已從俄亥俄州的楊斯鎮（Youngstown）遍及至阿拉斯加州的安克志（Anchorage）。「這項計畫效果最好的時候，」藍提瑞接著說，「是當你與ＳＥＬ課程結合之時——現在所有的學校都這麼做。」

切入大雜燴

科學界對冥想的效果評論只能以大雜燴來形容，其中有好有壞，結果導致一堆有問題的方法論、不怎麼樣的設計，還有一堆老掉牙的研究報告。因此我請教威斯康辛大學冥想神經科學系主任理查·戴維森釐清所有的問題，並摘要正念練習對專注有什麼明確益處。

他馬上告訴我兩項最重要的要點。

「正念，」他說，「增強大腦額頂系統（fronto-parietal system）經典的注意力網路，該網路會一同運作以分配注意力。這些神經迴路是注意力的基本運作基礎：你將注意力從某件事抽離，移向另一件事，然後持續專注在新目標上。」

另一項關鍵性的改善是選擇性的注意力，正念可以抑制分心事物的拉扯。這可以讓我們專注在重要的事情上，不會被周遭的事物分心——你能將你的專注力維持在這些字裡行間的意義，而不會被檢視附註之類的事拉走你的注意力。[9]這點是認知控制的精髓。

雖然迄今對於兒童的正念只有零星幾項設計良好的研究，但「在成人方面，正念與注意網路的關係似乎有強而有力的資料支持，」賓州州立大學人力開發教授馬克・葛林柏格（Mark Greenberg）說。[10]他是針對年輕人進行正念研究的先驅，並抱持審慎樂觀的觀點。[11]

但對學生而言，較大的好處在於了解。飄移的心思會在理解中留下殘缺的小洞。矯正心思飄移的方式是後設覺察，也就是注意到「注意」本身，或能察覺到你未察覺但你該察覺到的，同時糾正你的專注。正念會讓這種重要的專注肌肉變得更強。[12]

接著是經實驗確立的放鬆效果，例如「呼吸的夥伴」教室發散出來的平靜。這種生理學上的影響，代表迷走神經迴路（vagus nervecircuitry）中的調定點（set point）正以低速覺醒，這種神經迴路維持平靜、減壓，更是迅速從心煩意亂中恢復的關鍵。迷走神經管理著許多功能，其中最值得注意的是心跳——這也是為什麼人類能快速地從壓力中恢復。[13]

從正念與其他冥想方式上可產生較高的「迷走張力」（vagal tone），這也導致許多方式獲得較大的彈性。[14]這將幫助人們在社交領域裡更善於管理專注力與情緒，從而易於建立正面的關係與有效的互動。

除了這些好處之外，正念冥想者大幅減輕各種生理失調的症狀，從純粹的神經衰落乃至於過度緊張與慢性疼痛等，成效驚人。「在正念中發現最大的成效是在生物學上，」大衛補充，「教人出乎意料的是單一練習就能訓練專注。」

---

9 除非是那乖張違逆的小淘氣讓你一時衝動，吸引你來讀這個註釋。

10 Mark Greenberg, in an email.

11 到目前為止，在兒童的專注技巧方面，正念的效果少有研究，但已有幾項研究進行中。例如一項首次以三十位學齡前兒童為對象的研究，將正念加上「仁慈的訓練」（kindness training），理查・戴維森的小組發現注意力與仁慈的改善。目前則是以二百位學齡前兒童為樣本進行相同的研究；見 http://www.investigatinghealthyminds.org/cihmProjects.html#prek。

12 Smallwood et al., “Counting the Cost of an Absent Mind.”

13 Stephen W. Porges, *The Polyvagal Theory* (New York: Norton, 2011).

14 我首次聽到這份資料，是芭芭拉・佛德芮森二〇一〇年五月十六日在威斯康辛大學健康心靈中心的開幕式研討會上提出。她在其著作《Love 2.0》裡報告這項結果。

強・卡巴金（Jon Kabat-Zinn）是「正念減壓法」（Mindfulness-Based Stress Reduction）的創辦人，這項計畫引起全球使用正念的風潮，包括數以千計的醫院與診所，以及整個公民社會；從監獄到領導能力的開發，許多人紛紛採用正念。診所的職員告訴我：「我們的病人通常是受制於壓力與疼痛來求診。但有時你必須對自己的內在狀況加以注意，必須先檢視在自我生活中需要做什麼改變。通常人們回去以後，會自行戒菸、改變他們吃東西的方式，而體重跟著開始下降。不過在大原則上，我們永遠不直接談論這些事情。」

基本上，幾乎任何一種冥想都會限制我們注意力的習慣——特別是例行性的預設至心思飄移。[15]三種冥想方式——專心（concentration）、心生慈愛（loving-kindness）、開放意識——每一種都會使大腦心思飄移區域安靜下來。

電玩遊戲可能是提高認知技巧、冥想與類似訓練注意力的方法等的理想集合方式。這兩種訓練方式可能會合併，如呼吸遊戲「堅持」。當我與大衛討論時，他告訴我，「我們正在把從冥想研究中學到的東西逐漸納入電玩遊戲中，使其好處能更廣泛地散播到各處。因此，有關注意力與平靜的研究也該告訴電玩遊戲設計者。」

然而像冥想這種教導專注技巧的方法，似乎是「有機的」方式，我們無需冒險讓孩子們花無數個小時，導致他們的社交技巧退化。[16]的確，正念似乎能啟動我們大腦的神經迴路，讓我們與這個世界有更多接觸，而非退出。[17]至於是否存在某種設計優良的電玩遊戲，能同時達到與大腦社交神經迴路相同的效果，尚有待觀察。[18]

加州大學洛杉磯分校的精神病學家丹尼爾．席格（Daniel Siegel）描述，正念練習所強化的是一種「共鳴神經迴路」（resonance circuit），這種神經迴路可以將我們與他人的迴路連結在一起。[19]席格博士認為，一個關係良好的人生始於大腦前額葉的執行中心供冥想使用

---

15 Judson Brewer et al., "Meditation Experience Is Associated with Differences in Default Mode Network Activity and Connectivity," *Proceedings of the National Academy of Sciences* 108, no. 50 (2011): 20254-59. 當我們從事任何專注的任務時，預設模式的活動會減少；事實上，在冥想期間的活動減少是可預期的。有經驗的冥想者在這類心理任務的表現優於新手對照組，顯現了訓練的效果。

16 另一個非有機的類似方式帶來了無預期的後果，想想農業的綠色革命。一九六〇年代如印度等地引進的低廉化學肥料，反駁了當時全世界食物即將告罄的預測。但這種以科技解決飢荒的預防手法，導致始料未及的負面後果：河流、湖泊與海洋的大部分各處，肥料集中的區域都開始「死亡」。由氮推動的植物成長對全球水域帶來致命的衝擊。

17 Richard J. Davidson et al., "Alterations in Brain and Immune Function Produced by Mindfulness Meditation," *Psychosomatic Medicine* 65 (2003): 564-70.

18 正念（以短時間定期的時段學習，不須每天花冗長的時間）可以避免電玩遊戲與生俱來的危險性，這種危險是剝奪年輕人的大量時間，這些時間他們可以和其他人在一起談話、遊玩、偷閒。那些是人生的學習實驗室，也是社交與情緒神經迴路成長之處。

19 Daniel Siegel, *The Mindful Brain* (New York: Norton, 2007).

的神經迴路，這種神經迴路有第二項責任：當我們試圖與他人維持良好關係時，也由這種神經迴路負責。

正念強化前額葉的執行區域與杏仁核之間的連結，特別是我們對衝動說「不」的神經迴路——這是人們度過美好人生的重要技巧（正如我們在本書第二部分看到的）。[20]

透過強化的執行功能可以擴大衝動與行動之間的鴻溝，部分原因來自後設覺察，因為這種能力能觀察我們的心理決策過程，而不會被這些過程掃除殆盡。這樣一來，就產生我們過去從未有過的決策點：我們能鎮壓住惹麻煩的衝動，而不像以往總是按衝動行事。

職場的正念

Google是高IQ人士群聚的大本營。據傳，除非你能以測驗分數證明智力在最高的一%以內，否則你連面試的機會都沒有。因此當許多年前我在Google發表了一場關於EQ方面的演講時，我很訝異地發現，熱情的聽眾擠爆了Google總部最大的會議室，使不少人移到其他房間透過螢幕聆聽演講。也就是這種熱忱，導致後來Google大學（Google University）開設了以正念為基礎的EQ課程，名為「搜尋你的內在」（Search Inside Yourself）。

為了創建該課程，Google第一〇七號員工陳一鳴（Chade-Meng Tan）與我的老友穆拉拜・布西（Mirabai Bush）——社會冥思之心中心（Center for Contemplative Mind in Society）的創辦人——合組團隊，設計一種能增強自我覺察的體驗。例如，運用一種身體掃描的冥想，將你全身的感覺協調一致。在Google，內心的指南針有很大的幫助，因為該公司有一項便民的政策，允許員工每週有一天可以自由從事私人專案，這也是Google許多商業創新的來源。但名氣遠播的陳一鳴卻有更高的願景：他希望將這項課程推廣至Google以外的地方，特別是傳播給企業領導者。[21]

後來成立了「正念領導力訓練所」（Institute for Mindful Leadership），位於明尼亞波利斯（Minneapolis），目前已訓練來自塔吉特（Target）、卡吉爾（Cargill）、漢威聯合航太（Honeywell Aerospace）以及世界各地企業的領導者。另一個發源地是位於伍斯特（Worcester）的麻州大學醫學院，該處也有一所提供給企業主管的訓練中心。亞利桑那州麥

---

20 相反地，正念並不能治療所有問題。感覺失調者或那些不存放痛苦與他人之壓力的人，或許用不同的方式學習專注也會有好處。此處刻意聚焦於我們自身的壓力與他人的痛苦，可能意味著更深入我們的情緒並且在我們的意識中維持那些感覺。像是完形治療法（gestalt therapy），結合我們自身感受的正念，可能會強化與腦島共鳴的神經迴路。

21 See http://www.siyli.org.

拉福（Miraval）訓練所擁有景觀優美的場所，數年來提供企業主管每年一次的正念靜修，由卡巴金負責教導，而他在訓練所的工作已成功帶動正念運動的風潮。

正念的各種訓練課程已廣為流傳，並被許多組織團體採用，其中包括美國陸軍的隨行神職人員、耶魯大學法學院、通用磨坊食品（General Mills），估計已有超過三百位企業主管運用正念的領導方法。

這些正念訓練能帶來什麼不同？有家實施Google「搜尋你的內在」訓練計畫的生物科技公司，初步資料顯示正念同時增強自我覺察與同理心。負責評估這項訓練計畫之效果的史丹佛大學心理學家菲利浦．葛爾汀（Philippe Goldin）表示，那些參與此訓練的人呈現特定正念技巧的提高，包括個人擁有更強的觀察力與描述自身經歷的能力，也更能根據個人的覺察而有所因應。

「參與者說，在他們的注意力被挾持的時刻，他們變得更能使用自我調節的策略。例如在負擔極大的情況下，將注意力重新引導到比較沒那麼心煩意亂的點上。」葛爾汀補充。「他們學習建立注意力肌肉的調度，所以方能選擇哪一方面的經驗而加以注意。這是一種以意志力變更注意力的傾向。然後在真正需要時，他們才更具使用這些注意力技巧的能力。」

「我們同時發現，對其他人的同理心增加了，也更能傾聽他人。」葛爾汀說。「其一是態度，其餘則是實際的技巧，也就是嘗試去訓練肌肉。這些在職場都是十分重要的。」

通用磨坊食品一位部門主管因為壓力過大而接受正念呼吸的訓練。她帶著正念的體會回到工作崗位，接著，她要求直屬的部屬在要求她去開會前，先做一個停頓的反思考。暫停的目的是提醒屬下自我確認，這場會議是否需要部門主管與會，並且會花費多少時間等。結果顯示：過去九點到五點連續不斷的會議，變成每天有三小時讓她自由選擇的會議時間。

以下是一些自我反省的項目，幫你反省在正念事物上的水準：[22]

- 你是否對回想某人剛剛與你談話時的內容感到困難？
- 你是否對於早上通勤時的相關情節不復記憶？
- 你是否常常食不知味？
- 你是否太過專注於你的iPod，甚至超過專注與你在一起的人？
- 你是否飛快地瀏覽這本書？

22 我已闡述過這些問題，來自Gill Crossland-Thackray, "Mindfulness at Work: What Are the Benefits?" *Guardian Careers*, December 21, 2012。http://careers.guardian.co.uk/careers-blog/mindfulness-at- work-benefits.

你回答愈多的「是」，代表你心不在焉的可能性愈高於專心。正念給我們在專注上較多的選擇。

不留心是心思飄移的形式，可能是職場上注意力的頭號浪費大敵。要專注於我們當下的體驗——像是手邊的任務、與人談話，或在一次會議中建立共識——我們必須要求自己將與現在無關的、關於自我心裡的東西拋諸腦後。[23]

正念可以開發我們身上的一種能力，這種能力能以不偏不倚、非反射性的的方式觀察自己每一刻至下一刻（moment-to-moment）的體驗。請試著練習放掉關於任何一種事物的想法，同時將我們的專注開放給進入心中的一連串覺察，但不代表會迷失在如洪流般的想法中。此項訓練嘗試時時刻刻專注於「這個」想法、放掉「那個」想法，我們放掉一個想法，然後專注於眼前這個想法。

正念訓練會降低前額葉皮質內側，一個以自我為中心神經迴路的活動——同時，自言自語愈少，我們能感受當下的時刻也就愈多。[24]從事正念練習的人，當他們練習的時間愈長，他們的大腦愈能去除兩類的自我覺察，同時啟動培養此時此刻為手邊任務現身，以及摒除心中自我喋喋不休的神經迴路。[25]

對於那些每次遭逢挫折、傷害、失望，不自覺地陷入永無止境的默想的人而言，建立執行控制對他們的幫助最大。透過改變與思緒本身的關係，正念能讓我們打破一連串的思緒，否則這些紛雜的思緒將導致人們陷入悲慘境遇。與其被這一連串的思緒沖走，我們能暫停這一切，然後洞見這只是一些想法——再選擇要不要根據這些想法去行動。

簡單來說，正念練習能強化專注，特別是執行控制、工作記憶的能力，以及維持專注的能力。最短只要四天、每天二十分鐘的練習，我們就能看到部分成效（當然，訓練時間愈長，效果愈能維持下去）。[26]

---

23 通常這種以自我為中心的心思模式整天來來去去（一整晚也是如此——睡眠研究發現，如果你在夜晚的任何時間搖醒人們，然後問他們剛剛在想什麼，他們永遠會有新的想法可以告訴你）。

24 Norman Farb et al., "Attending to the Present: Mindfulness Meditation Reveals Distinct Neural Modes of Self-Reference," *Social Cognitive Affective Neuroscience* 2, no. 4 (2007): 313-22. See also Aviva Berkovich-Ohana et al., "Mindfulness-Induced Changes in Gamma Band Activity," *Clinical Neurophysiology* 123, no. 4 (April 2012): 700-10.

25 此處是技術性的語言：「在經過訓練的參與者裡，ＥＦ導致前額葉皮質內側顯著與普遍的降低，同時增加右側網路的接觸，這個網路是由單側前額葉皮質與內臟體（viscerosomatic）區如腦島、體感皮質與下部頂葉（inferior parietal lobule）組成。功能性連結（functional connectivity）分析進一步顯示，新手的右腦島與內側前額葉皮質會有強連結，但正念小組卻解開了此種連結。」引自 Farb et al., "Attending to the Present"。

26 Feidel Zeidan et al., "Mindfulness Meditation Improves Cognition: Evidence of Brief Mental Training," *Consciousness and Cognition* 19, no. 2 (June 2010) 597-605.

接著是多工作業，這是效率的殺手。「多工作業」真正的意思是轉換工作記憶的填充能力——例行的中斷一項已經專注的工作，代表原來的工作損失了若干分鐘，而重新回到完全專注的狀態可能要花上十至十五分鐘。

當人力資源的專業人士在接受正念訓練後，模擬他們日常混亂的工作以測試——為參加討論會的出席人士安排會議、找出有空檔的會議室、提出會議議程等，外加接聽隨機打來的電話、文字訊息、電子郵件，告訴他們可能性——正念訓練明顯改善了他們的專注力，更有甚者，他們能持續工作更長的時間，且更有效率。[27]

有一次，我參加超越聲音（More Than Sound）公司——這家出版公司由我兒子經營——的辦公室會議，當我們的注意力蜿蜒飄移時：同時有平行的對話在進行，還有人小心翼翼地檢查自己的電子郵件……這種將我們共享的專注變得分崩離析的情況，與其他數以百計的會議頗為相似——這是一個團體效率不佳的信號。但突然間有人說：「正念的時間到了！」然後他站起來，搖了一下手中的小鈴。

我們全坐在那裡沉默無聲了幾分鐘後，鈴聲又響了，接著恢復會議——但卻有了更新過的精力。那是一個讓我覺得不可思議的時刻，但該公司的人視為理所當然，似乎這個團隊以不定期的中場休息時間分享幾分鐘的正念，由那個小鈴作為信號。他們說，整個團體的暫停，可以使他們的頭腦清空，同時給予一種充電後專注的新爆發力。

這家小型的出版公司體認到正念的價值並不讓人意外；當我再次造訪這家公司時，他們剛剛出版了《職場的正念》（*Mindfulness at Work*），這是穆拉拜・布西製作的有聲指南，她就是將正念介紹給Google的女士。

看到更大的格局

企業領導者因系統複雜化的加速進行，使上位者的壓力不斷增加：市場、供應商、企業組織的全球化、資訊科技的飛快進化、產品進入市場與淘汰的速度加快……這些問題足以讓人暈頭轉向。

「大多數領導者就是不肯暫時打住，」一位經驗老到的領導顧問告訴我。「但你需要一些時間來反省。」

他的老闆是一家超大型投資管理公司的負責人，他這麼形容：「如果我不保護那一段

27 David M. Levy et al., "Initial Results from a Study of the Effects of Meditation on Multitasking Performance," *Proceedings of CHI '11 Extended Abstracts on Human Factors in Computing Systems*, 2011, pp. 2011-16.

時光，我就真的完了。」

美敦力（Medtronic）的前執行長比爾・喬治（Bill George）同意這種看法。「現今的領導者都被困住了，他們的行程表是每十五分鐘一個、排滿一整天，還有數千種打擾與分心。在一天中你需要一些安靜的時間，只反省就好。」

每日或每週定期撥出一些反省的時間，可以幫助我們超越每日擔任救火隊的心態，並能清查過去累積的問題與保有前瞻性。從美國眾議員提姆・雷恩（Tim Ryan），到哥倫比亞大學、經濟學家傑佛瑞・賽克斯（Jeffrey Sachs）等不同領域的思想家，都呼籲以正念作為幫助領導者看到更大格局的方法。[28]他們建議：不但需要正念的領導者，同時也需要正念的社會。如此一來，這會為我們帶來三種專注：對我們自身的福祉、對他人的福祉，以及對形成我們生命整體系統的正面運作。

經濟學家賽克斯認為，「正念」本身將包括更正確地去解讀什麼能讓我們真正快樂。全球經濟資料顯示，一旦一個國家達到正常水平所得——足以應付基本需求——快樂與財富之間的關係為零。像是與我們所愛之人的溫暖關係以及有意義活動之類的無形事物，才會使人的快樂程度遠超過購物或工作等。

但我們可能誤判某些事物會讓自己有較好的感覺。賽克斯認為，如果我們更正念地使用金錢，比較不會落入誘惑性廣告的圈套——那些產品不會讓我們更快樂。

在社會層次上對他人的正念，賽克斯分析，這意味著關注窮人的受苦與對社會安全網的影響有關，而這點在美國及其他先進國家十分嚴重。他認為，目前窮人接受的幫助只夠勉強生存，這麼做只是製造跨世代的貧窮。我們必須為一整個世代最窮的孩子提升教育與健康，使他們能以高水準的工作技術走過一生，而非接受與他們的家庭相同的支援與幫助。

為了達到這個目的，我建議許多學校機構團體加上正念的課程，用以增強執行控制。在達尼丁的研究中，那些剛好能在兒童時期改善自我控制的孩子，與那些一向能適應延遲滿足的孩子一樣，在他們往後的人生中享有相同水準的所得與健康。但這些衝動控制的提升來自巧合，而非規劃達成的。教導每個孩子這些技巧，是不是具有意義呢？

接著放大至全球層次的系統意識，像是人類對這個星球的影響。解決系統層次的問題，需要的是對系統的專注。我們對未來的正念，代表我們的行為是把對後代及他們的子子孫孫所產生的長期後果納入考量。

---

28 See Tim Ryan, *A Mindful Nation* (Carlsbad, CA: Hay House, 2012), and Jeffrey Sachs, *The Price of Civilization* (New York: Random House, 2011).

part 6 具良好專注力的領導者

chapter 18 領導者如何引導注意力？

「死於PowerPoint」指的是以這個軟體來解說內容，無形中似乎鼓勵一種沒完沒了、漫無止境的介紹。當這些介紹反映的是缺乏專注力以及渾然不知哪些是重點時，觀看的人就會痛苦萬分。凸顯這個情況的方式，是負責PowerPoint介紹的人，要如何回答以下這個簡單的問題：「你的重點究竟是什麼？」

據說當會議即將開始時，微軟（讓人害怕的PowerPoint誕生地）執行長鮑默（Steve Ballmer）大力禁止這種冗長的介紹。相反地，他會要求事先過目資料，使他在面對面開會時能直接切入重點，立刻提問最重要的問題，而非經過長途跋涉才抵達目的地。如同他所說的：「這樣可以讓我們的專注力大為提升。」[1]

將眾人的注意力引導至需要的所在，是領導者最重要的任務。這種才能可以把注意力於適當時刻轉移至適當的地方，以感覺出趨勢所在以及即將浮現的現實環境，然後抓住機會。但造就或毀滅一個企業的，不僅是決策者個人的專注，而是公司群體注意力的整體頻寬與機靈的反應能力。[2]

企業所有成員累積的注意力，遠超過一個人的注意力帶來的擴散力量，分工制度更使得每個人注意個別領域。這種倍數的專注，可以為企業因應複雜體系的注意力注入動力。

企業的注意力與個人的注意力相同，都是一種有限的能力。但企業必須選擇將注意力配置於何處；只專注於某一處，就會忽略其他地方。一個企業的核心功能——財務、行銷、人力資源等——代表個別群體的專注。

值得一提的是，企業的「注意力缺失症」，包括資料不足導致的錯誤決策、很少反省檢討、在市場中很難得到消費者的注意、缺乏專注於關鍵時間與地點的能力等。

在市場上要如何得到矚目與顧客的注意，這才是獲利的根源。吸引消費者注意的門檻持續地升高，上個月才讓人眼花撩亂的產品現在已經讓人厭煩了。有一種抓住人們目光的策略，以令人意外與注意力強迫的技術性效果，支配我們由下而上的系統，而且是老方法

1 Adam Bryant interviewed Steve Balmer in "Meetings, Version 2.0, at Microsoft," *New York Times*, May 16, 2009.

2 Davenport and Back, *The Attention Economy*.

的復活——講個好聽的故事。[3]故事不僅會攫住我們的視線，還會留在我們的腦海，這是如媒體、電視、電影、音樂、廣告等相關的「注意力產業」讓人難以忘掉的一門課——這些產業都是針對我們的注意力玩零和遊戲，某一人的勝利就是另一個人的損失。

注意力傾向專注於那些有意義的事物——也就是重要的事物。領導者所說的故事，可以把一種特別的專注感染給企業所有成員，且讓他們產生共鳴，同時這也意味著無形中為他們選擇在何處集中注意力與精力。[4]

領導統御本身決定於有效地抓住與引導集體性的注意。引領注意力需要以下要素：第一，專注你自己的注意力，然後吸引與引導他人的注意，接著是獲得與維持員工、同業、顧客或委託人的注意力。

一位具良好專注力的領導者，能平衡內在（對氣氛、文化以及從競爭觀點出發的其他關注）與外在（形塑企業運作環境的更大現實）的專注。

領導者注意力的所在，亦即他專注的特定問題與目標，不論這位領導者是否刻意表明，都將引領其追隨者的注意力。人們會根據自己認定的、對領導者的重要認知，選擇他們該專注在什麼地方。這種漣漪效應賦予領導者額外的責任：他們引領的不僅是自己的注意力，在大多數情況下，也引領他人的注意力。[5]

以策略為例。企業組織的策略代表了組織注意力的模式，每個部門有個別的特定方式，同時分享一定程度的專注。[6]一個既定的策略會選擇忽略哪些部分？反而注意哪些重要的部分？市場占有率或利潤？現有的競爭者或潛在的競爭者？哪一種新科技？當領導者選定了策略，他們就引領了注意力。

策略是從哪裡來的？

京都的禪宗箭術大師乙川弘文，曾應邀前往伊沙蘭學院（Esalen Institute）展示他的技

---

3 例如「Future of Story-Telling」高峰會：http://futureofstorytelling.org。

4 Howard Gardner with Emma Laskin, *Leading Minds: An Anatomy of Leadership* (New York: Basic Books, 1995).

5 戴文波特與貝克（Back）在《注意力經濟》（*The Attention Economy*）一書中，引述一家小型公司的資料，顯示領導者專注的事物與員工專注的事物有非常高（雖較不強烈）的相關性。對跨國企業來說，兩者仍具有高度相關性。

6 凱洛管理學院（Kellogg School of Management）的歐卡西歐（William Ocasio）主張，觀察企業的角度應是注意力的流動，經營策略就是組織的注意力模式，即公司在面臨特定議題、問題、商機與威脅時，付出時間與努力的重心為何。William Ocasio, "Towards an Attention-Based View of the Firm," *Strategic Management Journal* 18, S1 (1997): 188.

巧。這個著名的成人學習中心位於加州大蘇蘭（Big Sur），從舊金山禪學中心塔沙哈拉退省院（Tassajara retreat）沿路開車下去就可抵達。

有一天，有人在緊鄰太平洋的一個很高的懸崖上，並在小圓丘頂豎立了一個箭靶。乙川弘文從一個離箭靶很遠的地方，將雙腳擺成傳統弓箭手的樣子。他將背脊挺直，非常緩慢地拉開弓，停了一會兒後把箭射出。

那枝箭遠遠地飛過箭靶，弧形地劃過天空，然後飛落在太平洋中。每個觀看的人無一不大為驚奇。

接著，乙川弘文高興地大喊：「正中紅心！」

叔本華（Arthur Schopenhauer）曾說過：「天才方能射中別人看不見的目標。」

乙川弘文是蘋果電腦傳奇執行長史蒂夫·賈伯斯的禪學老師。在看不見的目標中，賈伯斯射中的是當年被視為激進的觀念，設計出人們便於了解、易於使用的電腦，堅持不譁眾取寵——當年這個觀念使每家電腦公司都有些困惑。首先是蘋果桌上型電腦，接著他的團隊轉移方向到iPod、iPhone、iPad各種便於使用的版本，且每一種都是很好用的產品。我們原先不知道我們需要這類產品——或事先想像不到——直到我們看見這些產品。

雖然中間一度離開，但當賈伯斯於一九九七年回到蘋果後（他在一九八四年被攆走），他發現公司擁有的一大堆產品——電腦、電腦周邊設計，光是麥金塔（Macintosh）就有十二種不同的款式——使蘋果電腦陷入掙扎。而他的策略很簡單：專注。

與其擁有眾多產品，蘋果預計只專注在四種產品上：一種電腦、一種筆記型電腦，各自供應兩種市場——消費者與專業人士。正如他的禪學——認識到你已經分心會有助於你專心，他看到的是「決定不做什麼與決定做什麼，同等重要」。[7]

賈伯斯無情地淘汰他認為不重要的東西，不論是他個人或專業方面都是如此，同時，他也清楚為了有效簡化，必須了解所簡化的那些東西的複雜性。如同賈伯斯的名言，進行簡化的單一決定，能讓蘋果產品的使用者在使用三次或更少的按鍵後，就能完成任何一項工作；這個策略背後需要深入了解必須放棄多少功能、指令與按鈕，同時找出兩全其美的替代方法。

早在蘋果電腦出現的一個世紀前，另一個先進的眼光使勝家（Singer）縫紉機在全球大獲成功。

該項顛覆性的假設是家庭主婦能操作機械裝置——這在十九世紀是一種激進的思想，

---

7 Steve Jobs quoted in Walter Isaacson, "The Real Leadership Lessons of Steve Jobs," *Harvard Business Review*, April 2012, pp. 93-102. 在賈伯斯因肝癌垂死之際，當時即將接任Google執行長的佩吉（Larry Page）前去探視。賈伯斯給佩吉的建議是：與其什麼都做，不如專注在少數幾種產品上。

比美國婦女贏得投票權還要早。同時，勝家還讓婦女以擴張信用的方式購物，變得更容易買下機器——這是另一項創新。

單是一八七六年，勝家就賣出了二十六萬兩千三百一十六台機器，這在當時是一個龐大的數字。其中一位創辦人興建了達科他（Dakota）大樓，這棟公寓大樓現已成為紐約的地標，著名的小野洋子與約翰．藍儂（John Lennon）曾經住在這裡。

一九〇八年興建的四十七層勝家大樓，是當時全球最高的建築物。

我的母親生於一九一〇年（兩個月前，接近一百歲時過世），她在十多歲時就擁有一台勝家縫紉機。我還記得小時候常陪她到當地的材料店，那個年代的女性多半自己動手做自己與家人的衣服。但是在我出生後——我是第三個孩子。她在三十多歲時才生下我——則常常幫我買衣服。

文化的改變帶來許多不同，像是家庭主婦習慣使用縫紉機，但因為當時外國廉價勞工的產品愈來愈多，她們開始購買成衣給家人——此後導致持續不斷的各種可能性，例如新的消費者客群、購買方式、衍生而出的需求、科技、銷售通路、資訊系統等。每一項進展都為許多潛在的獲勝策略提供了機會。

蘋果與勝家在雪地中留下新踩的足跡，讓他們的競爭對手疲於奔命地追趕。現今一群顧問是透過策略選擇的標準手冊，隨時準備好引領企業的方向。但那些書架上沒有的策略，才是調整企業戰術的良方——他們是不會改變這場遊戲的。

策略（strategy）這字的原意是來自戰場，意思是「領導者的藝術」。以當時的狀況而言，領導者意指將軍。策略指的是如何部署你的資源，戰術則是如何攻打。因此，領導者需要創造一些具有意義的策略，以便它們在任何大小體系中順暢運作——這是對外專注的任務。

一種新的策略，意味著你將從現在開始改變一如往常的營運方式至一個全新的專注。也就是說，想要產生一種激進、創新的策略，必須察覺到一個全新且奇特的觀點，意即競爭對手並沒有看到的觀點。每個人都可以採用獲勝的策略，但這被大多數人忽略了。

顧問大軍提供調整策略的詳盡分析工具，但當他們必須回答重大問題的時候，往往呆若木雞：最初的致勝策略從何而來？一篇有關策略的經典論文做了個不假思索的評論，並將問題置之不理：要發現獲勝的策略「需要創造力與洞察力」。[8]

上述兩種要素需要對內的專注與對外的專注。當Salesforce公司創辦人與首任執行長馬克．貝尼奧夫發現雲端計算的潛力後，他著手觀察系統變動科技的演進——一種對外的專

---

8 Michael Porter, "What Is Strategy?" *Harvard Business Review*, November-December, 1996, pp. 61-78.

注——加上自身的直覺，他開始思考一家公司要如何提供這種服務。Salesforce運用雲端協助各家企業管理他們的客戶關係，同時在極競爭的環境裡，有力地占據了早期進入的位置。

最好的領導者具有系統意識，這將協助他們持續不斷地自問：我們應朝向何處發展？未來要如何發展？建立於對自己與他人之專注上的自我掌控（self-mastery）與社交技巧，結合在一起所建立的EQ，將能帶領人們達到目標。領導者必須核對潛在的策略選擇與所有已知的事物。一旦選定策略，領導者必須應用認知與情緒的同理心，以熱忱和技巧與人溝通。但如果領導者缺乏策略的智慧，光是這些個人技巧將使他失敗。

「如果你以系統化的方式思考，」拉瑞．布里安特（Larry Brilliant）指出，「那就可以引導你如何處理價值觀、願景、使命感、策略、目標、戰術、評估、可行之事以及重新啟動整個過程的反饋迴路。」

地平線上的明顯狀況

至二〇〇五年左右，黑莓機（BlackBerry）已成為企業界資訊科技部門最愛用的產品之一。企業界愛用的原因始於該系統是在封閉的網路中運作，可靠、速度快，安全性也高。不少企業組織數以千計地大量購買，交由旗下員工使用，同時也使「crackberry」（形容上癮的黑莓機用戶）這個字應運而生，進入了英語字典。這家公司一舉躍升至市場龍頭地位，來自四項關鍵優勢：打字容易、完美的安全性、電池壽命長、無線的資料壓縮。

黑莓機一度擁有上述獲勝的科技，同時改變了遊戲規則，繼而取代了競爭對手（在這個例子中，是指個人電腦與筆記型電腦的部分功能，以及那個年代行動電話的一切功能）。但即使黑莓機掌控的是企業市場，仍迅速成為消費者的時尚用品。當時世界正開始改變，iPhone的出現引領了一個新紀元，愈來愈多員工自行購買想要的智慧型手機——不一定是黑莓機——同時，企業也以「讓員工自己的手機加入企業網路」的方式來因應。突然間，黑莓機鎖定的企業市場消失了，他們必須與其他人競爭。

以加拿大為總部、製造黑莓機的行動研究公司（Research in Motion，簡稱RIM）追趕的速度很慢。例如當RIM推出一款觸控面板的機款時，已敵不過那些上市很久的對手產品。黑莓機的封閉網路曾一度是資產，現在反而成了負債。因為在iPhone以及使用Android作業系統的手機世界裡，手機已成為應用程式（APP）的作業平台了。

RIM當時由兩位工程師擔任共同執行長，該品牌最初的成功奠基於優越的工程技術。但在兩位執行長被董事會逼下台後，雖然該公司大部分的成長來自消費者，但RIM仍宣布將再度以「企業」作為主要市場。

新任執行長桑史登海恩斯（Thorsten Heins）表示RIM已經錯過該公司生態利基中的

重大轉變。他們忽略了美國第四代（4G）無線網路的進展，即使其競爭對手已攻占市場，RIM還是沒能為4G打造產品；並嚴重低估iPhone觸控螢幕的潛力，選擇緊守鍵盤。

「如果消費者擁有很棒的觸控介面，人們事實上會願意犧牲電池壽命。」海恩斯說，「我們認為這種情況不會出現。安全性也是同樣的情況。」但企業改變了它們的標準，允許員工以自己的智慧型手機加入公司的網路。[9]

黑莓機一度具有革命性，現在如同不少分析師的看法，他們「似乎對顧客想要什麼毫無線索」。[10]

雖然RIM仍在諸如印尼等地的市場具領先地位，但是在黑莓機曾掌控美國市場的五年後，其股票價值已經喪失了七五%。在我撰寫本書時，RIM已宣布以一款新的手機作為奪回市場的最後嘗試；只是他們可能已經走到企業生命中可能致命的階段——「死亡之谷」。

「死亡之谷」這個用語是來自英特爾（Intel）傳奇執行長安迪·葛洛夫（Andy Grove），用來描述英特爾歷史上瀕臨死亡的時刻。早期英特爾的業務來源是為羽翼未豐的電腦業者製造矽晶片，後來根據葛洛夫所描述，高階經理人忘掉公司銷售人員所說的話——他們的客戶正成群結隊地轉往日本採購較低廉的晶片。

如果英特爾沒有恰巧從事微處理器的副業——就是筆記型電腦達到高峰時，隨處可見的「Intel Inside」——這家公司在當時早就滅亡了。回到當初，葛洛夫承認，英特爾正處於「策略不協調」的痛苦，從首度經營成功的產品——記憶體晶片，逐漸轉移至設計微處理器。

葛洛夫在其著作《10倍速時代》（*Only the Paranoid Survive*）中表示，若想保有生存力，就要加強警覺心，隨時掃描地平線上的明顯狀況，特別在科技業更是如此。時效甚短的產品週期（例如與電冰箱比較），使創新的腳步變得野蠻而殘忍。

科技業中產品創新如連珠砲似的週期，使其成為個案研究的便利來源（有點類似遺傳學中短命的果蠅，總是發瘋似的不斷繁殖的角色）。在電玩遊戲業中，任天堂的Wii搶走索尼PlayStation 2的市場；Google成為最受歡迎的入口網站，使Yahoo的優勢煙消雲散；一度占有行動電話作業系統四二％的微軟，在看到iPhone的盈餘後，相對使微軟的總營收變得微不足道。總而言之，創新讓我們覺得什麼事都有可能發生。

---

9 Ian Marlow, "Lunch with RIM CEO Thorsten Heins: Time for a Bite, and Little Else," *Globe and Mail*, August 24, 2012.

10 James Surowiecki, "BlackBerry Season," *New Yorker*, February 13 and 20, 2012, p. 36.

當蘋果推出iPod以後，微軟花了四、五年的時間才推出Zune，這是微軟數位多媒體播放器的一種版本，然後又花了六年才停止生產這種失敗的產品。[11]分析師認為，微軟僵化在其獲利最多的Windows上，無法對抗蘋果透過iPod、iPhone、iPad取得的市場優勢。

克雷・薛基觀察到這種注意力無法從舒適圈脫離所導致的失敗。「首先是運轉老舊系統的人並沒有注意到改變。當他們注意到以後，假定這只會有小小的影響。然後是一種利基，接著是一種時尚。等到他們發現世界已經改變之後，他們已經把因應所需的時間揮霍殆盡了。」[12]

不同凡「想」

RIM經營不善的困難歲月，提供了組織僵化的教科書範例，該公司曾經成功經營出一種新的科技，以極大的突破率先進入市場而大為成功。但卻因為專注於老舊的新事物，並沒有專注在更新一代的產品上，因而在持續進步的科技浪潮中落後。由此看來，一個朝向內部專注的企業組織也許執行得十分完美，但如果沒有和大環境與時俱進，結果可能導致錯誤的策略。

任何商學院的策略課程都會告訴你兩種方法：「開發」（exploitation）與「探索」

（exploration）。有些人及部分像ＲＩＭ的企業是透過開發策略成功，而其他企業的成功之道則是透過探索。也就是說，運用與他們目前不同的策略，以創新的替代方案進行實驗。

一般來說，擁有一種獲勝策略的公司，通常傾向於把目前營運的產品去蕪存菁，而不會以激進的方式改變當前的產品。但是一方面探索新的、一方面開發目前正順暢生產的產品，類似這樣心理平衡的行動不會自然出現，不過仍有些公司能同時開發與探索，像是三星對其智慧型手機就是採取兩手策略，他們依照此兩種策略分別成立不同部門，各自以極不同的營運方式與企業文化運作。與此同時，他們亦擁有一批由資深領導者緊密結合的團隊，隨時注意對內、對外、對他人的專注。[13]

從另一個角度來看，在企業組織能行得通的方式，在個人的大腦中也行得通。大腦的執行，同時是主宰我們的注意力應該放在哪裡的仲裁者，而管理開發所需的專心與探索，則需要兩種開放性的專注。

---

11 蘋果的第一個iPod於二〇〇一年上市，微軟的Zune於二〇〇六年上市。微軟於二〇一二年停產Zune，並將相關軟體併入Xbox。

12 Clay Shirky, "Napster, Udacity, and the Academy," November 12, 2012, www.shirky.com/weblog.

13 Charles O'Reilly III and Michael Tushman, "The Ambidextrous Organization," *Harvard Business Review*, April 2004, pp. 74-81.

「探索」意味著我們從目前的專注中脫離，轉而尋找新的可能性，同時允許彈性、發現、創新。「開發」是持續專注於目前正在做的事，使你可以去蕪存菁地提高營運效率與改善營運績效。

那些善於開發的人能發現通往利潤的安全之路，而那些善於探索的人，則有可能在下個新事物上找到更大得多的成功；然而招致失敗的風險較高，遠在天際的回報也十分遙遠。也就是說，開發就像烏龜，探索則是兔子。

這兩個策略之間的緊張，在每位決策者的心中來回拉扯，衍伸了許許多多的自問。舉例來說，你是否應維持公司現有的電池科技，即使這項科技讓公司愈賺愈多？或者，你是否該極力追求研發一種新的能源儲存技術，而使電池成為廢物（或許不完全是）？上述這些就是會造就或毀滅一家公司的實用決策，同時也是史丹佛大學策略理論專家詹姆士・馬區（James March）多年來的主張。[14]

最好的決策制定者能在兩者間的平衡上採取兩手策略，他們知道何時該從其中一種轉換到另一種，並領導左右開弓的企業組織。以這些企業來說，它們既擅長追求成長，同時也能創新與控制成本，這是兩種非常不同的營運模式。如同柯達（Kodak）在類比攝影上表現一流，但是在數位相機的新競爭上失策。

企業處於景氣衰退時亦是危機四伏，他們透過削減成本而專注於生存與符合營收數字等行為是可以理解的，只是通常是以犧牲員工福祉或跟不上世界的改變為代價。許多時候，一旦進入生存模式就會窄化我們的注意力。

只不過，生意蒸蒸日上並非兩手策略的保證。對於被英特爾的葛洛夫稱為陷入「成功的陷阱」的人而言，這個轉捩點可能是最困難的。葛洛夫觀察出每家公司遲早會面臨的一個時點，屆時必須做出戲劇化的改變才能生存，更別說是提高營運績效了。「一旦錯過那個時刻，」他警告，「你的企業就會開始向下沉淪。」

葛洛夫表示，英特爾讓最佳的開發人才主要致力於記憶體晶片上為時過久，即使後來該公司的生存模式已轉為仰賴微處理器，並成為往後十年大幅成長的動力來源，但仍在擺脫開發、轉向探索時遭逢困境。

蘋果的口號「不同凡想」（Think different）影響該公司轉向探索方向。移往一個新領域，而非蹲下來守成以提高效率。這不只是姿勢的差異，在大腦的層次上，這代表兩種完全不同的心智功能與神經機能。注意力的控制掌握了決策者需要進行此種轉換的關鍵。

在以下實驗中，一共有六十三位經驗豐富的企業決策者接受大腦掃描。他們接受一個

14 James March, "Exploitation and Exploration in Organizational Learning," *Organizational Science* 2, no. 1 (1991): 71-87.

模擬遊戲，在遊戲進行中選擇開發或探索策略，或在這兩種策略間轉換，進而揭露了此兩種專注的特定神經迴路。[15]開發策略伴隨的是大腦預期與獎勵的神經迴路活動，往往在令人舒適與熟悉的例行公事中前進，使人感覺良好；但探索策略則動員了大腦的執行中心與控制注意力的部分產生活動。然而，在一個現有的策略中搜尋替代方案，似乎必須刻意的專注。

首次朝向新領域的行動，使人從愉快的例行程序中脫離，同時也要對抗一成不變的慣性；此種小小的注意力行動要求神經科學所謂的「認知努力」。此種對執行控制的觸發努力解放了注意力，得以四處漫步，追尋全新的道路。

究竟是什麼讓人無法從事這種小小神經細胞的努力？例如心理的超載、壓力、睡眠被剝奪（更不用提喝酒了）等，皆會耗盡執行神經迴路所需的能量，用以進行認知轉變，而維持心理於一成不變的狀態。而過載的壓力、睡眠不足，以及服用一些讓人鎮定下來的藥物，在高度要求的工作裡都是十分常見的現象。

---

15 Daniella Laureiro-Martinez et al., “An Ambidextrous Mind,” working paper, Center for Research in Organization and Management, Milan, Italy, February 2012. 開發策略與大腦的多巴胺網路及腹內側前額區的活動有關；探索則與執行功能及注意力控制的區域有關。

chapter 19 領導者的三種專注

當史堤夫・杜特曼（Steve Tuttleman）年僅十一歲時，他就開始與祖父一同閱讀《華爾街日報》；四十年後，這個習慣轉為在平板上瀏覽。每天他固定會檢視二十多個網站，加上由RSS閱讀器整理好的新聞與評論。從他起床的那一刻開始，一天內有五、六次他會查看突發新聞，主要從《紐約時報》、《華爾街日報》、Google新聞等網站。他會使用網路應用軟體將目前訂閱的二十六種雜誌內容整理好，讓他稍後可以挑出重要的文章來閱讀。杜特曼表示：「如果某一篇具有高度重要性、需要進一步研究，或想要保存供作參考，那我會在有空的時候再回來。」

除此之外，還有個別產業的出版品，每一種都與特定的投資利益有關。《全國餐館新聞》（*National Restaurant News*）與他投資Dunkin' Donuts的股份有關；《保齡球人》（*Bowler's Journal*）讓他跟上管理Ebonite公司的速度——這家他擁有的公司是製造保齡球與相關用品。《實用地產規劃期刊》（*Journal of Practical Estate Planning*）以及其他五、六種類似刊物可以提供資訊的廣度，也許有助於他擔任赫特凱拉根公司（Hirtle Callaghan）的董事，這家公司為慈善機構、大學以及高淨值個人等管理資產。而《私人股票投資者》（*Private Equity Investor*）則有助於他擔任Blue 9 Capital投資公司的總經理，利於掌握公司投資的狀況。

「這就像一種大型的掃描。那是必然的，」杜特曼告訴我。「有時候我覺得這樣花去太多時間，但我一直將讀過的東西相互連接，這為我的工作提供了基礎。」

當杜特曼於二〇〇四年受邀投資一家名為Five Below的零售連鎖店時，他說：「他們與我分享一家樣板商店的財務預測數字，成本與毛利的數字都是正確的。」

但當杜特曼超越那些紙張數字，實地拜訪該連鎖店六家分店的其中一家時，他是綜合心中的訊號與其他人對商店的反應來核對。「他們提供的產品具魅力與選擇性，是一家頗具觀點的商店。鎖定的客群是十二至十五歲的青少年，在商店裡，多半時間你能看到母親與她們的孩子；但主要是我親眼見到人們喜歡這家商店，同時我也十分喜歡它。」

在未來幾年內，杜特曼把更多資金投入Five Below。原本在二〇〇四年只有六家店面的連鎖商店，截至二〇一二年底已成長到二百五十家，同時這家公司也成功完成初次公開發行（ＩＰＯ）。Five Below繼臉書的ＩＰＯ慘敗後公開上市，但股價仍有很好的表現。

「人們一直把投資機會帶給我，」杜特曼說。「他們給了我一本『書』，詳細說明市場中一家公司的數字。但我必須以整個環境背景來權衡社會、文化、經濟發生了什麼。我永遠在掃描廣闊的世界裡發生了什麼事；你需要更大的視野。」

時間回到一九八九年，杜特曼買進星巴克、微軟、家得寶（Home Depot）、沃爾瑪（Wal-Mart）的股票，目前他仍然持有這些股票。問起當時他為什麼會購買？「我買我喜歡的，」他解釋。「我是用直覺決定。」

當我們下一個類似這樣的決定時，皮質下的系統在我們的意識覺察之外運作，彙整、引領我們的決策原則與儲存我們人生的智慧，同時以一種「直覺」提供它們的意見，這是一種微妙的啟發。請相信，通常這種感覺是對的，甚至在我們能將該決定付諸言語前，它就已經設定好方向了。

最成功的企業家在收集一項關鍵決策的相關資料時，他們收集的範圍會比多數人大得多，同時會多方收集，也會比大多數人想到更多關聯性。但他們同時也了解到，當面對重大決定時，直覺也是一種資料。

在我們提到杏仁核與腦島等詞彙來描述之前，皮質下的神經迴路已經知道此種直覺的真相。直覺的學術回顧包括：運用感覺作為資訊，是「一般合理判斷的策略」，而非終年不絕的錯誤來源；那些主張極度理性的人士，可能對此有所爭論。[1]也就是說，把我們的感覺作為資訊來源，進而成為大部分的決定，顯示出我們的大腦會在無意識的情況下，自發性地收集這些資訊而下達許多決定。

杜特曼受到其直覺教導的根源，很可能來自早年與祖父一同閱讀《華爾街日報》的時光。他的祖父原是俄國移民，最初在一家雜貨店找到工作後，後來買下那家雜貨店；接著祖父又買下供應這家雜貨店的供應商，之後賣掉那家供應商，繼而成為股市投資人。

杜特曼就像他的父親與祖父一樣，他笑說：「我一直都知道我將是一位投資人。在我的成長時光，我們的晚餐對話永遠都和商業話題有關；而我在這一行也有近三十年的時間了，手中永遠持有一些公司股票的投資組合。每家公司本身都有不同議題，這讓我持續地關注它們。直至今日，我仍然持續建立相關訊息，豐富我心中的資料庫。」

然而，精明決策的關鍵不僅來自自身為該領域的專家，同時也始於擁有高度的自我覺察。如果你了解自身的程度不亞於了解所處的企業，那麼你在理解真相時就可能更為精明（同時，但願如此，保護你不因內心的偏差遮蔽視野）。[2]

就像在決策樹（decision trees。期望效用理論〔expected utility theory〕的應用）中具體表達的情況一樣，我們總是權衡所有相關因素的利弊得失。但這裡顯示出一個問題：人生很難將本身安排得如此恰如其分；進而產生另一個問題：我們心中由下而上的系統儲存了重要資訊，只是我們由上而下的系統並不能直接使用，更別說是放進決策樹了。這道理如同在紙張上看來好看的東西，實際上卻沒有那麼好。例如，欠缺管理的次級房貸衍生工具市場、美國入侵伊拉克。

「最成功的領導者會持續不斷地尋求新資訊，」合益集團（Hay Group）領導與才能訓練部門董事露絲．馬洛伊（Ruth Malloy）表示，「他們希望了解營運所在的領域。他們需要對新趨勢有所警覺，同時發現浮現中的種種模式，因為這些模式極可能對他們有重大影響。」

當我們說一位領導者「專注」，我們指的是企業營運成果或獨特策略的一個點。但這樣一個點是否足夠？注意力的其他本領又該怎麼辦？

杜特曼的投資選擇，整合了財務預估數字與來自外部廣泛掃描的輸入，他將自身的直覺反應調整好，然後觀察他人的感覺。這就是領導者需要全面性的對內、對他人、對外的專注以達到完美境界的最佳範例。然而，上述其中任何一個弱點，都能致使領導者頓時失去平衡。

---

1 Rainer Greifeneder et al., "When Do People Rely on Affective and Cognitive Feelings in Judgment? A Review," *Personality and Social Psychology Review* 15, no. 2 (2011): 107-41.

2 Gird Gigerenzer et al., *Simple Heuristics That Make Us Smart* (New York: Oxford University Press, 1999).

激勵人心的領導者

且讓我們試著檢視兩位領導者。一號領導者在一家建築工程公司擔任高階主管。在二○○○年代初期，亞利桑那州的房產市場繁榮（遠在後來的崩盤之前），他不斷地換工作，每次都能獲得更高的職位。不過，他激勵人心的能力遠遠比不上在企業職位階梯往上爬的敏捷度。當別人請他為公司的未來提供指引的願景聲明時，他拙劣地完成這項任務：「比我們的競爭對手表現得更好！」這是他所能做到的最好表現。

二號領導者負責一家非營利公司，在美國西南部對西班牙裔社區提供健康與社會服務。他的願景聲明流利順暢，而且堅定明確地專注於更偉大的目標：「為這些社區創造一個更好的環境，因為多年來是這個環境孕育了我們。同時將致力於利潤分享……也受益於我們的產品。」他的願景是正面的，同時抓住了利害關係人擴展的眼光。

在往後幾週內，包含為上述兩位領導者工作的員工，他們被要求針對「老闆是否能激勵員工」一事祕密評分。在五十位評分的員工當中，一號領導者獲得最低的分數之一，二號領導者則是最高的之一。

更令人好奇的是，每位領導者不約而同接受對大腦的「連貫性」（coherence）測量。所謂的「連貫性」，是指在一個區域內的神經迴路相互連接與協調活動的程度。連貫性這個特定的區域位於大腦右側的前額葉地區，在整合想法與情緒上十分活躍，對於了解他人的想法與情緒也很活躍。實驗結果顯示，激勵人心的領導者在提供對內在與對他人覺察的關鍵區域顯示了高度的「連貫性」；相反地，遲鈍的領導者在這個區域的「連貫性」非常低。[3]

激勵人心的領導者不僅清楚分享個人的價值觀，使大家產生共鳴，進而激勵整個群體。人們喜歡和這些領導者共事，因為他們會刻劃願景並感動每一個人。但領導者說話要發自內心，話語才能進入別人的心房。也就是說，領導者首先必須清楚自我的價值觀，而這需要自我覺察。

激勵人心的領導者必須具備的條件，即是將內心的情感現實與所激勵對象的情感現實協調一致。同時這也是ＥＱ的要素，根據我們對專注的新理解，我們必須重新思考一下。

注意力只在ＥＱ的世界裡間接的討論：作為「自我覺察」，這是自我管理的基礎；也是「同理心」，是有效人際關係的基石。然而，我們自身的覺察與對他人的覺察，其應用在管理內在世界與人際關係，正是ＥＱ的基本要素。

---

3 David A. Waldman, "Leadership and Neuroscience: Can We Revolutionize the Way That Inspirational Leaders Are Identified and Developed?" *Academy of Management Perspectives* 25, no. 1 (2011): 60-74.

注意力的各種行為透過EQ的真實架構被編織組合，因為在大腦構造的層次上，區分情緒與注意力的界線模糊不清。提供注意力使用的神經迴路與供感覺使用的神經迴路以許多種方式重疊，分享神經路徑或互動。

因為大腦把供注意力使用的神經迴路與供EQ使用的神經迴路交互編織，結果這種分享的神經迴路同時也設定技巧；但不包括各種較為學術的技巧，例如以智商來衡量的技巧。[4]這意味著領導者即使非常聰明，但不見得擁有與EQ伴隨而來的專注技巧。

以同理心為例。領導者常見的冷漠是欠缺傾聽的藝術。以下是一位執行長坦白地評估自身同理心的問題：「我的大腦隨時有太多東西一起賽跑，因此即使我聽進某人所說的話，但除非我表現出已經將對方的話融會貫通，否則人們還是會認為我沒有在聽。這是因為有時候你（的大腦）在賽跑，你實在聽不進去。所以，如果你真的要人們拿出最佳表現，你必須真正好好地聆聽他們說話，同時，他們也必須感覺到你真的聽進去了。因此，我必須學著放慢腳步，並且在這個觀點上多加改進。這不但使我變得更好，也使我四周的人變得更好。」[5]

一位以倫敦為據點的企業教練告訴我：「當我告訴一些主管來自他人的回饋，通常都是說某位主管都沒有注意聽人說話。但當我指導他們改善如何注意別人說話時，我常常聽到這些主管說『我能做得到』。」

接著我會指出：「你能，但問題是你有沒有『經常』這麼做。」之於我們而言的重要時刻，我們會格外小心注意。但由於工作環境中的喧囂與分心，使我們難以專注地聆聽別人說話，這已成為十分普遍的現象。

然而，注意聽是有好處的。一位執行長告訴我，有一次他的公司與政府部門在購買一片遼闊的森林土地時爭執不下，因而陷入僵局。與其將這個問題留給律師，這位執行長選擇與該部門首長約了個時間見面。

在會議中，該部門首長長篇大論地抱怨這位執行長的公司，同時宣稱這片土地需要保護而不該被開發；這位執行長專注地聆聽了十五分鐘。那個當下，他發現公司與政府部門的需求可以並行不悖。於是，他提出一個折衷方案，他的公司僅開發一小部分的土地，同

---

4 大腦各區域對ＥＱ來說十分重要，而它們也在各類注意力中扮演關鍵角色：前扣帶迴、顳頂接點、前額腦區底部與腹內側區域。以大腦的區域而言，注意力與ＥＱ是共通的。見Posner and Rothbart, "Research on Attention Networks as a Model for the Integration of Psychological Science"; R. Bar-On et al., "Exploring the Neurological Substrate of Emotional and Social Intelligence," *Brain* 126 (2003): 1790-1800。這故事無疑地會變得更複雜，並且注意力—ＥＱ的連結甚至會更強烈，因為有更多這類研究是運用更廣泛的ＥＱ測量與神經科學方法來完成。

5 Steve Balmer, CEO of Microsoft, in Bryant, "Meetings, Version 2.0."

時將其餘大部分土地設立一個保留地，信託永久保護。

這次會議結束時，雙方握手達成交易。

獎賞讓他們視而不見

她是一家超大型律師事務所的合夥人，而且她快將團隊給逼瘋了。她採取微觀管理，永遠猜忌他們、重寫不符合她所認定標準的報告，即使這些報告已近完美無瑕亦是如此；她永遠都能找到一些地方來批評，沒有讚揚。她堅定地專注於否定的模式，因而使她的團隊士氣低落，其中一位明星員工已經辭職，其他人也紛紛尋求調職的機會。

那些擁有高成就標準、超級專注管理風格的人，如同上述這位批評過度的律師，他們因而被稱為「步調設定者」（pacesetters），這意味著他們喜歡透過以身作則領導別人，慣於設定快速的步調，因為他們假定別人會加以模仿。步調設定者傾向於仰賴一種「命令與強迫」的領導策略，他們只是下達命令，然後希望別人服從。

如果領導者顯示出步調設定或命令風格，或同時身兼兩種卻沒有其他風格，這將產生一種有毒的工作環境，一種會讓底下的成員士氣低落的環境。雖然透過個人英雄主義，這類型的領導者或許可得到短期效果，但是這麼做卻會以犧牲公司的成長為代價。

〈殺氣騰騰的領導統御〉（*Leadership Run Amok*）是《哈佛商業評論》中探討步調設定者黑暗面的一篇文章，作者是合益集團的史考特・司培爾（Scott Spreier）與同事。「他們太過專注於獎賞，」司培爾說，「這讓他們看不見自己對辦公室其他人的影響。」

司培爾的文章以上述那位吹毛求疵的律師事務所合夥人為例，作為最嚴重步調設定者的主要範例。文中表示，這類型的領導者不會傾聽，更甭談以共識做決定。他們不花時間去了解每天與他們共事的人，而是將這些人視為沒有深度的角色。他們不幫人們發展新的工作技巧或是精進其能力，僅將人們需要學習一事視為一種失敗。他們到後來會變得傲慢與缺乏耐心。

令人訝異的是，這種人正在蔓延之中。一項追蹤研究發現，一九九〇年代以來，在各式各樣的企業裡，這類過度追求成就的領導者人數呈現穩定上升的現象。[6]然而，此一時期的經濟成長創造了一種氛圍，就是不計代價追求績效的英雄主義，並將這類人捧為名人。雖然表面上帶來名望績效，但缺乏職業道德、愛抄捷徑、對人殘暴無情等風格的負面行為變得俯拾皆是。

---

6 Scott W. Spreier, Mary H. Fontaine, and Ruth L. Malloy, "Leadership Run Amok: The Destructive Potential of Overachievers," *Harvard Business Review*, June 2006, pp. 72-82.

接著來臨的，就是一連串的企業垮台與幻想破滅。從安隆的倒閉與達康（dot-com）的崩潰為起點，這種較清醒的商業現實將焦點聚集在步調設定者一心一意專注於營運成果，犧牲其他領導原則作為代價。在二〇〇八年金融危機期間與往後的時間裡，「許多公司晉升強勢、由上而下指揮的領導者，這是因為這些人擅於處理危機，」柏林的一位管理顧問喬治・維爾麥（Georg Vielmetter）告訴我。「但這麼做等同改變了公司的精神。兩年後，這批領導者創造了一種風潮——信任與忠誠度皆煙消雲散。」

此處的失敗不在於有無達成營運目標，而在於上位者與人們的關聯。這種「力求完成」的模式讓殘暴無情凌駕人道關懷。

幾乎每個企業組織都需要旗下員工具有以下幾項特質：敏銳的專注於重要目標；持續學習如何能做得更好的才能；在單一目標的專注下，得以摒除分心事物的能力。至於「力求完成」的創新、生產力、成長，就仰賴那些追求高績效的人。

只不過凡事要適可而止。野心勃勃的營運收入或成長目標，並非衡量企業組織健康的唯一標準，而這些手段也不能以犧牲其他基本管理原則為代價；這也會帶來長期的負面效果，例如損失明星級的優秀員工，可能會大於短期的成功，同時也因為那些代價導致企業以失敗告終。

當我們鎖定在一個目標上，任何與專注於「那一個點」有關的都得到優先權。「專注」

不僅是選擇正確的事物，也必須對錯誤的事物說不。但對於正確的事物也說不時，那這種專注就太過頭了。當「分心的事物」擴張至涵蓋他人有效的關注、他們聰明的想法與關鍵資訊，就更別提他們的士氣、忠誠和幹勁了。

這項研究的根源應回溯至哈佛大學教授大衛．麥克藍（David McClelland）研究為何以健康的驅動力達到目的，便可以刺激企業家精神。但從一開始他就注意到一些高成就標準的領導者「太過執著找出達成目標的捷徑，使他們不會特別關心為達成目的所使用的手段」。[7]

「兩年前，我獲得一些讓我為之清醒的績效回饋，」一家全球性商辦房地產公司的執行長吐露。「我的經營能力很不錯，但若談到激勵的領導能力與同理心就很缺乏。我曾以為我很好，因此一度否認有這個問題。接著我在反省後發現自己雖然有同理心，但當人們沒有好好執行他們的工作時，我就會封閉我的同理心。我變得非常冷酷、甚至卑鄙，我發現最大的恐懼是失敗，而那就是驅動我的原因。因此，當所帶領團隊裡的人讓我失望，那種恐懼就襲上心頭。」

當恐懼劫持了他，同時使這位執行長跌回步調設定的層次。「如果你沒有自我覺察，

---

7 McClelland was quoted ibid.

當你被達成目標的驅動力鉤住時，」擔任資深領導者顧問的司培爾說，「那你就會失去同理心，然後開始一意孤行。」

矯正的方法正是：了解傾聽、激發、影響、合作的需求。通常這種人際關係的技巧，正是步調設定者不熟悉的。「最糟的情況是，步調設定者缺乏同理心。」瑞士國際管理學院（IMD）領導學專家喬治・柯爾雷瑟（George Kohlrieser）這麼告訴我。柯爾雷瑟教導全球各國的領導者成為「安心基礎」（secure base）的領導者，引導這類領導者以支持與同理心的風格，鼓勵旗下的人以他們的最佳狀態工作。[8]

「我們這裡都是步調設定者，」全球最大金融機構之一的執行長表示，並帶著悔恨地承認。不過，擁有一大批步調設定者不見得會傷害士氣。如果這裡的每個人都有高水準的才能與成功的驅動力——也就是透過步調設定者的篩選——這種模式則是行得通的。

但正如一位金融分析師描述某家銀行的情況，間接地表示步調設定者的文化導致行員無禮地對待顧客：「我不會將我的錢擺在那裡，但我會推薦買進該銀行的股票。」

管理你的影響力

二○一○年春天，當英國石油公司（BP）災難性的石油外洩事件在墨西哥灣爆發數週後，無數的海洋生物與鳥類瀕臨死亡、灣區居民大聲譴責這場大災難之際，英國石油的主管因而成為管理危機不及格的教科書範例。

他們愚蠢表現的高峰，正是來自英國石油公司執行長東尼・海沃德（Tony Hayward）無恥地宣稱：「沒有人比我更想結束這件事。我希望能要回我的生活。」

該位領導者不但沒有表現出對石油外洩事件受害者的最低限度關心，卻極度顯得似乎被這不太方便的事給打擾了。他繼續宣稱這次災難並非英國石油公司的錯，然後把錯歸咎於該公司的承包商，同時也不肯承擔責任。[9]透過報章媒體廣泛流傳的照片顯示，他在危機的巔峰時，還駕著一艘帆船愉快地外出渡假。

正如英國石油公司的媒體關係主管所形容的：「東尼・海沃德每次開口說話，說的都是他不該說的話。他不了解的是——媒體才是野獸。因為他不了解大眾的觀感。」[10]

賽恩・史賓賽（Signe Spencer）告訴我，最近他在一些高階領導者身上發現一種能力，

---

8 George Kohlrieser et al., *Care to Dare* (San Francisco: Jossey-Bass, 2012).

9 估計英國石油公司在鑽油平台「深水地平線」（Deepwater Horizon）石油外洩的賠償接近四百億美元；四位英國石油公司的主管則面臨怠忽職守的刑事控訴。

10 Elizabeth Shogren, "BP: A Textbook Example of How Not to Handle PR," *NPR*, April 21, 2011.

這項特質稱為「管理你對他人的影響力」，透過領導者的能見度與身分角色，上位者能很有技巧地影響別人，而且是正面的影響。[11]

東尼．海沃德看不見自己對別人的影響力，更甭提洞見社會大眾對英國石油公司的觀感，於是進而引發一場敵對大戰，包括報紙以頭版文章質問：為什麼海沃德還沒有被開除？甚至連美國總統歐巴馬也宣稱，如果是他早就開除海沃德了。在隨後一個月，英國石油公司宣布海沃德離開該公司的消息。

這次災難迄今已造成英國石油公司高達四百億美元的債務，有四位主管被控怠忽職守的罪名，同時，美國政府也禁止英國石油公司更進一步——包括墨西哥灣的新石油探勘租約——因為這家公司「缺乏企業誠信」。

東尼．海沃德提供欠缺專注的領導者造成企業成本的教科書案例。「領導者要預期人們將如何反應，必須觀察人們對你的反應，」史賓賽說，「這需要自我增強循環中的自我覺察與同理心。然後，你會變得更知道要如何給他人好印象。」

史賓賽認為，有了高度的自我覺察，就能更快地發展良好的自我管理。「如果自我管理得更好，你會有更好的影響力，」史賓賽補充。由此歸納出一個重點，海沃德在石油外洩危機中，在在顯示出於許多管理領域上均告失敗，而他在管理個人的影響力這方面也不及格。

此種由三方面構成的專注，需要注意力同時多方運作。若領導者無法確實執行，將導致他們本身與企業接連受到傷害。

11 Lyle Spencer and Signe Spencer, *Competence at Work* (New York: Wiley, 1993). 賽恩・史賓賽是合益集團能力評估（Capability Assessment）的全球實務領導人。

chapter

20 是什麼造就了領導者？

回到我還是麥克利蘭（David McClelland）教授於哈佛大學任教期間的研究生時，他在業界中的標竿期刊《美國心理學家》（*American Psychologist*）中，發表了一篇具爭議性的文章，因而掀起一場小型風暴。麥克利蘭對一個神聖的假定表示懷疑：在學校表現好就足以預測事業成功嗎？他表示，許多強烈證據顯示ＩＱ是任何高中畢業生到最後能保住哪種類型工作的最佳預測指標，而該項數值將人們分門別類至各種職場角色都有相當好的成效。學術能力（以及他們大致反映的ＩＱ）代表某人能應付的認知與複雜性的水準，同時表示適合哪一類型的工作。例如，你的智力必須高於平均以上約一個標準差（ＩＱ為一一五），才能成為專業人士或高階主管。

但是，較少被討論（至少在學術界較不明顯）的是，一旦你已經和一群跟你同樣聰明的同事共事——特別是作為領導者而言——單靠個人的認知能力並不足以讓你出類拔萃。當一個團體中所有人的ＩＱ都處於等高的水準時，則會形成地板效應。

麥克利蘭認為，一旦你進入職場工作，像是自律、同理心、說服力等特定能力，比起一個人的學術能力排名，會在通往成功的路上形成一股更強大的力量。他建議的方法後來成為「職能模型」（competence modeling），現在已被世界級企業普遍採用，亦即在特定的企業組織中發現使某人成為明星級績效表現者的關鍵能力。

這篇文章〈測試的是勝任能力而非智力〉（Testing for Competence Rather Than Intelligence）深受許多企業認同，通常這些企業會在平時實際評估員工的在職表現，最後必須決定擢升哪些人、誰是最有成效的領導者，以及何種才能是他們推薦那些有前途者的原因。他們擁有嚴格的企業量化工具來衡量成敗，同時他們也知道，人們的學業成績與他們就讀的學校是否為名校，與他們實際的工作表現只有一點點關聯，或者可說是毫無關係。

某家大型銀行的前負責人告訴我：「我雇用過最好的與最聰明的人，但我仍然看到他們的表現呈現常態分布的曲線。我覺得奇怪，為什麼會這樣？」麥克利蘭的文章解釋了其中的原因。

但這篇文章仍在許多學者中引起爭議，其中有些人不能領會：為什麼在學校表現很好的學生，一旦到了職場，他們的表現卻與在校表現並無確切關係（舉例而言，除非那份工作是擔任大學教授）。[1]

現在那篇頗具爭議的文章在經過數十年後，「職能模型」說出一個明確的故事：同理心相關的非學術能力在傑出領導者的養成中，其重要性遠大於純粹的認知才能。[2]在合益集團（該集團收購了麥克利蘭成立的McBer公司，並更名為麥克利蘭學院研究部）完成的一項研究中顯示，領導者擁有八個或更多的非認知職能，進而創造出高度活力、高水準表現的工作氛圍。[3]

不過，合益集團位於英國的領導與才能訓練部門董事伊馮娜．賽爾（Yvonne Sell），發現這類型的領導者是相當罕見的：只有一八%的主管達到這個水準，而四分之三的領導者只具備三項或更少的人際關係技巧，甚至創造負面的工作氛圍，也就是人們往往散發出漠不關心或漫無目標的感覺。蹩腳的領導者似乎太普遍，而一半以上的領導者都屬於這種影響力偏低的類別。[4]

其他研究指向同一批難以對付的人，他們需要柔軟的人際關係技巧。當埃森哲（Accenture）管理顧問公司採訪一百位執行長關於成功經營一家公司所需的技巧，總共整理出合計十四種能力，依序是從全球的角度思考與創造一種激勵人心的共同願景，乃至於擁抱變遷和理解科技等。[5]沒有任何一人能擁有全部的能力，但出現了一種「後設」的能力——自我覺察。絕大多數執行長需要運用這項能力來評估自己的長處與短處，並成功組織了一個團隊環繞在周圍，而該團隊的核心能力必須與領導者自身的能力互補。

然而，自我覺察很少出現在職能的清單上，此項清單是企業用以分析旗下明星績效

---

1 這項辯論持續的另一個原因：職能模型通常都是專屬的資訊，由一個企業組織委任以獲得競爭優勢，因此通常不會公開與別人分享，更甭談在同行審查的期刊發表了——因此許多學者型的心理學家不考慮這項證據（但仍有許多模型在同行審查期刊發表）。同時其他心理學家——大多數為產業／組織的專家——持續創造職能模型，這些模型廣泛地被企業界使用。這種現象造成學界與業界的巨大差異，這問題遠遠超越了此處的辯論。

2 Gerald Mount, "The Role of Emotional Intelligence in Developing International Business Capability: EI Provides Traction," in Vanessa Druskat et al., eds., *Linking Emotional Intelligence and Performance at Work* (Mahwah, NJ: Lawrence Erlbaum, 2005). 很少有這種公開發表的職能模型，部分原因是這些模型通常是專屬的。

3 這是根據四百零四位企業領導者的樣本，包括情緒智商能力（EI competency）、領導風格與組織氣候，由倫敦合益集團的伊馮娜·賽爾分析。

4 顯然，這些領導者過度仰賴狹隘的領導風格——特別是設定步調與命令控制。領導風格顯示其ＥＱ的領導職能；風格驅動組織氛圍，根據合益集團的分析資料，組織氛圍約占企業績效的三〇%。

5 Alastair Robertson and Cathy Wail, "The Leader Within," *Outlook* 2 (1999): 19-23.

表現者的強項。[6]通常這種專注的微妙變化十分難以捉摸，但反映了高度認知控制的能力（建立在這種自我覺察的基礎上），則是經常與堅持、彈性一起成為達成目標的驅動力。

同理心有許多形式，從簡單的傾聽到觀察企業組織裡影響的路徑，這名詞經常出現在領導職能的研究中。大多數高績效領導者的職能，多屬於較明顯的類別且以同理心為基礎：人際關係的強項，例如影響力、說服力、團隊精神及合作等。但這些最明顯的領導能力不只建立在同理心上，同時也在於管理自身並察覺到要如何影響他人。

了解整個系統的單一專注能力，依不同企業組織與不同職能模型而有不同的名稱：縱觀全局（big-picture view）、模式認知（pattern recognition）、系統思考是其中幾個。通常這種能力包括得以想像出整個複雜系統的運作情況，同時能預測在某一點的決策將會展開分支，然後在一個遠處產生效果；或察覺到今天我們的做法在五週、未來幾個月、幾年、甚至幾十年後會有什麼後果。

領導者的挑戰不在於同時擁有三種專注力的優勢，關鍵在於找出平衡，而且在正確的時點使用正確的專注力。有良好專注力的領導者可以平衡其中每一種提供的資訊流，然後將這些一段段的資訊整合成沒有缺口的行動。謹記，如果將注意力的資料與EQ及績效表現的資料整合在一起，這三種專注力就會成為卓越的隱形推手。

發現正確的平衡

挑選任一工作小組並詢問其成員：「請問誰是領導者？」他們可能會回答一位有主管頭銜的人名。

現在問他們：「在您的小組中，最具影響力的人是誰？」這個問題的答案極有可能找出非正式的領導者，並讓人得知小組的實際運作方式。

一般而言，這些非正式的領導者比他們的隊友更具自我覺察。他們往往對自身能力的評價與他人對其評價之間，有著最小的差距。[7]從事此研究的新罕布什爾大學心理學家凡妮莎・杜思凱特（Vanessa Druskat）說：「非正式領導者經常以臨時的方式出現，同時也會

---

6 羅格斯大學「組織EQ研究協會」（Rutgers Consortium for Research on Emotional Intelligence in Organizations）的卓尼斯（Cary Cherniss）告訴我這些事，他曾調查許多職能模型。

7 凡妮莎・杜思凱特、史帝芬・渥爾夫與他們的同事——巴賽隆那ESADE商學院的巴提斯塔－佛格（Joan Manuel Batista-Foguet）博士——使用這種方法。Vanessa Druskat, Joan M. Batista-Foguet, and Steven Wolff, "The Influence of Team Leader Competencies on the Emergence of Emotionally Competent Team Norms," paper presented at the Annual Academy of Management Conference, San Antonio, TX, August 2011.

更迭。為了我們的實驗研究，我們問的是：『在大部分的時間裡，誰是非正式領導者？』」

該項研究顯示，如果那位非正式領導者的同理心很強，然後這項能力與其他能力也很平衡，那這個團隊的績效通常較高。「如果領導者具備很低的同理心、高水準的成就驅動力，」杜思凱特告訴我，「那這位領導者的目標導向會拖累整個團隊的績效。相反地，如果領導者擁有高度的同理心與低水準的自我控制，績效同樣會降低。因為太多的同理心會誘發人們行為不端。」

有位銀行高級職員告訴我：「我在金融服務業工作，我從不在工作上使用同理心——直到現在為止。有效執行同理心的關鍵是將同理心與我們的策略綁在一起：員工的敬業度、良好的顧客體驗。同理心是使我們有別於其他競爭對手的方式，傾聽則是關鍵。」

這位銀行員待的是家好公司。我從兩家全球首屈一指的醫療機構——梅約診所（Mayo Clinic）與克里夫蘭診所（Cleveland Clinic）——的執行長口中，也聽到了相同的訊息。

而全球最大基金管理公司之一的執行長告訴我，他見過商學院中一些頗有野心的畢業生前往應徵旗下公司的工作，但往往著眼於鉅額的薪資。但他感嘆道，他一直在尋找的人要能「關心寡婦和退休的消防員，他們一生的積蓄都由我們管理」——換句話說，是具同理心的關注於那些畢生積蓄可能遭遇變故的人們。

另一方面，一心一意地關注人們是不夠的。以一位從堆高機操作員打拚上來的主管為例，他在一家全球性的製造業公司任職多年，後來一路高升到亞洲區製造部門主管。雖然他的職位很高，但最讓他感到舒適的是待在工廠裡與生產工人聊天。他知道他應該做的是策略思考，但他寧可做個「平易近人的人」。

「如果領導者在對他人的專注與對外的專注之間沒有取得適當的平衡，」司培爾說，「那麼當領導者的專注失去焦點，他卻沒有提出更好的策略，這表示出他並不喜愛這項工作。因為理智上他知道該怎麼做，但情感上他的心思卻沒放在該放的地方。」

當你專注於擊中一個目標與專注於感知他人會有什麼反應之間，若要取得適當的平衡，可能會是一場神經大挑戰。與我長久共事的同事理查．伯亞紀斯告訴我，他在凱斯西儲大學的研究顯示，當我們專注於一個目標而啟動的神經網路，與社交掃描啟動的神經迴路不同。「它們會相互抑制，」伯亞紀斯補充，「最成功的領導者能在數秒內來回穿梭於這兩者之間。」

當然，公司需要領導者笑容滿面，這將得到較好的營運成果。長期來看，如果領導者並不只是吩咐人們去做什麼、或由他們親自去做，而有另一種專注：有動機去幫助他人成功——營運的優良成果將更加健全。

例如他們深刻地了解到，如果今天某人缺乏特定的實力，他們則能共同合作以求發展。領導者必須花時間給予指導和建議。以下是實用的方法：

- 用心聆聽。即便你設定了明確的期待，仍要清楚地說出整體方向的真實願景來鼓舞其他人。
- 如教練般的指導。根據部屬們所希望的生命規劃、事業藍圖、目前的工作等，多方注意人們的感覺與需求，顯現出關切的態度。
- 聆聽建議與專業知識。與之合作，在適當時刻達成共識，做出決策。
- 慶祝勝利、歡笑。上位者深知與眾人共享時光並非浪費時間，而是建立情感資本。

上述的領導風格將擴大領導者的專注（以同步使用的方式，或在適當的時刻使用），進而吸收來自內心、外界輸入等的其他資訊。然而，最大的頻寬以及提供較廣泛的了解與反應的彈性，將會有所回報。由麥克利蘭學院在上述這些領導風格所做的研究顯示，愈能適應的領導者愈能消化吸收這些資訊。因為每一種都代表獨一無二的專注與應用，也就是說，領導者的全能風格愈廣闊，愈能鼓舞企業組織的工作氣氛，以及更好的營運成果。[8]

光圈

一家健康公司的負責人正在評估四十多位經理人，他將指派他們前往新的工作崗位。在一次會議中，每個人站起來發言，他密切觀察其他經理人對發言者的注意力。當A經理人說話時，所有的人都看著他、同時也真正地聆聽。但他看到當B經理人站起來後，人們的目光都低下頭去看桌面——這是他已失去民心的明確信號。

情緒的光圈，意指在一個團體中察覺出此等微妙暗示的能力，其運作方式有點像照相機。也就是說，不論是一間教室或一個工作小組，我們能把鏡頭拉近，聚焦於某人的感受；也能把鏡頭拉遠，聚焦於整批人。

對領導者而言，光圈可確保更準確的觀察。例如當大家支持或對抗某一項提案時，此項提案是初試啼聲就胎死腹中，或得到具建設性的中途修正？其中的差異，值得好好判

8　衡量：領導人風格占組織氛圍的五〇％至七〇％。反過來說，因為領導者，組織氛圍驅動三〇％的企業績效。企業領導者的EQ職能愈強，他們的本領就更具風格。（問題是：只有一〇％以下的領導者有此能耐。多數領導者只有一種優勢風格。展現出三種或更多風格的比例雖高，但十分罕見。）對於那些自我覺察高的領導者，追隨者評價組織氛圍為正面的比例為九二％；至於那些自我覺察低的領導者，正面比例只有二二％。

讀。[9]

洩露情緒的暗示包括聲調、臉部的表情等，這能讓你知道在一個團體中有多少人感到恐懼或生氣，有多少人感到期望與積極，或輕視與漠不關心。上述這些暗示會比直接詢問他們有何感覺更快、更正確地評估整個團體的感覺。

在工作職場上，集體的情緒有時也被稱為企業組織的氛圍，會造成如顧客服務、缺勤，以及團體表現上有很大的區別。

更微妙的是，如果領導者能感覺出團體中情緒的範圍，例如有多少人感到恐懼、期待，以及其他各種情緒等，這將有助於制定決策，繼而將恐懼轉為期待，或將輕視轉為積極。

此種寬廣的光圈觀點有個障礙，其演變為一種內化的態度，即專業精神要求我們在工作時忽略自身的情緒。有些人將這種情緒盲點追溯至西方國家職場標準的工作倫理，將工作視為一種道德義務，因而必須壓抑我們對人際關係及自身感受的關注。在這些十分常見的觀點下，將注意力擺在人性層面將損害企業的效益。

但根據過去數十年的企業組織研究提供的充足證據，顯示這是個被誤導的假設。因為最專業的團隊成員或領導者使用寬廣的光圈來收集所需要的情緒資訊，以便善加處理團隊隊友或員工的情緒需求。

不論我們注意的是整座情緒森林或只是其中的一棵樹，都取決於我們的光圈。例如當人們看到卡通片有一個人在微笑，四周卻圍繞著一群愁眉不展的人，追蹤眼球的裝置顯示，絕大多數觀眾會將他們的注意力縮小到只看微笑的臉，繼而忽略其他人。[10]這似乎是種偏見（至少在西方國家的大學生中是如此，他們是此項心理學研究的大批對象）。相較之下，在東亞社會，人們在團體中往往會自然地選擇廣闊的模式，此時寬廣的光圈則易於出現。

領導統御專家華倫·班尼斯（Warren Bennis）以「一流的關注者」（first-class noticers）來形容那些將完美的專注力帶進每種情況的人，且是恆久如此——有時當下發生的事會引人出神且具感染力。好的傾聽者就屬於「一流的關注者」的類型之一。

有兩項主要的心理慣例會威脅關注的能力，分別是毫無疑問的假設以及過度依賴經驗法則。此兩者都必須針對不斷變化的現實，一次又一次地驗證並調整。要做到這點，可透

---

9 Jeffrey Sanchez-Burks and Quy Nguyen Huy, "Emotional Aperture and Strategic Change: The Accurate Recognition of Collective Emotions," *Organization Science* 20, no. 1 (2009): pp. 22-34.

10 T. Masuda et al., "Placing the Face in Context: Cultural Differences in the Perception of Facial Emotion," *Journal of Personality and Social Psychology* 94 (2008): 365-81.

過哈佛大學心理學家埃倫·蘭格所稱的「環境的正念」（environmental mindfulness）：不斷地詢問和傾聽；調查、追根究柢、深思——收集他人的洞見及觀點。這樣積極的參與，將帶來更睿智的問題、更好的學習，對於即將到來的變化也會有更靈敏的預警雷達。

系統的大腦

仔細思考以下主管的情況。在一項針對政府職位的研究中，一些主管的追蹤紀錄使他們被標誌為具創新能力、成功的領導者。[11]

他為海軍服務的第一份工作是在船上的無線電室。很快地，他精通無線電系統，信誓旦旦表示：「我比船上的任何一個人都更了解它，當它出問題時，他們就會來找我。但我發現，如果我想成功，必須精通整艘船。」於是他學習船上各部分如何運作，以及每個部分如何與無線電室互動等。不久後，當他被擢升到一個層級較高的工作，而以民間身分為海軍服務時，他說：「如同我精通無線電室，接著是整艘船，現在我發現自己必須精通整個海軍的運作方式。」

雖然我們之中的一些人對系統相當熟練，但對於許多或大部分的領導者來說——就如同上述的主管——這是一種努力獲得的力量。但若缺乏自我覺察與同理心，光有系統意識也不足以構成卓越的領導才能。我們需要平衡這三種專注，而非僅仰賴其中一種。

現在改為思考賴瑞・桑默斯（Larry Summers）的矛盾：毫無疑問地，他擁有天才的ＩＱ與系統思想家的顯赫經歷。畢竟他是哈佛大學史上最年輕就獲得終身職的教授之一。但是在多年以後，桑默斯卻在擔任哈佛大學校長時被哈佛的教職員開除，因為教職員對於他遲鈍的錯誤已經忍無可忍——最顯著的是駁斥女性的科學研究能力。

此形態似乎符合牛津大學賽門・拜倫－柯漢（Simon Baron-Cohen）的研究。他發現一種極端的大腦形式，在系統分析上冠絕群倫，但其同理心以及對社會脈絡的靈敏度卻一敗塗地。[12]

柯漢的研究發現，一小部分的人擁有這項優勢，但他們往往有一種盲點：不知道他人的感受或他人在想什麼，因此也無法了解社會情況。基於此種原因，當人們擁有優越的系統理解能力，是企業組織的資產；但若他們缺乏必備的ＥＱ時，則不必然是具成效的領導

11 Partnership for Public Service, "Critical Skills and Mission Critical Occupations, Leadership, Innovation," research report, 2011, http://ourpublicservice.org/OPS/publications/viewcontentdetails.php?id=158.

12 Simon Baron-Cohen, *The Essential Difference: Men, Women, and the Extreme Male Brain* (London: Allen Lane, 2003).

者。

一位銀行主管向我解釋該銀行如何建立一個生涯階梯，讓行員按照個人的才能一步步當上出色的系統分析師，然後循序漸進的升遷，但並非通往領導者的位階。如此一來，銀行能留住這批有才能的行員，同時從另一個不同管道招聘領導者。領導者屆時可在需要時向行員請益系統的專門知識。

有良好專注力的團隊

在一家國際性企業裡，人們完全是因為技術性的專業知識被雇用，雇主完全不問個人與人際能力，包括團隊合作。或許可預見的是，擁有百名成員的團隊分崩離析，團隊之間有許多磨擦，因此無法在最後期限前完工。

「這個團隊的負責人永遠沒有機會停下來與某位成員一同思考。」應邀提供協助的領導者教練告訴我，「他沒有可以坦率地談天的朋友。當我給他一個反思的機會，我們從他的夢想開始談起，接著是他的問題。」

「當我們回顧過去，然後慢慢觀察他的團隊，他才理解到自己是透過一個很小的鏡頭來檢視一切——他們是如何不斷地讓他失望——但他從未想過為什麼他們會有這樣的表現。

他沒有換位思考，因為他不能從團隊成員的角度看事情。」

團隊領導者將他的思考專注於成員的錯誤，他的憤怒徹底破壞了自身的工作績效。他發現自己很容易把事情歸咎於部屬們的短處。

但一旦他改為從團隊的觀點來分析何以行不通，他對障礙的判斷也為之改變了。他發現團隊成員間的忿恨十分猛烈。理論派的科學家藐視實務派的工程師，工程師進而排斥他們認為只知空想的研究人員。

另外一種衝突是由國族主義所引起。這個龐大的團隊就像小型的聯合國，成員來自世界各國——其中許多國家還在相互對抗之中——這種對抗竟延伸到團隊成員間，因而造成緊張。

該團隊的粉飾說法是這些分歧並不存在（所以我們「不能討論這個問題」）——但事實上，該團隊負責人認為，他必須將這問題開誠布公地討論。「因此，這裡就是他開始把事情做對的起點。」他的教練說。

杜思凱特的研究發現，高績效表現的團隊會遵循提升集體自我覺察的一些標準，例如將內部混亂的狀況浮出檯面，並在一發不可收拾前加以平息。

有一項用以處理團隊情緒的對策：挪出時間與空間來討論人們心中在想什麼。在與史帝芬．渥爾夫（Steven Wolff）共同完成的研究中，杜思凱特發現許多團隊並不這麼做，是他們研究的規範中出現頻率最低的一個。「但如果一個團隊能做到這點，」她說，「這將帶來巨大的正面回報。」

「我當時在北卡羅來納州與一個團隊共事，我們協助他們討論充滿大量情緒之議題的對策，是用一隻巨大的陶瓷大象，」杜思凱特說，「他們全都同意一個標準的說法，任何人、任何時候都能舉起這隻大象，並且說：『我想舉起一隻大象。』」這意味著人們將談論令其煩惱不安的事。

「馬上有個人——在座者全是高階主管——站起來做了這件事。」他開始說明自己如何陷入困境，而團隊裡的其他人有多麼不了解他的困境，卻要求他付出過多時間。他告訴他們：「你們必須理解這是我的旺季。」他的同事則回覆道，他們完全不知情，也一直納悶著為何他總是不予理會。經過這場談話後，其他人多如洪水的發言，將祕密一吐為快，陰霾一掃而空。不到一個小時，這個團隊就像脫胎換骨般，變成一個完全不同的團隊。

「要獲得團體的集體智慧，你需要兩樣東西：用心注意的現場參與以及安全感。」[13] 團體情緒智商顧問公司（GEI Partners）的負責人史帝芬．渥爾夫說，「你需要這裡是安全之地的心靈分享模式，而非『如果我說錯話，我的個人檔案就會被記上一筆』。人們需要能暢所欲言的感受。」

「現場參與，」渥爾夫說明，「意味著你知道發生了什麼事，並且深入調查。我已經學會去感謝負面的情緒，這不是說我喜歡它們，而是這些負面情緒告訴我，如果我能和它們一起保持現狀，在彩虹的盡頭將是一桶黃金。當你感覺到負面情緒，請停下來問自己：『這裡發生了什麼事？』如此你能開始去了解感覺背後的問題，接著將你所能看到的事告訴團隊。不過前提必須是足以提供安全環境的團體，才能讓人暢言實際上發生了什麼事。」

這種自我覺察的集體行為使情緒停滯（emotional static）的氣氛一掃而空。「我們的研究顯示這是高績效團隊的訊號，」渥爾夫補充，「然後他們樂於撥冗，以便提出、探討團隊成員的負面感受。」

如同個人，頂尖的團隊擅長三種專注。對團隊而言，自我覺察意味著了解團隊成員的需要、將問題表面化、然後刻意設定有幫助的規範——像是「抬起大象」這類設定。有些團隊在進行每次例行會議前，都會撥出時間進行每天的「登記」（check-in），一一詢問每個人的工作近況如何。

一個團隊的同理心適用的不僅是團隊成員間的感受性，同時也要了解與這個團隊打交道的其他人及其他團體的觀點與感覺，這就是團體層次的同理心。

---

13 See Vanessa Urch Druskat and Steven B. Wolff, "Building the Emotional Intelligence of Groups," *Harvard Business Review*, March 2001, pp. 80-90.

最佳的團隊亦能有效了解企業組織的運作情形。杜思凱特與渥爾夫發現，這種類型的系統意識與正面團隊績效表現的關係密不可分。

團隊的專注能以兩種形式呈現，包括在較廣大的企業組織裡幫助過哪些人，以及去哪裡取得這個團隊達成目標所需的資源與注意等；或意味著了解企業組織裡其他人士的關切所在。因為這些人士會影響團隊的能力，或詢問這個團隊正考慮做的事，是否符合整個機構較遠大的策略與目標。

頂尖的團隊需要定期地反應：身為一個團體，如何將其運作功能進行必要的修改等，通常這種團體的自我覺察允許來自內部的回饋。針對這一點，杜思凱特告訴我，「特別是一開始的時候，絕對可以提升這個團體的績效。」

他們也會創造出一種正面的氣氛，樂趣是分享心流的一個訊號。一家名為ＩＤＥＯ的創新顧問公司執行長稱其為「正經的玩耍」（serious play）。他說，「玩耍等於信任，一個人必須有承擔風險的空間。只有願意承擔風險，我們才會得到最有價值的新點子。」

part 7 / 大格局

chapter 21

為長遠的未來領導

我已過世的舅舅艾文．溫伯格（Alvin Weinberg）是核子物理學家。特別的是，過去他經常扮演那個產業的良心，因為他不停地談論反應爐的安全性與核廢料的危險，使得他在橡樹嶺國家研究所（Oak Ridge National Laboratory）擔任二十五年的所長後突然被開除；同時，他亦反對使用能為武器生產原料的反應爐而引起爭議。[1]然而，身為能源分析學院（Institute for Energy Analysis）的發起人，他首創美國替代能源的研發單位。順帶一提，他同時也是警告二氧化碳與全球暖化威脅的首批科學家之一。

他曾私下告訴我由利潤導向的公司負責核能發電廠運轉的矛盾心理。他擔心在利潤動機之下，他們將削減安全措施；此預示了日本福島核災發生的原因。[2]

他特別煩惱核能產業從未找到「如何處理核廢料問題」的解決之道，因此他督促他們找到解決方案，只要廢料仍具輻射性就必須持續下去。例如設立一個專責機構監管那些廢料，以使人們在數百年甚至數千年後都能安全無虞。[3]

通常進行如此長久的決策會引來一些疑問，我們現在所做的，在一百年後或甚至五百年後，還會有重大關係嗎？這對我們孫子的孫子以及他們的孫子來說，又有什麼關係呢？畢竟之於那麼遙遠的未來，我們現在的行動細節就像早已被遺忘的祖先隨風而逝。因此，若得以延續較久的成果將是我們設立的準則，組織化的行動原則在創始人都已經消失後，仍然能夠長久地延續下去。

智庫、企業與政府小組都在仔細考慮未來的可能情景。仔細想想以下由美國國家情報委員會（National Intelligence Council）對二〇二五年的推測：[4]

---

1 艾文·溫伯格偏好的是以釷為基礎的反應爐，因為這種反應爐不會重演福島類型的意外；其消耗的燃料半衰期遠短於鈾，同時與鈾不同，釷不能被用來製造核子武器。目前已有重啟釷反應爐以取代以鈾為基礎的反應爐的運動出現。見http://www.the-weinberg-foundation.org/。

2 我不知道艾文是否曾經以那個觀點作為公開的立場。但對我來說，我寧可有天能看見我們的能源需求在非核、非煤、非石油為基礎的系統下獲得滿足。

3 Alvin Weinberg, "Social Institutions and Nuclear Energy," *Science*, July 7, 1972, p. 33.

4 National Intelligence Council, "Global Trends 2025: A Transformed World," November 2008.

- 人類活動的生態影響，將產生像是可耕地之類的資源短缺。
- 對能源、食物、水的經濟需求將凌駕現有資源，例如即將出現水資源短缺。
- 這些趨勢將對我們的生活、經濟、政治體系等造成衝擊與破壞。

當這份報告出爐後，美國聯邦政府忽視了結論。並沒有任何政府部門、單位或特定的政府立場準備因應長期的問題。相反地，政客專注於短期——特別是要怎麼做才能連任——幾乎沒有任何人注意什麼是現在必須做的事，方能保護未來的世代。對許多政客而言，拯救他們自身的工作吸引了他們的注意力，遠超過拯救這個星球或窮人。

不僅是政客，我們大多數人也偏好立即的解決方案。認知心理學家發現，人們往往傾向於偏好現在的決定，像是「我現在要吃派，也許以後再節食減肥就好」。

但這同時也是我們的目標。「我們注意的是現在，有什麼是現在成功的必要條件，」哥倫比亞大學認知科學家艾克．韋伯說，「但這對有遠見的目標是有傷害的，因為心中沒有給予相同的優先性。對未來的專注變成一種不必要而昂貴的東西，總要等眼前的需求先滿足再說。」二○○三年，紐約市長彭博（Michael Bloomberg）下令禁止在酒吧裡抽菸，當時他的命令遭到強烈反對。酒吧業者說這麼做會毀掉他們的生意，吸菸者也恨死這條規定。但彭博堅定地說：「現在你可能不喜歡它，但二十年內你們會感激我。」

要花多久的時間才能使大眾的反應轉為正面呢？韋伯檢視彭博的吸菸禁令並與其他類似的決策相比較後，他回答：「我們曾進行一些個案研究，研究從一開始不受歡迎到變成全新而易於接受的現狀，要花多久的時間。我們的資料顯示，範圍落在六到九個月之間。」但吸菸禁令呢？「過了一段時間，就連吸菸者也喜歡上這道禁令，」韋伯補充。「他們喜歡與其他吸菸者在戶外一同吞雲吐霧。同時，每個人都喜歡酒吧裡再也沒有嗆鼻的菸臭味。」

另一個個案研究是英屬哥倫比亞省政府開徵碳排放稅。值得一提的是，這個稅是中立的，所有稅收將平均分配給省內公民。當初這種新稅遭到龐大的反對，但經過一段時間後，人們開始收到退稅支票。十五個月後，這種稅普遍受到歡迎。[5]「政客現在負責我們的福利，」韋伯說：「他們必須知道人們稍後會感謝他們，雖然現在得下一個困難的決定。這就像撫養青少年一樣，雖然短期內看不到他們的感恩之心，但是時間長了自然有所回報。」

5 此兩項可以是案例研究（但不是），出自Ronald Heifetz and Marty Linksy, *Leadership on the Line* (Boston: Harvard Business Review Press, 2002)。海飛茲的適應性領導理論督促領導人採取不為大多數人偏好的立場，例如這些以公共利益為出發點的政策——並建議各種機智靈巧的方式，來處理不可避免的反對聲浪。

重塑系統

當珊迪（Sandy）颶風重創紐約市部分地區後不久，我與強納生・羅斯（Jonathan F. P. Rose）對話，他是綠色社區規劃行動（green community planning movement）的創始人，正撰寫一本將城市視為系統的書。[6]「我們正處於一個轉捩點，即是要相信氣候變遷是我們必須處理、一個長期而嚴重的問題。」遭珊迪颶風破壞最嚴重的是華爾街地區，這些日子以來，那裡幾乎聽不見否認氣候暖化的言論。以華爾街的文化而言，十五分鐘就算是很長的一段時間了。只是珊迪颶風可能已經讓他們開始思考久遠以後的時空了。

「如果我們今天開始減少吸熱氣體的產生，至少要三百年才能讓氣候冷卻下來，或許還得花更長的時間。」羅斯補充，「我們對目前所需有著強烈的認知偏差。對長遠以後的未來，毫無疑問地，我們是軟弱的思想家。但至少我們已經開始認知到，我們已將人類與自然體系置於風險中。現在我們需要的是領導能力。偉大的領導者必須有實質的長期觀點，那是在了解整個系統後產生的。」

以企業為例。為長遠的未來重塑企業，意味著找到所有利害關係人支持的共同價值觀，例如股票持有人、員工、顧客乃至於企業運作地的社區等。有些人稱此為「有意識的資本主義」（conscious capitalism），因為公司的績效對所有利害關係人都有助益，而不是只把目標放在每季獲利數字，繼而讓持股人高興而已（針對Whole Foods與Zappos這類公司的研究顯示，事實上，經營角度較寬廣的企業，財務表現還高於純粹以獲利為出發點的競爭對手）。[7]

如果領導者想有效地清楚說明由眾人分享的價值觀，他首先必須找出真正能撼動人心的願景；相反地，若企業主管支持空洞的使命聲明，公司的行動與聲明不符將讓人失望。

即使是良好公司的領導者，如果他們的時間範圍太過狹隘，則可能因為此種盲點而蒙受長期的痛苦。想要真正的偉大，領導者必須擴展時間的視野，甚至要超越數十年以後；同時將他們的系統理解帶往更精細的專注。同時他們的領導能力也必須重塑系統本身。

這讓我想起聯合利華（Unilever）執行長保羅．波爾曼（Paul Polman），當時我們一同參

---

6 Jonathan Rose, *The Well-Tempered City*, should be published in 2014.

7 柯林斯（Jim Collins）在他的經典之作《從A到A+》（*Good to Great*）中有類似觀點。柯林斯所謂的「第五級」（Level Five）領導者採取的是長期觀點，創造永續性的改變。他們尋求數十年的繁榮，而非一季的獲利數字；他們讓許多利害關係人——不只是股東——也參與這樣的願景，激發出自豪且忠誠的員工。他們的承諾包括引人注目的願景，以及整個企業廣大無比的專注與意志力，但他們本身仍然謙虛。柯林斯主張，這些企業領導者不只優秀，更是偉大。

加在瑞士達佛斯（Davos）舉行的「世界經濟論壇」，他的確讓我感到驚訝。他利用該次機會宣布聯合利華已定下的目標：他們將在二〇二〇年將該公司的生態足跡減半——當時是二〇一〇年，距離目標還有十年之久。這項舉動是值得讚賞的。只是有些沉悶：許多對於社會負責的企業不約而同宣布類似的全球暖化目標。[8]

不過，他接下來所說的確實讓我震驚不已：聯合利華承諾將向小型農場直接採購農產品原料，目標是與全球約五十萬家的小型農場持有人直接連結。[9]這些農民主要種植茶葉，但初步採購行動也包括可可、棕櫚油、香草、椰子、糖等農作物，以及各種蔬菜與水果。參與的農場將遍及非洲、東南亞、拉丁美洲，另一部分的農場將在印尼、中國、印度。聯合利華不但將這些小型農場連結至他們的供應鏈，同時也將與雨林聯盟（Rainforest Alliance）之類的團體合作，協助他們提升種植技術，在全球市場中成為可靠的來源。[10]

對聯合利華而言，採購多樣化可降低在紛擾不堪世界裡的風險，而食品安全已成為眾目睽睽的目標，同時也是未來的議題。對農民來說，這意味著更多的收入與更確定的未來。

波爾曼指出，這項供應鏈的變革將產生一系列的效益，從而將更多資金留在地方性的農場社區，用以改善健康與教育。世界銀行指出，支持小農場持有人的種植是刺激經濟成長與降低鄉村貧窮最有效的方式。[11]

聯合利華向小農場採購的行動部門主管譚雪莉（Cherie Tan）表示，「在新興市場中，每四個低所得的人民中，就有三人直接或間接仰賴農業過活。」全球八五％的農場都屬於這種小農場持有人的等級，「因此這代表極佳的機會。」她補充道。

如果我們將公司比擬為一部會賺錢的機器，我們就忽略了在那裡工作的人們、該公司運作地的社區、該公司的顧客與委託人，還有整個社會與該公司相連而成的網路。眼界較廣的領導者會將這些關係帶入關注的範圍裡。

雖然賺錢很重要（這是一定的），但擴大光圈的領導者將注意力擺在他們「如何」賺錢，因此做出不一樣的選擇。其決策運作的邏輯，並不減少簡單的利潤／虧損計算，而是

---

8 埃森哲調查全球七百五十位企業執行長後發現，其中有超過九〇％支持將永續性作為企業目標。http://www.accenture.com/us-en/Pages/insight-un-global-compact-reports.aspx.

9 聯合利華不直接向農民購買，而是透過供應商。該公司更擴張其供應商的網路，以便納入擁有小型農場的強大網路供應商。

10 這代表較佳的利潤，細節將按不同農作物與不同季節而定。

11 World Bank, "The Future of Small Farms: Synthesis Report," *World Development Report* 2008, http://wdronline.worldbank.org/worldbank/a/nonwdrdetail/87.

超越了經濟學的語言。他們會將財務報酬與公共福祉互相平衡。[12]

在這個觀點中，一個好的決策可兼顧目前的需要以及範圍更廣的人們——像是未來的世代。這種領導者可以激勵人心：他們清楚地說明一個頗具意義且較大的共同目標，同時與每個人的工作凝聚在一起。透過價值觀情緒性地吸引人們的心，使人們對自己的工作有良好的感覺，不但能激發人心，也讓人們在既定的路途上前進。

如果仔細關注人們進一步的需要，專注於社會需求本身，則能培育創新。一家全球消費產品公司的印度經理人，有次無意間看到鄉村的男性被理髮師生鏽的剃刀弄得流血。後來他們發現：有些方式能製造較便宜的新剃刀，讓鄉村的每個人都買得起。[13]

此種計畫創造的組織氛圍讓工作有了意義，同時結合人們的熱情。就像發展出廉價剃刀的團隊，他們的勞動比較可能變成「好工作」：人們結合在一起，是為了追求完美而工作，同時找出他們所作所為的意義。

大格局的領導者

仔細想像班傑瑞冰淇淋（Ben & Jerry's Ice Cream）多年來發生了什麼事。其中最風行的口味：巧克力布朗尼，這必須被打散後混進冰淇淋而製成。班傑瑞冰淇淋是從格雷斯通麵包店（Greyston Bakery）採購以卡車裝載的可口糕餅，這家麵包店位於紐約布朗克斯（Bronx）的貧困地區，專門訓練、雇用那些求職失利的人，其中包括一對曾無家可歸、膝下有子女的父母，如今已經和他們的子女一起住在附近的低成本住宅。這家麵包店的格言是：「我們不雇用人烘烤布朗尼，我們是為了雇用人才烘烤布朗尼。」

這種態度正代表了棘手困境所需的全新思考。但是在真正的解決方案中，有一項隱藏的要素——對我們自己、對他人、對我們的社區與社會，不斷增加的注意力與理解。

從領導者影響、引領人們朝向分享的目標而言，領導力是分散於四處的。不論是在家庭、社群媒體、組織或社會整體中，我們都是某種形式的領導者。

---

12 Whole Foods Market的共同執行長約翰・麥基（John Mackey），在此觀點上一向是非常重要的發言人，他認為這是「有意識的資本主義」的一部分。例如麥基的薪水只有Whole Foods員工最低薪者的十四倍；該公司販售的魚類經過精心挑選，以使海洋不致喪失生物多樣性——這只是該公司一長串原則中的一項。見John Mackey and Raj Sisodia, *Conscious Capitalism* (Boston: Harvard Business Review Press, 2013)。這個觀點已經抓住時代的潮流。見Rosabeth Moss Kanter, "How Great Companies Think Differently," *Harvard Business Review*, November 2011, pp. 66-78。

13 五盧布的刀片不是最便宜的，但這是大多數印度人能負擔的水準。Ellen Byron, "Gillette's Latest Innovation in Razors: The 11-Cent Blade," *Wall Street Journal*, October 1, 2010.

適任的領導者，在惠及單一團體的系統既有條件下運作，執行指派的任務，承擔當下的問題。相較之下，偉大的領導者定義任務，在許多層次上行動，然後處理最大的問題。偉大的領導者不會勉強接受既有的系統，而是看出系統可能變成什麼模樣，然後致力於將系統轉型成更好的狀態，惠及最大的範圍。

接著是極罕見的一群人，他們將純粹的職能轉型為智慧，同時為了整個社會運作，而非僅為特定政治團體或企業。他們率性思考了很遙遠的未來，其光圈涵蓋人類普遍的福祉。同時，他們為未來的世代留下遺產——這些領導者是我們在一個世紀或更久遠以後仍會記存於心的。想想傑佛遜與林肯，甘地與曼德拉，釋迦牟尼與耶穌，即能體會箇中道理。

例如透過健康與生態影響我們的生活型態，全球最富裕的人們正為全球最貧窮的人們創造不成比例的痛苦。我們必須重塑經濟體系，考量人類的需求，而非只追求經濟成長。

以全世界最富裕、最具權勢者，與全世界最窮者之間的差距持續擴大為例。當這些富人掌握權力，如同我們已經看到的這種情況，眼前這些富人無視於貧者的真實情況，也使他們對貧者的受難漠不關心。那又有誰能將真相告訴當權者呢？

拉瑞・布里安特（Larry Brilliant）說：「評斷文化的標準不該是他們如何對待最接近權力的人們，而在於他們如何對待離權力最遙遠的人們——不論種族、宗教、性別、財富、階級——而且是經年累月如此。一個偉大的文化應有同情與愛心。」

當一個強大經濟帶來的特權（利益、利潤）與享樂是多麼誘人的同時，糖尿病、心臟病等文明病也隨之而來。日常工作的嚴酷與壓力，不僅惡化了這些疾病，更造就了這些生活型態（當然還要加上經濟的「奇蹟」——垃圾食物）。因為我們在世界大多數地方並無法給所有人平等的醫療服務，更使這樣的問題加劇。

接著是終年不斷的各種問題，像是教育與工作機會的不平等；各國與各種文化中，當一個菁英團體獲得特權時，其他團體就會被壓迫；一些失敗的國家淪為戰勝國的領地等沒完沒了的問題。

這些複雜且急迫的問題，需要解決之道——必須凝聚我們的自我覺察與如何採取行動、我們的同理心與同情心，以及對系統運作的細微理解。要處理這些雜亂的問題，我們需要領導者專注於數個系統：例如地緣政治、經濟、環境等。但可悲的是，有太多領導者忙於今日即刻性的問題，致使他們缺乏人類當前面臨之長期挑戰所需的寬廣眼界。[14]

---

14 已故的顧問艾略特・傑奎斯（Elliott Jacques）曾主張，工作的層級似乎與時間視野大致相關。他指出，售貨員或員警這類工作，鼓勵他們的時間視野從一天到三個月；領班與小企業主通常會思考三個月到一年。小公司的執行長與大企業部門主管，可能最遠想到十年後。而全球性企業的執行長，應該要看到數十年後的未來。見 Art Kleiner, "Elliott Jacques Levels with You," *Strategy + Business*, First Quarter, 2001。

在麻省理工史隆管理學院任教的彼得．聖吉，其所發展的「學習型組織」（learning organization），則將系統理解的概念帶進企業。[15]「想要了解整個系統，最重要的是你的時間視野，」聖吉告訴我，「如果時間太短，你將忽略重要的反饋迴圈，然後出現短期的解決方案；這在長期運作下是行不通的。但如果你的眼界夠遠，你則有機會看到關鍵系統更順暢地運作。」聖吉補充道：「你的眼界愈大，就能看到愈大的系統。」

「但是要將一個大規模的系統轉型是很難的，」利百嘉．韓德森（Rebecca Henderson）在麻省理工學院舉行的全球系統會議中表示。韓德森在哈佛商學院教授倫理學與環境課程，同時運用一種系統架構尋求解決方案。例如她指出，「資源回收代表獲利毛利的改變」，當完全拋棄石化燃料，則代表整個系統的轉變。

韓德森在哈佛商學院教授一門十分流行的課程——「資本主義的再想像」（reimagining capitalism），贊同用透明度（transparency）精確地訂定像是二氧化碳排放的價格。這將使市場偏好任何得以減少這些排放物的工具。

就在韓德森演說的同一場麻省理工學院的全球系統會議中，達賴喇嘛表示：「我們必須影響決策制定者關注長期影響人類的議題，像是環境危機與所得分配的不平等，而不僅僅是他們的國家利益。」

「我們擁有思考未來幾個世紀的能力，」達賴喇嘛補充，「即使在你的一生內無法完成的任務，現在仍然會展開。這個世代有責任去重塑世界。如果我們努力，則有完成的可能。即使現在看來並無希望，但永遠不要放棄。我們要提供一個正面的願景，同時伴隨著熱誠與欣喜，還有樂觀的展望。」

三種專注力可能幫助我們變得成功，但又會朝向哪一個終點呢？我們必須捫心自問：如果我們使用的是我們所擁有的全部才能，又該奉獻給誰？如果我們的專注力僅止於針對我們的個人目的——自我利益、立即的報酬，以及我們所處的小團體——那麼長期而言，作為一個物種，人類將會滅亡。

我們關注的最大聚焦涵蓋了全球的系統；仔細思考每個人的需求，包括弱勢者與貧困者，以及我們未來的同儕。不論我們現在正在做什麼，或我們正在決定什麼，達賴喇嘛建議以下列問題來檢視我們的動機：

這麼做是為了自己，還是為了別人？
是為了造福少數人，還是多數人？
是為了現在，還是未來？

15 Peter Senge's best-known book is *The Fifth Discipline: The Art and Practice of the Learning Organization* (New York: Doubleday Business, 1990).

NEXT叢書0207

專注的力量：不再分心的自我鍛鍊，讓你掌握APP世代的卓越關鍵

Focus: The Hidden Driver of Excellence

作　者—丹尼爾．高曼 Daniel Goleman
譯　者—周曉琪
主　編—陳盈華
美術設計—陳文德
執行企劃—楊齡媛
校　對—簡淑媛

董事長—趙政岷
出版者—時報文化出版企業股份有限公司
108019臺北市和平西路三段二四〇號三樓
發行專線—（〇二）二三〇六六八四二
讀者服務專線—〇八〇〇二三一七〇五．（〇二）二三〇四七一〇三
讀者服務傳真—（〇二）二三〇四六八五八
郵撥—一九三四四七二四時報文化出版公司
信箱—10899臺北華江橋郵局第99信箱
時報悅讀網—http://www.readingtimes.com.tw
電子郵件信箱—big@readingtimes.com.tw
法律顧問—理律法律事務所　陳長文律師、李念祖律師
印刷—勁達印刷有限公司
初版一刷—二〇一四年四月三日
初版二十九刷—二〇二三年一月十日
定價—新台幣三八〇元

時報文化出版公司成立於一九七五年，
並於一九九九年股票上櫃公開發行，於二〇〇八年脫離中時集團非屬旺中，
以「尊重智慧與創意的文化事業」為信念。

專注的力量：不再分心的自我鍛鍊，讓你掌握APP世代的卓越關鍵 / 丹尼爾．高曼（Daniel Goleman）著；周曉琪譯．
-- 初版．-- 臺北市：時報文化，2014.04
面；　公分（NEXT叢書；207）
譯自：Focus: The Hidden Driver of Excellence
ISBN 978-957-13-5919-9（平裝）

1.注意力　2.思考

176.32　　103003851

FOCUS: THE HIDDEN DRIVER OF EXCELLENCE

ISBN 978-957-13-5919-9
Printed in Taiwan